有效提案：方法与技巧

杨德慧 ◎ 著

YOUXIAO TI´AN FANGFA YU JIQIAO

首都经济贸易大学出版社
Capital University of Economics and Business Press
· 北 京 ·

图书在版编目（CIP）数据

有效提案：方法与技巧/杨德慧著. —北京：首都经济贸易大学出版社，2017.7

ISBN 978 -7 -5638 -2642 -1

Ⅰ.①有… Ⅱ.①杨… Ⅲ.①商务—策划 Ⅳ.①F710

中国版本图书馆 CIP 数据核字（2017）第 112512 号

有效提案：方法与技巧

杨德慧 著

责任编辑 孟岩岭

封面设计 砚祥志远·激光照排 TEL: 010-65976003

出版发行 首都经济贸易大学出版社

地 址 北京市朝阳区红庙（邮编 100026）

电 话 （010）65976483 65065761 65071505（传真）

网 址 http://www.sjmcb.com

E-mail publish@cueb.edu.cn

经 销 全国新华书店

照 排 北京砚祥志远激光照排技术有限公司

印 刷 北京建宏印刷有限公司

成品尺寸 170 毫米×240 毫米 1/16

字 数 356 千字

印 张 20.25

版 次 2017 年 7 月第 1 版 2023 年 8 月第 2 次印刷

书 号 ISBN 978 -7 -5638 -2642 -1

定 价 38.00 元

策划的后花园
（代序）

李老师一直热诚地奉献于教育，很有责任感和使命感。新学期一开始，就说有事找我。拿手机在我面前一晃，说注册了一个微信公众号，要我在上面写文章。

近来懒散，疏于理事，但李老师的诚心相邀也不便拒绝。几天过去，要写的文章一个字也没有落实。而她，已经在线下向好些人传播开了。

于是，我就连夜加班了。

首先对这个公众号做个推介。没有跟李老师沟通，我就望文生义吧。

策划，作为专业和专业的教育，已经有好些年了。在我们搭建草台班子，分科而教分科而学，并声称全国第一个策划专业的时候，策划就已经很热了。二十多年来，有不少沉淀，也有不少淘汰。感受或许不同，理解可能相异，但策划确实复杂，牵连甚广，事无巨细，“功夫在诗外”，是没有疑问的。

好比一个大宅子，穿门过户，登堂入室，你才能理解它的结构和关联，注意到走廊和过道的布置，感受到各个房间的装饰和装修，你才能领会主人的生活理念和情趣。而真正懂得，其实还远。你需要安静下来，在房子里细细地呼吸、感受，看阳光透过窗格，听嫩芽生长的声音，想想高朋满座，推杯换盏；想想夜深人静，伊人独立。如此，你有些心得了。更重要的是，你知道，时间不同，你的心得也是不同的。

这就是策划，或者，这才是策划。

言及“后花园”，立马我就想起自己读过的那些旧小说。“小姐定情后花园，落难公子中状元，欢欢喜喜大团圆。”后花园哟，那是很浪漫，很美好，很让人向往的。而策划的后花园，也差不多，少不了剑胆琴心，少不了游山玩水，少不了月下花前。“琴棋书画剑，诗歌茶酒花”，策划精彩，策划人有趣，策划生活刺激。曾经有人替我一个朋友说媒，他也是做策划的，人家姑娘矜持，但介绍的人说，这个人“是做策划的”，便立马和颜悦色，答应见面。后来真见了，发现他跟我一样，却是一个很枯燥的人，姑娘颇有些失望。

这是策划很自在、很惬意的一面。

辗转反侧、苦思不得而灰心丧气，形影相吊、踯躅徘徊，被当作神经病；顶风冒雨、风尘仆仆，双腿铅重，眼皮打架，被当作推销员和卖保险的；万籁俱寂，却不得不搜肠刮肚灯下苦熬，孙子似的，这也是策划。开始，端茶递水，送报纸送资料送文件，打杂跑腿；继而，鞍前马后，开车门撑雨伞提手包接电话，做个跟班儿；再后来，狐假虎威，人五人六的，拿着鸡毛当令箭，好赖有点权威，领导后顾旁顾的时候，趋身上前，有了提提想法的机会，然后，写了一个报告双手递上去；然后，像个小学生，诚惶诚恐，战战兢兢，等待点头认可；然后，就是跑前跑后，针头线脑，锱铢必较，一样一样地去落实。九九八十一难，事情成了，论功行赏，领导和客户乃金蝉子转世，本就应该成佛，自己受尽磨难，能够与有荣焉，如此而已。成长路径，就跟旧时上海滩小流氓似的，这也是策划。

这是策划看不见的、不忍让人看的另一面。

当然，“后花园”是一个文雅的说法，也是有了大宅子的人的说法。日暮时分，倦鸟投林。有的人回的是雕梁画栋的大宅子，有的人回的是统一规划差异不显的城市“国际化住宅”，或者还有的人回到的是仅可容身的蜗居斗室。后花园，一再降低要求，成了后院、卧室、里屋，或者，就是一个衣柜。但正如现在很励志也是我给儿子的那句话，“孩子，你可以不读书，但你不能不奋斗！”自然，你总会有你自己的房子，而这是你尊严的必须，总有属于自己的，可以放松身心、可以不让人看、别人也看不见的那个时间和空间，至于叫后花园、后院、卧室、里屋什么的，随你。

厚积薄发。“手里有粮，心里不慌。”后院安定，心里安定。后院充实，你的成就才是可靠的和有来源的，你的从容，才是有底气的。有后面，才有前面。“台上一分钟，台下十年功。”那些在你给人看到的策划后面的时间和空间，是定型你塑造你成就你，使你帅使你酷使你狠使你准使你人情练达使你潇洒飘逸的真正的力量。

目录

第一讲　开篇

武则天与开经偈

最近，又一部关于武则天的电视剧——《武媚娘传奇》，因为暴露尺度的问题引起人们热议。

作为中国历史上唯一的女皇帝，武则天（武媚娘）以其文治武功和富有传奇性的人生经历，不论在当时还是后世，都光彩照人，引发人们探究的好奇心。

关于她的话题，总是极好的谈资，翻来覆去，也总是能够推陈出新，引起无穷的争议。

——不论是其个人的生活习惯和性格特点，还是其政治才能和治国理念。

呵呵，我们也不免俗，前来凑凑热闹。

无上甚深微妙法，
百千万劫难遭遇。
我今见闻得受持，
愿解如来真实意。

佛教，是中国传统文化的重要组成部分，其影响深入我们生活的方方面面。

《华严经》是佛教最为重要的经典之一，是佛教教理最完整的体现，被称为“经中之王”。

自东汉时期传入中国，经过三国两晋南北朝的广泛传播，到唐朝，佛教已经开始融入中国社会，影响到人们的精神生活。佛教的哲学主张和生活理念，受到越来越多上层人士的追捧。

曾经到感业寺出家为尼的则天女皇，深深折服于佛教的博大精深，同时，也为了笼络知识分子，武则天决心在国内大兴佛教。对她来说，重要的工作就是翻译整理被认为佛教重要经典的《华严经》。

然而，晋人所翻译的《华严经》只有六十卷，缺失甚多，义理也不甚完整。可喜的是，历尽艰辛，费尽无数周折，八十卷的《华严经》传到了中国。

为此，武则天不辞辛苦，在百忙中亲自主持翻译工作。当翻译完整的八十卷《华严经》呈现在面前，这位神武的皇帝喜不自胜，用她特有的飞白书，在上面写下我们前面的那四句偈语。

这就是众多佛教经典开篇必有的所谓“开经偈”。

这四句开经偈，充分表达了有幸见闻佛法的欢喜以及对佛法教理的崇敬和仰慕。流传至今，几乎所有佛教寺院，每天在诵经文之前，都要先念这四句“偈语”。

上千年过去了，有多少人试图修改其中的文字，但真真都是“一直在模仿，无法被超越”！

引用“开经偈”，无意于抬高自己，往脸上贴金。

但我的确想说，本书对于学习和从事商务策划工作的人，是那么重要，以至于我们不惜语出狂妄，将其拿来比附佛经！

如果你真的“愿解如来真实意”，愿意弄清楚如何提案更具有成功的可能，甚至你不一定要从事策划这个职业，但看完本书，听完这系列的讲座，细心领悟，并付诸实践，你也将有很大的收获。

那是一定的。

什么是提案

这个系列讲座，叫作“有效提案：方法与技巧”。说到提案，业内都比较清楚，但对于非专业人士，他们对此却是一头雾水，不明白究竟是怎么一回事。

两个前来听课的教学督导专家，完整地听完了一堂课之后，仍然还是十分惊奇：怎么你们竟然有这样的课程？不是人大代表或政协委员提出的建议才能叫提案吗？

呵呵，真是这样吗？

提案，可以是很小的事情。朋友之间，家人之间，同学、同事之间，范围很小，关系亲密，人员不多，想到一个点子、一个想法，或者一个建议，希望得到对方的认可和认同。“我有一个主意，你看如何?”“我们吃煲仔饭吧?”“明天我们出去远足?”如此等等，这都是提案。

当然，提案可以比较大，讨论大的事情，时间跨度较大，投入人员和资金比较多，面对比较高层次的听证专家，面对数量庞大的听众，或者面对各种利益复杂的机构和部门。

一个年度营销计划（或者策划方案），一个项目开发计划，或者一个投资融资方案，需要争取公司决策层或者董事会的支持，提交方案，说服他们予以认可，是提案；

一个产业规划方案，需要政府相关部门的支持、有关专家的听证，才能获得财政支持，才能顺利地得到实施，这个过程是提案；

一个创业计划，说服投资者，不论是个人投资者，比如你的朋友，借一笔钱，或者风险投资机构，使其给予阶段性的支持，准备人员和资料，这一沟通说明的过程，是提案；

莫言的诺贝尔奖获奖感言，对瑞典学院的各位院士以及众多的听众，讲他的那些故事，表达自己的思想，获得理解和认同，这个过程和行为，是提案；

马丁·路德·金（Martin Luther King，Jr.）在林肯纪念堂前面对25万人的演讲——I Have a Dream（我有一个梦想），表达内心的渴望，是一个提案；

马丁·路德·金1963年8月28日华盛顿演讲

富兰克林·罗斯福（Franklin D. Roosevelt）到国会演讲，要求国会“宣布对日本进入战争状态”，是一个提案；

而巴拉克·奥巴马（Barack Obama）的竞选演说 Yes We Can，需要听众支持他的主张，并选他做总统，就更是提案。

提案其实每天、到处都在发生着，everywhere，everyday！

以告知、展示、说服、解释、激励，甚至娱乐为目的，针对特定听众而进行的正式表达，就是提案。

由于表达的正式性，提案的语言都经过特意挑选，题目都经过精心设计，提案的工具（如话筒、耳麦、扩音设备、投影仪、白板、挂图等）和提案的场景（包括座位、灯光、大小面积、背景布置等）也可能经过事先的准备。因而可以说，提案是一个经过设计的沟通行为和沟通过程。

这个行为和过程古已有之，将来更不会消失。

为什么要提案

提案，在现代社会里是如此常见、如此重要，几乎成为事业和工作的重要环节和组成部分。

在一个封闭的农业社会里，一个农民，靠天吃饭，种多少收多少，除了盐等非常少的生活必需品外，完全自给自足，不用跟人交换，不用跟人交流，每天重复昨天的生活。遭遇的所有问题，无非是“今天要不要吃粥?”“要不要添一小碟泡菜?”之类，随时在脑中产生，也随时可以当下决定。这种情况下，提案是没有必要的。向谁提啊?

一个工厂里的普通工人，满足于流水线上规范动作的作业，下班之后，领取计时或计件的工资，并不求待遇的提高——如果要提高，自然有工会或者老板考虑，也不要求技术上的进步，即使下班的生活，也由公司包揽了一切，正如许多大型企业的情形。此种情况下，提案自然是没有必要的。

如果仅仅闲着无事，自己做做“思维体操”，做做白日梦，每天进行意识流，模拟构思一个项目，并在相关的软件上投资、生产和营销，所有的环节，一个人搞掂，偶有不满意，也可以推倒重来。此时，提案也是没有必要的。

提案，是因为需要合作！

提案，是因为需要认可！

只要你的主意、建议、要求、方案，需要争取他人的支持、理解，需要付诸实施，你就不能不进行提案！

一个完整的解决问题过程，从明确目标到明确问题，再到寻找解答，最终，必须寻求接纳。接纳，是对解决问题过程和结果的认可。这相当于完成作业，需要老师评阅。

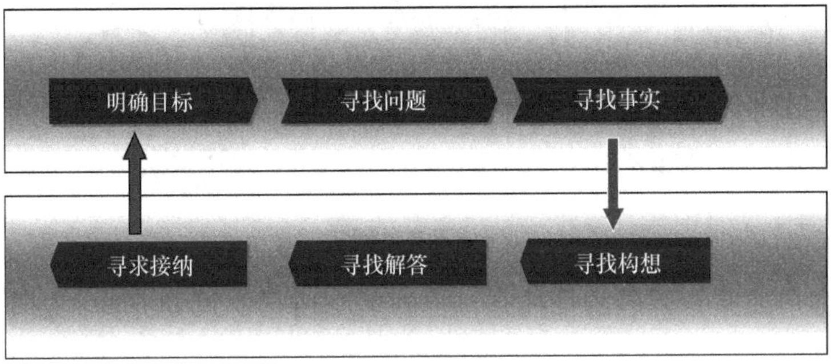

完整的解决问题过程应包含六个步骤

这个评阅者，既包括参加动脑会议，与你焦头烂额、一起思考问题解决方法的伙伴，也包括给予你资金、技术或其他物资，给予你理解、认同和信誉保证等有形无形支持的投资者、合作者、拥护者，当然还有朋友和亲人。

在一个组织内部，提案是日常经营活动的重要内容。各种形式的提案每天都在发生，既有针对员工、同事和上级的，也有针对合伙人、董事和董事会、投资商、供应商的。内容虽不一致，过程却都相同。

针对外部的提案就更多了，包括针对客户、新闻媒体、政府机构、行业协会、社会组织，以及各种财经分析师。

在电子商务发展迅速，网络虚拟生活越来越成为潮流与趋势的时代背景下，O to C，C to C 将更加流行，提案不但要针对组织，还要针对虚拟的个人。

看这架势，我们不是要讨论所有的提案吧？

当然不是的。

在这里，我们要讨论的提案，仅仅局限于作为职业的策划人，如何有

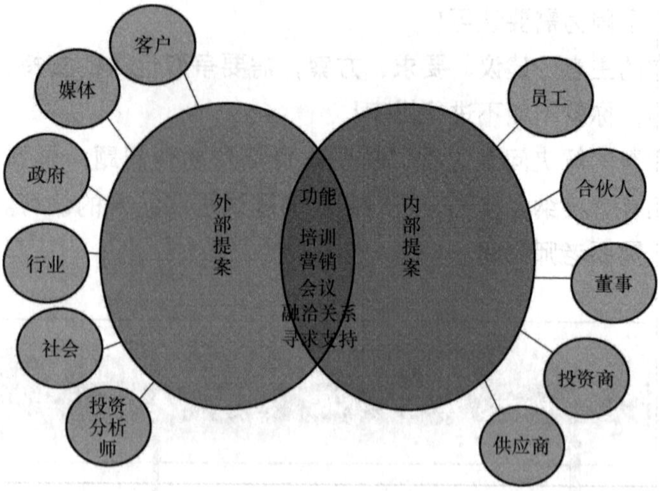

无处不在的提案

效地向客户或策划课题的委托方，正式提交自己的策划方案，以取得他们的认同。

实际上，能够弄明白策划提案的原则、方法和技巧，也就因此触类旁通地弄懂了其他形式的提案，能够驾轻就熟地做其他场合的提案了。

策划方案，不论是客户业务的某个环节，还是客户企业的某个方面，不论是临时的活动，还是时间跨度较大的战略规划，只要影响到客户的形象和声誉，涉及人员、资金、技术、信息等资源的投入，涉及企业利润空间和利润来源，都不能不进行提案。这是责任和义务。

一个策划方案，付出无数的激情、辛劳，甚至眼泪，经历许多的辗转反侧，经历许多的面红耳赤，当然，还有许多的嬉皮笑脸和灰头土脸，“丑媳妇总要见公婆”，最终必须跟客户见面，最终必须提交以获得认可，以期方案得以实施，这样辛苦的付出才能得到必要回应。不必说，提案是策划工作的重要部分。没有经过提案，就相当于庄稼没有收割。

十月怀胎，一朝分娩，提案，是最令人紧张的时刻。

如果你不懂得如何提案，不懂得如何正确而且有效地表达，那一切的一切，都是徒劳，多么精妙的方案都只能胎死腹中。

四个板块

这是一个系列讲座，分为十四讲，由四个板块构成，分别是“万法唯心”、“成败有凭”、“术生于道”和“润物无声”。

“万法唯心”作为第一板块，重点在于建立正确的观念和良好的心态。

观念和态度，是决定提案成败的关键，也相当程度上影响到方案的执行过程。获得对方的认同，而不是通过诡计和心理压力让对方接受，是提案获得成功的原则，这也是策划人的职业道德。

因此，第一板块是后续所有内容的基础和前提，它包括了“第一讲 开篇”、“第二讲 正见”和“第三讲 正知”。因为，只有“正知”“正见”，才能实现“正精进”，登堂入室，理解和扎实地掌握提案的方法和技巧。

第二板块“成败有凭”包括“第四讲 胜兵先胜”和“第五讲 提案不过”。对不同的学习者，也许将它们互换，效果会更好一些。先讲提案不过的原因，再接下来讲应当如何准备，或者先讲如何准备，再讲提案不过的原因。这样做与之前相比，各有利弊。重要的是，明确失败的原因，并深刻地理解真正获得提案成功的原则，才能更好地进行提案。

第三板块“术生于道”和第四板块“润物无声”，是讲述具体的提案方法和技巧。

“术生于道”是在前面基本原则和指导思想下，具体的提案技巧。从“第六讲　文字资料”到“第十三讲 身体语言”，共八讲。包括对提案过程的设计、文字资料和文案的准备、多媒体 Powerpoint 演示的设计、故事性和戏剧性在提案过程中的意义，以及对听众情绪和注意力的控制、对提案过程中语言表现的技巧。这些方法和技巧，都是策划提案所必须重视的，也应当学习，并具体运用于实际工作中。

“润物无声”则更多地倾向于使用无形的力量，如身体语言、情境暗示以及对可能出现的沟通障碍的应对，保证提案按照预期的方式，达成既定的目标。

印度有一句谚语：“凭着真诚，你能够用一根头发牵来一头大象。”策划提案是一个真诚的沟通过程，既有别于商务谈判，也有别于公众演讲，合作、真诚、明白地表达自己，是提案成功的根本。

有鉴于此，在内容设计上，我们一再强调技巧的有限性和危险性，强调“术生于道”，强调真诚沟通原则指导下的准确表达。真诚的力量，是无与伦比的。

从 Projecting 到 Presentation

提案的重要性，怎么强调都不为过。

如此重要的提案工作，无疑需要经验丰富、能力非凡、表现优异的人士去完成。不是吗?

策划工作的应用性和复杂性，要求从事策划的专业人士具有非凡的能力。独到而深刻的观察、敏锐而犀利的判断、创造性的信息整合、准确而高效的表达，这些都是基础和必需的。

策划是为了解决问题、实现预期和意愿。

策略（策划方案）能否有效地解决问题，解除威胁和挑战；能否达成既定目标；能否有效地组织和整合资源，最大限度地发挥资源效力；能否创造性地利用一切可能的因素和力量，针对性地形成策略方案，是策划者智力运用水平的体现。

而精心设计的策略和方案，能否通过有效的组织，获得理解、支持和信任，并最终被付诸实施，是表达能力的体现。

前者，是策划能力；后者，是表达能力。

仅仅有策略生成的能力，能够构思出比较有创造性、操作性的解决问题方案是不够的，无法完整、顺利地表达，就无法获得认可，更无法付诸实施。

策划人不是领导者，不能要求委托方“领会自己的意图”。你必须学会沟通，将自己的策划意图完整清晰地向委托方表达，并通过真诚、热情的提案过程，获得他们的认可!

策划人，你需要表达能力，既有文字表达（文案写作）的要求，也有符号和形象表达、语言沟通、非语言的影响力，以及现场情境的控制和危机应变的能力。

这些能力，不是通过一个课程或经过一个阶段就可以获得的，而是长期自觉训练并不断总结提升的结果。

这其实是比较容易理解、比较容易看到的事实。

然而，从事策划专业教育的我们却是经历了多年的思考才真正明确了提案的意义，从而正式地将提案作为一门课程增补到我们的培养方案中的。2013 年，我们才正式开设了这门课程。

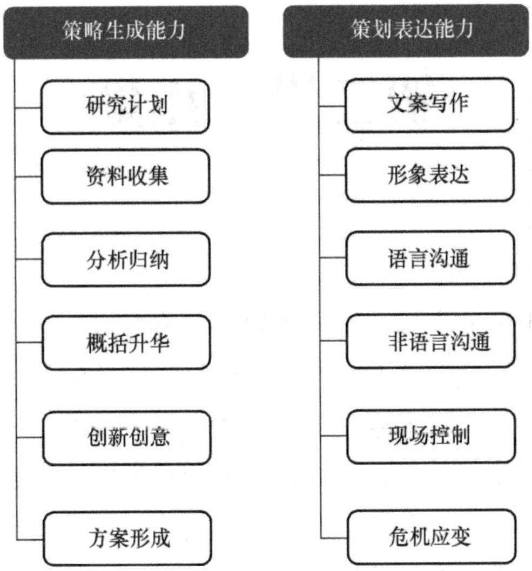

策划能力的表现

同样，从事策划的人士都明白提案的重要和策划表达能力在策划工作中的分量，却没有看到有人从策划专业的角度讨论策划提案的方法和技巧，一任策划的学习者和年轻人苦苦摸索，一再经历高成本的失败，迟迟看不到黎明的曙光。

还好，这样的一门课程开设出来了，因课程而生的书也出版了。

这真是一本好书，在此之前，如果让我看到这样的一本书，我一定很欣喜而且感动，会仔细研究，生怕遗漏了重要的细节和教训。

如今，我真诚地希望，我的学生，以及本书的其他读者，也抱有这样的心态，欣喜而且感动。因为切实指导策划提案的书太难找到了。

很有必要再读一遍开经偈：

无上甚深微妙法，
百千万劫难遭遇。
我今见闻得受持，
愿解如来真实意。

一本书即将展开，总需要在开头说点什么，使读者对大体内容和写作缘起有个简单的了解。是为序言，或者绪言。

第二讲　正见

心心相印

公案，是关于前辈大师的言行故事，既有趣味，也启发思考，往往也是禅宗修行者参悟研究的功课。这应当就是禅宗的案例教学。

禅宗的第一公案，是佛祖的“拈花微笑”。“案例”是这么说的：

在某个时间，灵鹫山上，大梵天王请佛祖释迦牟尼说法。

众人恭敬顶礼，齐齐入座，敬候佛祖说法——也就是提案。

但过了很久，佛祖手上拈着一朵金婆罗花，也叫优昙波罗花，意态安详，却一句话也不说。

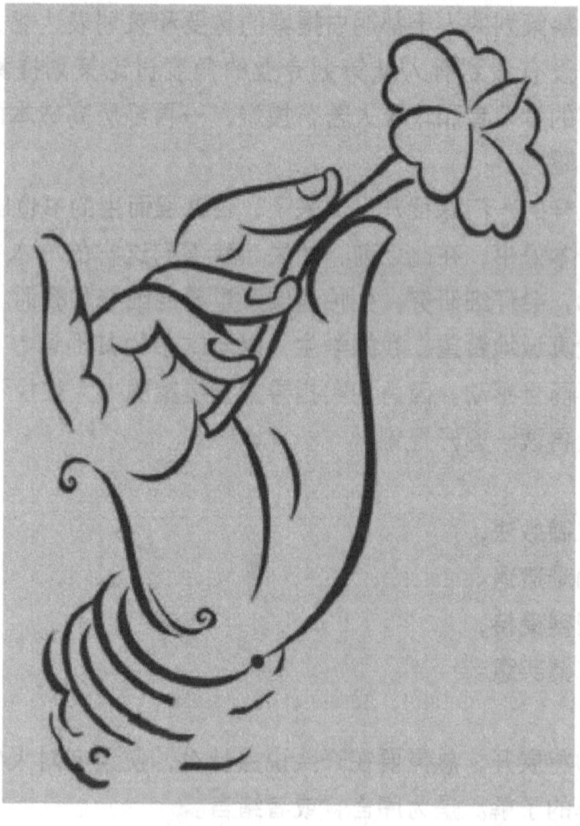

大家面面相觑，不解其意，唯有弟子摩诃迦叶破颜一笑。

于是，佛祖说："吾有正法眼藏，涅槃妙心，微妙法门，实相非相，不立文字，教外别传，嘱咐摩诃迦叶。"

（意思说，我这里有特别微妙的高级方案，跟摩诃迦叶以心传心，不立文字，没有文案，另外单独地有一个提案）

佛祖竟然可以这样提案！

如果不是面对自己的学生和信徒提案，我们能够像佛祖一样，拈花微笑，不发一言，以心传心，不管他们懂没懂，不管他们认同不认同？

"传心"

不说佛祖的提案风格，我们看佛祖传给摩诃迦叶的"提案"到底是什么。

佛祖说，他那是"正法眼藏，涅槃妙心"的法门（"正法眼藏"，是指普照宇宙、包含万有的精深佛法，而这些关于世界、人生的真理，不会随着时间的流逝和世界的变化有所改变），"不立文字"（没有文案），"实相非相"（用的是不以一般意义上的形式进行传达）、以"心心相印"的方式传递，在其他人不明就里的时候，让对方明白理解。

用"心"传递，用"心"表达，针对的是对方的"心"，传的是"心"。与对方的"心"相印证、相应和，不需任何语言，不在乎任何形式，心领神会，心知肚明，于是，对方便"破颜一笑"。

"心心相印"，无关文字，莫逆于心，这是提案的高境界！

关于"心"，关于如何用"心"，这本是不可言说的。

在我们的语境中，"心"既指思想，也指情感。从情感到境界，从感觉到知觉，"心"是指我们的全部精神世界。

最基本的意义上，"心"是指我们的情感和情绪。喜怒哀乐惊恐忧，荣誉感、责任感、使命感、羞耻感、幸福感等，都是一个立身社会的人的正常情感。走进提案对象的情感世界，表达我们对他们情感发自内心的亲近、理解和欣赏，才能获得对方认同。

随着实际工作阅历的增长，经验积累越多，我们会更了解提案对象（委托方）的问题，其实在相当程度上是情绪和情感方面的问题。深入对方的情感，与对方感同身受，才能有效地解决问题。提案，作为策划过程的一部分，当然地，也应当针对对方的情感。同舟共济，同进同退，分享分担，在提案过程中，应当是第一的原则，或者是基本的准则。

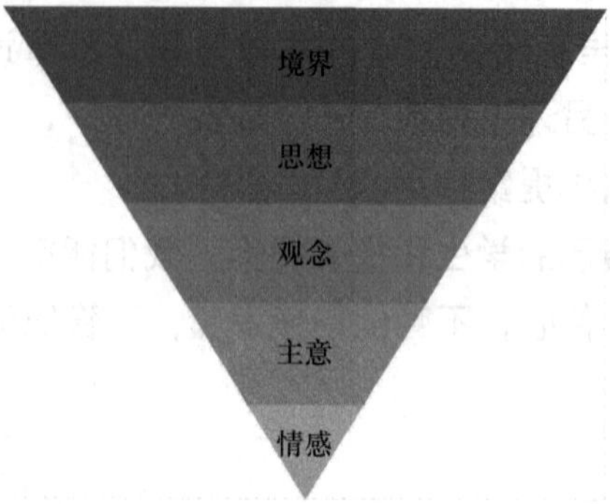

思想和情感

其次就是“主意”。它还可以叫“点子”“想法”“构想”“设想”“思路”“策略”等别的名字。商务策划，是系统的、整体的和周密的思考，是高度专业性和复杂性的工作，固然并不等同于“点子”。但本质上，也是“眉头一皱，计上心来”的“主意”，区别只在于，究竟是“眉头一皱”还是“眉头几皱”或“眉头一直皱着”。

主意可以是即时的，是情绪情感推动的结果，当然，也可以是理性思考的结果。因为面对情绪情感、应对临时出现的变化，主意是生动的、机智的和灵活的，是情境性的，所以，即使主意是深度理性思考的结果，也总不免有些情绪化，有情感冲动的嫌疑。

观念是比主意更为复杂的意识，是相对长期的时间里思维和行为的习惯，是固有的审美倾向。我们的策划方案，是在观念的主导下进行思考和行为。这些观念，要么更加具有效率，要么更贴近现实情境，要么能够引导变化，跟随趋势，把握未来。

最容易转变的，是观念，因为观念常常表现为某种认识。

最难以改变的，也是观念，因为观念是人们较长时间里的思维和行为习惯。

进行提案，需要明确地向对方传达我们的观念。否则，我们的策划方案，无论在决策层面还是执行层面，都难以获得充分理解和支持。最终，将直接影响到方案的实施。

当然，作为策划人，你如果长期思考，而且还很深刻，比较成体系，你可以通过你的思想影响到你的提案对象，让他们不但认同你的策划方案，还折服于你深邃的思想，或者因为折服于你的思想，进而认同你的策划方案。你的提案，解决了现实难题，获得了商业利益，还让人开阔见识和增长智慧，进而充实人生，生活幸福。你就不仅仅是策划人，而是策划“人”了。

“传心”的最深刻内容和最高层次，是向对方传达某种“境界”。——这是有条件的。你必须有“境界”可传达，你必须让人确信你有值得他们向往的“境界”。也就是说，传达“境界”，你要么是教师，如本书的作者，面对自己的学生；要么是“教主”，如释迦牟尼，面对的是自己的信徒。一般意义上，对于本书的读者，我们不推荐你有后者这样的企图。

策划提案的任务

原则上，所有的提案无外乎四个目的：告知、展示、说服和激励。也就是说，通过提案，你——

需要向你的听众提供关于某个方面的信息，或者更新某些信息；或者
向你的观众展示某种场景和设计内容；或者
说服你的听众接受某种主张，改变某个观点或立场，采取某些行动；或者
激励你的听众增强勇气，直面问题、威胁和挑战，激发其战胜困难和逆境的勇气和决心。

这对以策划咨询为职业的人来说，几乎已然成为常识。

尽管如此，但我们却时常发现，许多策划人在面对客户提案的时候，并不清楚自己的目的和任务。

你当然可以不假思索地说，提案的目的和任务，就是让委托方理解我们策划工作所付出的努力，并认可策划方案。

这听起来没错。但联系到具体的每一次提案，却不十分准确。

实际工作中的策划提案，是由多次沟通组成的。有正式的提案，也有

非正式的提案。要使策划的委托方认同——不仅仅是迫于情感或逻辑上的压力认可策划方案——还必须有反复的沟通。这些沟通，或者是非正式场合的临时安排，或者是正式场合严肃而庄重的沟通行为。

这些沟通行为，因策划工作进度和提案的正式程度有不同的任务和目标要求。总的说来，策划提案的目标任务是：

- 传递信息
- 融洽感情
- 呈现方案
- 转变态度
- 促成行动

商务策划是一系列持续的解决问题过程。这个过程，因明确的节点，分为数个阶段和环节。每个阶段和环节都相互衔接，关联紧密。

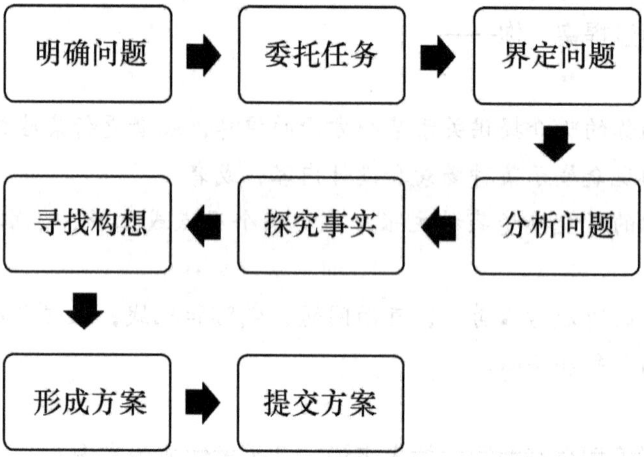

商务策划解决问题过程

如果某个环节发生失误，或者工作不够严谨，就有可能极大影响到后续阶段，以至于不得不反复，甚至推倒重来。

从明确问题、委托任务，到界定问题，乃至最终提交方案，短则几个星期，长则几个月，甚至几年。商务策划作为解决问题的过程，是对信息的加工处理。如此长的时间里，问题的性质可能在改变，新的信息不断出现，因此，及时和随时的调整甚为必要。保持经常性的沟通，既是对委托方的尊重，更是避免猜疑和误解，促进相互信任的保证。

因此，到最终方案被对方接纳之前，所有的接触，不论是面对面的沟通，还是通过电话、邮件、微信等沟通，“传递信息”都是这些接触的任务。以此，让对方充分清楚工作的内容和基本进度。

与“传递信息”不可分离的，是“融洽感情”。商务策划所针对的商务，并不是冷冰冰的生意，而商务策划课题委托（业务），更是建立在双方充分信任和融洽关系的基础上的。

从建立信任到关系融洽，需要一个比较耐心的坦诚相见的过程。每次沟通，都需要评估相互之间的关系，是否达到充分信任，是否能够保证所从事的工作得到充分理解，并顺利地、不受干扰地传达到方案涉及的各个方面。

“呈现方案”是通常理解的“提案”。毫无疑问，既然是提案，“案”是必须提的。问题如何界定，解决问题的逻辑是什么，以及解决问题需要什么资源与手段，都必须明确而具体，完整充分地向对方呈现。这是提案工作的核心，是所有工作的基础。

明确具体的目标

很多时候，策划提案的失败，并不在正式提案之前，而是在正式提案过程中。传递策划工作的信息，促进相互了解和信任，融洽感情，一路下来，直至提交方案，是策划人日常的工作。

如果有人在正式提案之前就已经失去对方信任，从而导致提案无法通过，如同还未经过中场，球在后场运行，距临门一脚距离尚远，这不是我们所要讨论的。

本书所针对的，是正式提案，或者就是临门一脚。

在准备提案前，充分认识和理解提案的任务和目标，是提案成功的关键。

没有目标，就没有问题存在，就没有所谓成败和效率。

正式提案之前，“转变态度”和“促成行动”是应当清楚界定的，并需贯彻始终。而许多时候，因为种种原因，二者却往往被遗漏和忘记了！

准备提案前你必须明确，这次的提案，究竟是什么？转变态度或者/并且“促成行动”？

没有清晰界定的目标，也就没有明确而具体的行动。

你不能模糊笼统地说，我们提案的任务是让他们“转变态度”，并“促成”他们的行动。

为清晰界定自己行动的目标，你需要明确地、用十分清楚的一个句子来陈述你的目的和目标：

通过这次提案，我需要他们当场拍板认可我们的方案！

提案的基础

提案之所以能进行，当然有其前提和基础。这包括前期工作的顺利进行，相互之间比较了解，或者，是策划人比较严谨和扎实的专业能力，等等。

但如果要论起来，真正值得依靠的，以上这些其实都不是。

委托方，或者提案的对象，不会因为我们前期策划工作的顺利就会认可我们的方案，也不会简单地因为彼此比较了解，就接受我们的意见和建议。

策划团队严谨和扎实的专业能力固然重要，它甚至可以一定程度上决定策划团队的前途命运，但具体到某一个方案的提案过程，专业能力只是完成策划委托任务的必须，并不构成提案成功的基础。

信任，是提案得以成功的依据。

“别说了，我不相信，我不想听！”

之所以有提案的任务，是因为我们与委托方之间，从委托任务到形成方案的过程中，有信任存在；是因为这种信任，他们愿意倾听我们的意见和建议，也是因为这种信任，保证了提案过程中我们的表达方式能够得到理解。

没有人可以唤醒一个执意装睡的人。

没有人可以说服一个拒绝倾听的人。

建立、保持委托方充分的信任，是商务策划工作的重要任务，更是提案过程的关键！

基于这一点，策划人应当理解，并在脑子里建立这样的观念：

语言比工具重要！

思想比语言重要！

情感比思想重要！

如果你即将向你的委托方提案，作为礼物，我们在这里送你如下“三千万”，让你受用：

- 千万不要迷信在提案过程中的表达工具和手段；
- 千万不要企图用华丽的语言和雄辩的逻辑折服提案对象；
- 千万不要用复杂的思想体现你的深邃思考。

只有领会了这三个“千万不要”，你才会踏实地进行表达，将重要的工作放在建立和保持委托方的信任上，从而在根本上保证策划提案的顺利进行。

策划提案的特点

商务策划提案，因为性质的不同，有自己的区别于其他类似 Presentation 的特点，也因此必须有自己的原则和方法。

首先，策划提案不同于商务谈判，不可能诱使或者迫使对方接受一个没有真正认同的提议。

商务谈判，有的时候是单边的和零和的博弈，利用情境，使用“诡计”，让对方接受某些条件和方案。其目的，是从自身利益出发；其手段，是通过诡计、情境，软硬兼施，让对方认可。

策划提案的目的，不是认可，而是认同，有技巧，却没有诡计，其远离诱惑、欺骗、威胁、讹诈，尊重对方的利益，并在保证对方利益的前提下，帮助对方克服认知障碍，放下情感和态度上的不安，接纳一个行动方案或者一个新的理念。双方自始至终是友好的、相互信任的，对方的认可和认同，没有被迫，没有无可奈何，都出于自己的自由意志。

企业之间，企业与其他机构之间的商业往来，有赔有赚，有舍有得，失之东隅收之桑榆，总有赚回来的时候。这一次谈判有些吃亏，下次谈判还可以作为筹码，赢得更多的利益。

而策划则不同。

首先，策划是智力服务，策划人和/或策划团队的生存基础，来源于服务对象的信任和己方真诚高效服务所带来的声誉。如果没有能够让提案对象充分理解，而是简单地通过某种情境压力或心理影响达成了提案，这样，策划任务似乎是完成了，但效果却没能达到。而且，糟糕的是，策划人和策划团队的声誉因此会受到损失，这在相当程度上是自废武功，饮鸩止渴。

策划提案有自身的特点

其次，提案不是演讲，娱乐和分享不是目的。

演讲时，听众是悠闲的，是比较友好的，众星拱月般地仰望着主讲人。演讲者如果还有一定的名气和声望，听众几乎都迫不及待地等待着被引导和被娱乐。而提案过程中，听众是严肃的、审视的，他们一开始就满怀批评的态度和眼光，甚至，他们以挑出方案的毛病为任务。主讲人，无论传说中多么了不起，在提案的对象那里，都没有什么光环，成为退去神光的普通人，被从上到下地打量和挑剔，动辄得咎。

对于演讲，尤其是听众规模比较大的公开演讲，你可以用故事、幽默笑话、夸张的对比、随性的互动等技巧操纵听众的情绪，让听众得到新奇、紧张、兴奋、愉悦的心理体验。观点的分享是其次的，并不伴随深入的思考过程。如果需要引导观众立马行动，演讲则是号召性的、情绪性的。

提案则不然。尽管你一样可以在提案过程中引入故事，制造悬念，轻松幽默，让你的提案对象感觉到生动有趣，但你要知道，这些其实都是不重要的。你必须充分地展现你的作品——你的策划方案！

可以这么比方，演讲就是端出各种佐料和原料，甚至也可以是食谱，但真正的菜，是不必做的。而策划提案，则是给挑剔的食客（他们几乎都是美食家）呈现精心烹制的一道大菜。怎么组织原料和材料、做成怎样的口味、实现怎样的观感、色香味形如何、用什么盛器、怎样呈现在餐桌上，都需要讲究。

再次，提案不是授课讲座，没有以上对下的宣教。

除非你与提案对象之间是师生，对方对你有宗教信徒般的崇拜和迷恋，否则，以授课讲座的方式进行提案是完全不能被接受的。

最后，提案不同于广告宣传短片。提案过程中，你不可能忽视在座的那些听众，他们对你的方案有否决权。你不能做一套PPT，像广告宣传片那样，简单点击“放映”就轻松过关了。即使你跟委托方关系融洽，好得不分你我，但形式上的尊重也仍然是需要的。

浅阅读时代

技术的不断进步，社会文化的不断发展，生活和工作节奏不断加快，信息以亘古未有的速度爆炸性地传播，田园牧歌的慢生活越来越远，逐渐消失在怀旧的记忆里。

从信息接收和处理的角度，我们的时代是一个概念的时代、设计的时代、情感作用的时代，或者其他的什么时代，总之，是一个“浅阅读时代”。蜻蜓点水，走马观花，浏览、扫读，抓住一点，不及其余，是当前人们获取信息的基本方式。对于长篇大论的文字，对于逻辑复杂的表述，人们没有时间，也难得有心情去细读。

对这样的时代特征，你可以点赞，可以咒骂，但不能无视。

你寻求接纳，需要说服和陈述，需要表达，得到认可，你必须对这个“浅阅读”的时代特征有清楚的认识。

更不必说，商务策划所针对的读者，都是惜时如金的人，“浅阅读”几乎是他们信息获取的基本方式。

在“浅阅读”时代，寻求接纳，进行提案，我们需要具备六种能力。

1. 设计能力

你的表达方式，必须经过设计，使之具有优美的形式。在这个时代里，形式和内容同等重要。不但可以透过“形式”看到“内容”，而且在相当多的时候，“形式”就是“内容”，设计精致的“形式”就是内容本身。

比如，在保持相互信任、良好沟通的前提下，策划提案某种程度上就是一种必需的形式，提案中的语言、工具，乃至一般意义上认为重要的——方案，都一并降格，为提案的表达性（表现性）服务。

提案的过程，是交流的过程，是表达的过程。精心设计的手段（形式）是良苦用心的表示，体现的是对对方的尊重，如果辅以逻辑严密、富有针对性和实操性的方案，其说服力更是惊人的。

想想世界上那些顶级品牌，路易·威登（Louis Vuiton）箱包、古奇（Gucci）皮具、宾利（Bentley）汽车、芭比（Barbie）娃娃，为什么其利润的90%以上来源于设计？企业的最高权威为什么不是总工程师，而是总设计师？为什么在我们声称要“科教兴国”的时候，韩国人却提出“设计立国”？设计的力量，岂可小视？

浅阅读时代需要具备的六种能力

2. 概念提炼和升华能力

“道可道，非常道，名可名，非常名。” “道”之后，就是“名”。“名”（概念）是我们认识世界的第一步。

概念和意义，是人们生产、生活的价值所在，是人们使命感、荣誉感、责任感的来源。

一个从事策划的人，对概念有清楚的表达，有职业的敏感，更有超强的深入表象之内提炼、提升概念的能力。

概念的提炼和升华，是商务策划十分重要的工作，也在相当程度上体现思考的深度和高度，是一个策划团队能力的表现。

概念提炼和升华，有上下不同的两个方向。

向上，是抓住事物和现象的基本特征，进行总结归纳，抽象、概括、提炼，成为高度统摄意义的概念和符号，使资源手段得到有意义的整理和整合，为更高层级的目的和目标服务。

向下的方向，就是对于事物和现象乃至工具与手段，赋予其意义。

一个普通的活动，比如攀岩、蹦极、竞走、极地自行车比赛、野外生存等，无论其规模大小，如果我们不能赋予其意义，既无法让参与者有效地认知，也无法让他们感到趣味和价值，更不必说让他们热爱乃至倾心投入了。

为此，我们赋予其意义，比如“挑战生命极限”、“体验团队合作”、“为埃博拉病毒感染灾区募集资金”或者“与宇航员同呼吸”，这使得参与者认识到这些活动区别于一般性活动的特点，感受到活动的趣味性，他们受到活动意义的感召，愿意克服困难，主动参与。

另外一些平常的商业活动，如果没有赋予其新的意义，不仅不会受到关注，甚至可能被人误解，激起反感，出现始料未及的困难，比如赠品、折扣券、街头促销的摸奖、彩票活动等。

进行策划提案，通过概念提炼与升华，将激发提案对象强烈的荣誉感、使命感，增强其提案过程的参与性，当然，也因此而极大地增强了其对提案的认同感。

如何在提案中有效地进行概念的提炼与升华，我们将在后面的内容里再做讨论。

3. 幽默感

在“浅阅读”时代，人们将休闲性、消遣性和娱乐性作为生活的底色。轻松、愉快地生活和工作，是人们的意愿。我们的提案对象自然也不例外。

提案过程，是一个沟通交流过程，你不能死板着脸孔，声色俱厉地提交你的策划方案。可爱，可亲，如家人，如亲友，随和而亲切，才能让人放松身心，理解你的思考和语言。

而且，适度的幽默，一定的幽默感，能够将严肃的话题以合适的方式表达出来，让人感到你“举重若轻”，还能够完成更大的任务，对你和你所从事的事业充满好奇，这会增加你的魅力，增强提案对象对你的信赖。

即使面对最为严重的困难，试着对自己幽默一下，你会发现，其实原来问题并没有想象中那般严重，困难并不像想象中那般难以克服，你这么做的时候，不仅仅使自己放松了，也让你身边的人感到轻松。因此，有经验的领导，从来不在下属面前流露出紧张感。

作为策划人，我希望你成为培训师，或者至少也要参加培训师的课程，看看培训师的相关书籍。这样，你在提案的时候，可以尝试做一些游戏，让提案过程显得轻松，充满趣味。

4. 感同身受

沟通的原则很简单，那就是：感同身受。即能够设身处地地了解和理解对方的立场、观点和情感体验，这其实并不是一种天赋，也不是一种技巧或能力，而是一种态度。每个人都能够做到。

我们站在对方的立场，处在对方的处境，肩负对方的责任，感受到对方所体验的紧张和压力，你就能够比较恰当地处理自己的沟通方式，调整自己的语言，从而避免提案过程中与对方可能的对立和争执。

从沟通的角度，佛教所主张的“慈悲喜舍”特别有意义。“慈”，就是“同理心”，能够感同身受，愿意与对方共同面对困难和挑战，共同分享创造的激情和成功的欢乐；“悲”，就是愿意帮助对方，解除对方所承受的焦虑、不安和痛苦。

5. 整合

英语中，“sym－”表示“协同的”“共同的”“集合的”等意思，“phon－”表示的是“声音的”。symphony 这个词，表达的意思是“共同发出的声音”“交响乐”“和声”“谐声”。

在这里，我们指的是“整理”和“整合”。

在这个时代，整理和整合的能力十分重要。有一句话，“世界上没有什么新东西，所有的新东西，其实都是旧事物的重新组合”。创新是如此令人激动，它改变了我们每个人的生活方式。但是，每一个创新，都不过是对现有事物的整理和整合。

整理和整合，要求用不同的视角，更加深入地看待事物，审视事物之间的关联，用新的概念和意义，重新组织现有的事物。

这是商务策划的重要内容之一。

对于策划提案，首先地，我们需要从多个不同的角度，以不同的立场，审查我们所要提交的方案，并尝试高屋建瓴，删繁就简，主题明确，重新思考和组织所有的达成目标的手段和措施。这是“整理”的过程。

其次，我们需要将在提案过程中使用的所有手段和工具进行系统的设计和安排。文字材料、实物道具、演讲辅助工具、多媒体演示设备、提案的情境，以及演讲者的声音和身体语言等，按照整体的整合的形式，以不同的声部、不同的音色，演绎同一个主题。这是策划提案的“交响乐”，而不是令人难以忍受的噪声。

6. 故事性与戏剧性

虽然我不能说，不会讲故事就不能做策划，或者不能做提案。但如果你不善于讲故事，做策划或策划的提案时还真是困难重重。

因为，策划本身就是在“讲故事”！

商务策划，有明确的“人物”“地点”“时间”，有构成故事性最重要的“困难”或“曲折”，以及历经种种磨难最终达到成功目标的“哲理”和“寓意”。

故事，使人兴奋、激动、紧张，有强烈的现场感和参与感。通过故事，与其中的人物同呼吸共命运，分享分担，经历曲折和磨难，体验失望、焦虑、痛苦、挣扎、兴奋、紧张、狂喜等种种情感经历，并享受到某种“幸灾乐祸”的幸福感。

有谁不喜欢故事呢?

据说，当年联想集团的老板，有中国企业教父之称的柳传志，为了着力培养青年才俊孙宏斌，硬是要求这个带有浓重山西口音、说话有些口吃的青年，每天到他的办公室给他讲一个故事。

这成就了日后口若悬河的“孙总”和中国地产界著名的“黑马”——“顺驰”。每天听一个有些口吃的人讲故事，比较需要耐心，柳传志对孙宏斌慈父般的关爱可见一斑。

然而，如果让他每天听一个人的演讲，或者听数学课呢?

“浅阅读”时代的传播和沟通，需要故事和故事性！

PPT——最有效的提案工具

现在，没有多媒体演示的演讲和提案，几乎是难以见到了。

多媒体演示，最常用的是 PPT 或 Keynote。比较起来，后者开发较晚，用起来也不怎么顺手，人们用得最多的还是 PPT。

PPT，即 Powerpoint，是微软开发的办公套件 Office 中的一个演示文稿程序。利用 Powerpoint 制作的文稿，可以通过不同的方式播放，也可以打印成页，而且，演示文稿可以使用幻灯片机或投影仪播放，在放映时，可以播放音频或视频。经过不少人的改进，其功能之强大，使用之方便，应用之广泛，已经远超当初设计者的预期。

如果你想拥有说服人的 power，而且能够直击 point，你最好用 Power－point。

能够将文稿、图表、图片、声音整合一体，直观、生动地向提案对象做全方位的表达，在目前，没有什么工具可以超过 PPT 了。更不必说，在制作时，你可以得心应手地处理各种数据、文字、图片和表格，增加你想要的任何声像。

策划提案，你必须掌握 PPT 的制作和演示。

关于这一点，我们在后面将详细讨论。

永远充满热情

策划是富有创造性的工作，无中生有，化腐朽为神奇，让人充满期待，也使自己热情洋溢，精力充沛。

从小里讲，策划是富有变化、富有创意的生活和工作方式，从大处讲，策划是创造社会财富、传承人类文明的伟大事业。

难以想象，做策划的人会是枯燥的无聊的人。

因为这不符合人们的期待。当然，更无法打动我们的提案对象。

很多时候，策划人被误解，以为是江湖骗子。更多的时候，策划人被看成了朋友、助手、医生，甚至是救星。

没有人喜欢一个没有热情的朋友，也没有人愿意自己的助手是个枯燥无聊的人。

如果你被人当作了医生和救星，我恭喜你。但你要小心。

就像很多病人不是死于自己的疾病，而是死于医生的悲观，如果我们缺乏热情，就会被我们的委托方看成是对他们的事业没有信心，对他们的利益不够关心，或者是我们对自己的事业不够尊重，缺乏敬业精神和奉献精神，这些都是负面的猜想。

要破除一个似是而非的观念：以为策划是严肃严谨的工作，所以应该不苟言笑，不假辞色，保持一个严肃的形象，用事实和逻辑去说服提案对象。要知道，没有人是可以被道理和逻辑说服的。如果没有热情，所有的言辞都可能被误解。

或者，还有人认为，我们与委托方之间，只是职场上的上下级关系，或者商业上的客户关系，只有对家人和朋友才能放松自己，本色对人。这样的想法也是不对的。没有冷冰冰的商业关系，也没有绝对的商业利益。商务策划，是与委托方相互信任、同舟共济完成的创造性工作。在这一工作中，你（们）与委托方之间，已经成为并肩作战的战友，任务的完成，需要双方共同付出智力、体力和其他专业资源，而饱满的热情，是其中最为重要的一部分。

所以我们一再要求，策划人，需要保持激情，永远地保持热情。

不忘初心

初心，本是借用禅学中的一个词，也是近年来类似心灵鸡汤的各种励志书籍中常见的词。但在这里，我们别有用意。

我们所说的初心，是指在提案开始前你最初的计划与预期。

正如我们的旅程，在尚未出发之前，没有经历旅途的种种酸甜苦辣与迂回曲折，我们对于未来旅程的计划和预期是比较冷静和理性的。策划提案前也一样。

因为策划课题任务之前的接触，策划过程中多次的沟通和交流，双方至少已经比较了解。对于对方的心理期待、利益点、信息收集和处理方式、阅读习惯、决策偏好等，都应当比较清楚。这样，制订的提案计划和提案所要实现的目标，都比较冷静、理性，符合实际情况。

商务活动，不似实验室里的物理化学实验，也不似套用数学公式求得答案，是人与人之间的交往，是情感和意志的相互博弈，涉及非常复杂的情境因素，涉及动态的各种不确定性。故而在这个意义上，常有人将商业上的竞争和博弈比作战争。

在你来我往中，各种不确定性都存在，双方基于判断和选择性理解而进行的沟通和交流，调整和改变了事先的计划和安排，不加约束的情绪，不同的利益点，以及性格、态度和决策偏好下的自由意志，极大地影响到行动的方向、流程和进度，偏离了原来的目标。

于是，在策划提案时我们常常看到，提案过程和结果与我们的预想大相径庭。

当然，你可以说，计划赶不上变化，随机应变，调整是必要的。有一句话不是说吗，“一旦战争爆发，战略的使命就完成了”。

听起来不错，但其实大谬不然。

很多时候，有很多人，在提案前是清醒的、冷静的，甚至也是计划周详的，一旦进行提案，遇到一点争议，或者对方没有足够积极的回应，立时抓耳挠腮，进退失据，不知如何是好。要么被对方牵住了鼻子，完全丢掉了自己的计划和安排，随遇而安，成为案板上的鱼肉，任人宰割；要么意气用事，强词夺理，用雄辩的口才，将对方驳得理屈词穷、体无完肤，痛快淋漓之后，却发现自己也灰头土脸，双方和谐信任的关系被破坏殆尽，最终自己后悔不迭。

这就叫忘记了初心。

牢记自己为什么出发，保持初心，在提案时候，你就能够镇定自若，将提案过程水到渠成地引向预期的目标。

为此，你需要在开始前，周密地计划好你的行动和目标预期；在提案过程中，每个节点上，检查是否偏离了计划和目标；提案接近尾声，需要检查距离最初确定的计划和目标预期之间的差距，力争保质保量地完成目标。

甚至，在制订你的行动计划和目标预期时，你还需要检查，从策划课题任务到现在这一刻的所有目标，是否实现；检查你最初接受策划课题委托时，你们是如何确定工作任务和工作目标、如何界定问题的；再进一步，往前检查你从事策划的初衷，你所抱定的目的还在吗?

策划提案，你需要获得对方的认同，促成对方的行动，并通过对方的行动，获得策划方案的成功，进而获得自己“与有荣焉”的成功。

为此，需要始终地与对方“心心相印”，真诚地传达自己的思想和情感，建立、保持充分的信任。在此基础上，与对方就策划方案的前提、机制和实操性展开讨论。这才是策划提案要做的。

精力充沛，热情饱满，是策划人的职业素养，同时，也是给提案对象以信心。

为了保证策划提案得到充分理解，我们应该根据时代发展的需要，精心地设计提案的形式和过程，明确和提升行动的意义，设身处地，感同身受，综合运用各种工具，轻松愉快地进行提案。

这是关于提案的正确认识，需要在提案准备之前，作为我们基本的态度和观念存在于我们的脑海。是为正见或正念。

第三讲　正知

拥有对于策划提案的“正见”，才能正确、恰当地对待策划提案的种种问题。在此基础上，要做的第一个工作，是收集信息，为形成我们策划提案的整体计划提供依据。

提案是比较具体的工作，收集信息，比较具体，也比较单纯，远没有策划课题任务所要求的复杂性，却需要足够的细心，还需要一定的智慧。

“2 500 年前的一次提案”

春秋时期，吴国地处东南一隅，国小力弱。吴王阖闾厉兵秣马，广纳贤才，有称霸的雄心，包括楚国公子伍子胥之类的俊杰，纷纷投奔。

有个叫孙武的齐国人，自信是上将之选，正如吴起见魏王提出一个完整的魏国称霸中原的计划，孙武也向吴王提交了一个方案；同时，还献上一部自己写的兵法，以证明自己的才能。

吴王便决定召见他。孙武这样做了给他老板的提案：

吴王说：“你的《十三篇》我已经阅读了。你能为我演示一下吗?”

孙武说：“可以。”

吴王问：“可以用女子来演示吗?”

孙武说：“可以的。”

于是，吴王令王宫中的宫女们出来操练，挑出百八十人。孙武将她们分为两队，以吴王最宠爱的两个妃子做队长，都拿上武器。

孙武号令说，“你们知道前后左右吗?”众人答道：“知道。”

孙武说：“向前，就是看自己的心；向左，就是看自己的左手；向右，就是看自己的右手；向后，就是转向自己的后背。”

众人说：“好。”

号令明确之后，便扛来执行军法的斧钺，反复说明军队的纪律。

于是，军鼓敲响，命令众人向右看。众人觉得好玩，大笑起来。

孙武说：“军纪不明确，军令不熟悉，是将军的责任。”便再一次说明军队纪律。让军士再次擂鼓，令她们向左看，这些女子再次哄笑起来。

孙武说："军纪不明确，军令不熟悉，将军的责任。但军纪明确、军令熟悉，却仍旧不听从命令，是队长的责任。按军法应当斩首。"令手下推出两位队长，准备处斩。

吴王在看台上见到爱姬将要被斩，大为惊骇，急忙传令："寡人已经知道将军善于用兵了。看在寡人面上，饶她们性命。寡人若没有她们俩，吃饭都不香。就别杀她们了吧?"

孙武回答说："臣既然受命为将，在领军的时候，君命有所不受。"于是，斩了两位吴王的爱姬。启用另外的两人为队长，擂动军鼓。所有人为之肃然。向左、向右、前进、后退、跪下、肃立，都规规矩矩，再没有嬉笑。于是，孙武便让人报告吴王："队伍操练好了，请大王检阅。只要大王一声令下，赴汤蹈火，她们也绝不犹豫。"

吴王心里难过，但还是不得不说："将军休息吧，寡人就不检阅了。"

这是《史记·孙子吴起列传》里的故事。

按照《孙子兵法》研究的权威钮先钟先生的评论，这是不可靠的。吴王一代枭雄，何其英明睿智，欲以偏远蛮荒之地图霸中原，需要的是高瞻远瞩、运筹帷幄、熟谙军事的统帅，又不是一个操练士卒的中下级军官，断不会如此儿戏。再说，面对《孙子兵法》所展现的旷世才能，连傻子都看得出来，这是一位久经沙场、经验丰富的将军，吴王不跣足出迎，或者秉烛夜谈也就罢了，岂可待他如此草率和怠慢?

兵圣孙武

这样一个近乎演义的民间故事，怎会轻易采信呢？可见，太史公也是不怎么严谨的。

兵圣的提案会议，显然不会如此进行。孙武的《孙子兵法》并不是他的提案，很可能在这之外，另外有一个比如“疲楚误楚”“北威齐晋”的军事政治方案，当然，还有就是任命他为三军统帅的人事安排之类的。多年过后，方案被人忘记了，作为方案的附件，用以证明方案操作性的《孙子兵法》却流传开来，成为最伟大的兵书。

他—我—我们

《孙子兵法》不到6 000字，却有79次提到一个字——“知”。

可见，对于关系到生死存亡的战争，“知”有多么重要。

当中最为人所知的，是那句“知彼知己，百战不殆”。

武器精良并不必然胜利

战争中，首先应当了解你的敌人，他们的行动目标和目的，他们的人员、装备、战斗力，他们的兵力部署，他们的指挥系统和决策系统，如此，才能决定我们采用什么样的战略和策略。同时，根据对方的情况，再反观自身，审查我方的人员、装备、战斗力情况，详细比较，评估己方胜算多少。打得过就打，打不过就谈，或者跑。纵然武器精良，不知彼不知己，也难以确保胜利。

提案，也是一样的。

你必须首先要了解清楚你提案的对象（他和他们），然后，回头来仔细检查你自己（我和我的团队）。这还不够，你还必须看看，是否已经可以在提案时淡化双方的这种相对感，变“他－我”的关系为“我们”。只有“我们”，而不是“你”或“你们”，更不是“他”或“他们”，才能保证策划提案达成预期目标。

1. “他”（老板）是谁？

不错，策划提案中双方是相互信任的合作关系，策划者与策划任务的委托方之间是平等的关系。因此你说，没有什么老板不老板的。

我们问的是，谁是提案最终的决策者？他是个怎样的人？

别急着回答。

在提案之前，需要有一个关于决策者，尤其是最终决策者的基本判断。

你需要有三个方面的把握。

老板是一个“经济动物”。不论是国有企业还是民营企业，不论是上市公司还是合伙公司，总有一个最终的决策者。他的头脑始终要为企业组织的生存考虑。在当今急剧动荡、充满不确定性的环境下，任何企业的资源都是有限的，任何企业的生存都是首先需要考虑的问题。几年前，多少声名显赫的企业如今都被淘汰出局，国外的、国内的，数不胜数。利润和利润来源，永远是企业生存、安全、发展的最根本问题。作为企业的老板，他一直在盘算，一直在忧心。如果我们的策划方案不能直接或间接地（曲线地，但却是逻辑地）指向这个目标，提案不过就是意料中的事。

老板是一个“政治动物”。老板代表着组织，是我们委托方的所有成员的依靠，也是他们复杂利益的体现。不论这个组织的结构和文化有多先进，也不论这个组织有多年轻，总需要有一个老板作为权力的象征。他处于权力的中心，在捕捉战略机会、创造利润来源的同时，还要满足组织成员精神和心理等多个方面的需求。于是，他对权力很敏感，将平常不起眼的疏忽看成是对整个组织的不尊重，并努力捍卫自己和自己所代表组织的尊严。

这里，我们说的，还不是庸俗的“职场政治”或者“公司政治”。

就我们所了解的，不论中外，任何老板对于权力和影响力都有异乎寻常的敏感，对任何进入他势力范围的行为都抱有警觉。除非你被看成自己人，否则，任何进入他权力和影响力范围的行动，都必须谨慎，不要刺激到他敏感的神经。

"'他'就是我们老板！"

老板是一个"敏锐的学习者"。时势造英雄，还是英雄造时势，已经弄不清楚了。一个平常人，也许在老板的位置上待了一段时间之后，身心都会发生一些变化。

"士别三日，当刮目相看。"一个平常呆头呆脑、懵懂无知的家伙，几天不见，可能成为某个企业组织的最高决策者，有深邃的思想和洞见，也有明晰的思路和行动。最高决策者的身份给予他的激励和压力，造就了一个敏锐、快速的学习者。如果是一个有雄心壮志，自觉塑造自己、有强烈使命感的老板，其聪明睿智甚至相当程度上超过勤奋的策划人。

即使由于种种原因，事务缠身，无暇阅读，对某个领域或某个学科的知识或有不逮，但精明的老板却知道或者有能力从某些渠道获取这样的知识。

据说，在一次公开场合，汽车大王亨利·福特回应对他"无知者"的指控，说："我可以告诉你，我的办公桌上有很多按钮，我只需按一下按钮，就可以回答我想知道的任何问题。"

面对这样一个老板，你不可以忽悠，不可以敷衍，不可以搪塞，也不可以装腔作势，必须与他推心置腹，坦诚相见，将你对问题的思考和解决问题的设想不加掩饰地展现出来。

2.“他们”（听众）是谁？

了解听众的重要性是不言而喻的，他们当中，可能就有最高决策者。至少，他们对于提案能否通过有相当程度的影响力。否则，就不会有这个提案会议了。

清楚谁是我们的听众，才能明确地知道该说什么和怎么说。

于是，在提案之前，关于听众，如下几个问题需要明确回答：

- 他们分别是谁？
- 他们多少人？再加上我们，共有多少人？
- 他们的职责和权限是什么？
- 他们在提案过程中各自扮演什么角色？谁是决策者，谁是参与者，谁是坏小子，谁是清道夫，谁是好好先生？
- 他们的教育背景如何？他们有怎样的从业经历？
- 他们各自有何种兴趣爱好？
- 他们各自有何种专长？
- 方案的结论和应对措施，对他们的利益有何种影响？
- 他们在整体上对我们的工作抱有何种态度？

以及，尽管是最后，但并不是最不重要的：

- 他们如何看待策划任务和方案的意义？
- 他们对我们的方案和材料有多熟悉？有没有理解上的困难？

回答清楚以上的问题，你方能算得上比较了解你的听众了。

但能够回答上述问题并非易事。安排提案，是委托方的事情，并不由我们做主。出席提案会议的人员，我们只能根据以往的经验做大体的估计。

有时候，出于更加理性和客观的考虑，委托方对提案参会人员名单会有意保密，或者临时调整，在提案过程中，会出现陌生面孔。正跟足球赛中场换人一样，新的成员入场，带来老板关于提案的新指示，无论他是不是场上队长。

对此，提案的准备必须充分，并有应急响应机制。有经验的策划团队在提案时总是有几个预案，以保证提案的效果。如果对最高决策者的了解比较深入，则临时的调整其实也应当在意料之中，并不会因此而乱了方寸。由此看来，了解老板和了解听众是一体的。对老板不了解，也就无法真正了解提案会议的听众。

3. “我”（提案者和策划团队）是谁?

“知人者智，自知者明。”

其实比起了解对方来，了解自己更难。难就难在“客观”上——能不能比较符合实际地评价自己。

提案之前，对于自己的了解主要集中在四个方面：信任、方案、工具和提案参会人员。

首先讨论的，是关于信任。我们反复强调，信任是策划提案的基础。没有信任，任何误解都可能产生，提案是无法进行的。

“知彼知己”，在策划提案里的“知己”，并不是“三省吾身”，自己内省的功夫也不能简单地罗列清单，盘点存货一样检查，而是要站到对方的立场，设身处地地设想。有一些问题，是一种“他知道我知道他知道……”的循环。

- 我们是否知道，对方认为策划所针对的问题是激发型问题、理想型问题还是标准型问题？换言之，在他们看来，策划的任务是要解除威胁还是要实现理想？
- 我们是否知道，对方认为策划任务的委托，是由于单纯的业务往来，还是因为人情关系？
- 自接受任务以来，在建立、发展和巩固相互信任方面，我们已经取得了何种成效？
- 我们是否了解，在对方看来，策划工作内容和策划方案是否经过充分沟通？
- 我们是否足够了解对方对我们的能力、素养和做事方式的看法？

至于方案，你要从对方的角度，评估方案的协调性、操作性、弹性和优越性，确保策划方案既有明确的效益，又具有相当强的实操性。

你需要检查：

- 方案所设计的策略是否针对现实情境，目标是否适合组织的战略和文化，是否有效地平衡和协调了各方面的利益？
- 方案所设计的策略是否在现有资源能力条件下具有操作性？
- 方案是否针对可能存在的不确定性设置了相应的应急预案，从而尽可能地规避了风险？
- 方案是否比较各种可能的应对措施之后进行了优化，并最大限度地发挥了资源能力的效力？

关于提案所使用的工具，包括文字资料、展示板、多媒体 PPT 演示工具、图片、图表、实物道具，以及演讲所用的教鞭、激光笔、投影设备等，要保证它们各自从不同的角度发挥演示作用，为提案提供支持。同时，最要紧的是，要保证这些工具之间能够协同，既不自说自话，又不相互干扰、相互冲突。

- 提案所用的工具是否有效，是否方便称手？
- 每个工具，如图片、图表，是否充分体现了功能？
- 为保证提案的效果，这些工具都是必要的吗？
- 这些工具之间相互支持吗？

关于提案的人员，既要考察提案的成员构成，更需要仔细斟酌主讲人。这些都是必须要了解的：

- 我方提案人员是否为对方所熟悉？
- 是否可能因为新面孔而使策划提案不能顺利进行？
- 我方提案的主讲人擅长怎样的演讲风格？对方案是否熟悉？
- 在这个领域、关于这个方案，谁是最恰当的主讲人选？

“知彼知己”的问题清单，其实还可以长些。问得越细致，准备越充分，出现失误的概率也就越小。“外事无小事”，对于事关策划成败、事关策划团队声誉的大事，小心从事是没有错的。

4. 关于“我们”

孙子说：“卒未亲而罚之，则不服；卒已亲附而罚不行，则不可用。”领兵打仗，恩威并施，信赏必罚，都是必要的手段。但需要仔细审视与下属之间的关系，以此为基础，决定自己的行为。如果还没有得到士卒的拥戴和亲近，则不能简单地“军法从事”。

在古代，臣子给皇帝上书，谋士给主公出谋，跟我们做提案也差不多。苏东坡在给宋神宗的上书中就说：“未信而谏，圣人不与；交浅言深，君子所戒。”

相交不深，感情不甚融洽，不便讨论深入的话题，否则，便是失言；而双方交情深厚，交往长久，却言辞闪烁，拒人千里，是为失人。这些做法都是不明智的，不可不慎。

语境是语词意义的规定。不同的相互关系，构成不同的语境。与委托方相互了解，互相信任，“一家人不说两家话”，自然需要采用轻松的、亲密的和诚恳的方式进行交流。但是，如果双方关系还仅仅止步于普通业务往来，提案时就应当谨慎，语言应当更正式一些，讲幽默和轻松的笑话时则需要掌握分寸。

关系评价
Assessment of Relationship

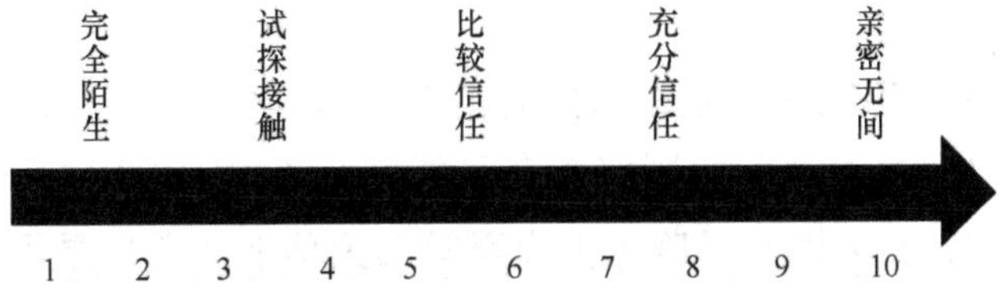

因此，提案前，对双方关系应当有一个比较准确的评估。准确，是相对接近实际。于是，团队里多个成员的评价比单独一个人的评价可能要准确；一个人平心静气地评价，比匆忙做出的判断可能要准确。当然，这种评估是感性的、主观的，没有必要也不可能有精确的数据。多大程度地接近实际情况，在于经验，“存乎一心”，不足为他人道也。

天—地—人

先知“你一我一他”，再识“天一地一人”。

在我们对提案的对象和我们自身有足够了解，比较准确地评价了双方的关系之后，我们可能已比较清楚采用怎样的方式进行提案沟通了。

然而，任何事情都是在具体的时间、空间环境里发生的，没有脱离了具体情境的事物和现象。

《孙子兵法》在“知彼知己，百战不殆”之后，便紧接着讲，“知天知地，胜乃不穷”。

1. 提案的时间

时间，是语境构成的重要内容，影响到沟通和交流的内容和形式。

在一个社会里，对时间有基本相同或相近的观念，涉及具体的时间安排，也有相同的理解。日出而作，日落而息，大家的生活节奏是相同的。子午卯酉，一日三餐，都基本同步。所以，时间就具有相当程度上社会学的意义。

当然，涉及具体的组织和群体，因组织和团队的文化不同，对同一时间的理解稍有差别。比如，中午时间，中国多数人是要稍作休息，有的甚至还要午睡，因此，中午的拜访通常被认为是一种骚扰。而有西方文化背景的组织，中午的时间即使有休息，也是比较短的。

从一天看，早上八点到下午六点，基本都可以算作工作时间，而下午六点到九点前，属于亲友时间，晚上九点后，属于私人时间。

提案的时间安排，因为这种社会学的意义，显然不会随意为之。

让我们简单地梳理一下：

除非下午一直在进行提案，或者提案时间从晚上下班后，比如18：30开始，由于时间进程没有控制好，有可能拖延至21：00以后，占用了私人时间。通常，私人时间（晚上九点至第二天早上八点）是不会用来进行提案的。

一般人晚上10：00之后已经入睡，早上6：00后起床锻炼。如果你被要求在这个时间里提案，只能表明，你是老板的家人！

这种情形，我们不做讨论。

商场上，管理者和决策者总是无限忙碌的。比如不少老板或者由于个人作风，或者由于人在江湖，常常占用亲友时间用于工作。提案，是与决策者（包括老板）和管理者沟通，所以在亲友时间，即通常下午下班之后的18：00至21：00，也常常可能成为提案时间。

每个时间点的社会学意义是不同的，于是时间的安排，对于提案者和决策者都有不言而喻的意义。你知我知，心照不宣。

8：00－8：30 AM

刚刚进办公室，整理好一天的工作计划，并为当天的重要工作进行准备，注意力需要调整，工作状态还不是最佳。

通常，不会在这个时间段进行提案。

8：30－10：30 AM

通常被认为是一个人工作效率最高的时间，一天中最重要的工作通常会在这个时间里完成，最重要的决定通常在这个时间里做出。

安排提案在这个时间，既说明策划课题任务对于委托方的重要性，他们对问题的解决有强烈的期待；也说明这个提案会议本身的高规格和严肃性。

11：00－12：00 AM

接近午餐时间，有些倦意了，需要适度的休息。按照作息安排，这个时间可以适当放松。

正常的或者完整的策划提案，需要至少一个小时。如果安排在这个时间段进行提案，则表明这个提案只能是一个粗略的概要，如工作进度汇报之类，或者，在委托方的工作中，这个策划课题在近期的工作日程表中居于不人重要的位置。

12：00－13：30 PM

中午例行的休息时间，午餐时间。

沿海城市，或者有西方文化背景的组织，午休时间较短；在内地，中午午休时间可能更长，延宕至下午2点至3点。

这个时间，通常是不会要求提案的。但如果被要求提案，则表明是小范围里的交换意见或私下沟通，内容也仅仅是工作进度、工作方向或相关支持之类。

13：30－16：30 PM

正常工作时间，也是可能需要进行提案的时间。

16：30－17：30 PM

如同上午11：00以后的时间，这个时间段是接近下班的时间。工作了将近一整天，身体有些疲乏，注意力不甚集中，一般不会安排比较重要的会议和专题研究。

17：30－19：00 PM

已经下班，或在下班途中。如果需要加班，则也是需要休息和简单进食、补充体力的时间。这个时间里，不大可能被要求提案。

19：00－21：00 PM

这是加班时间，非正常工作时间。如果被要求提案，表明双方的关系已经比较亲密，基本将对方看成自己人。

这个时间进行的提案，讨论的重点将不是策划方案的结论或方向，而是其中的某些细节，比如策划目标或工作计划。

这时的提案是在亲友时间里进行的。所以，它会显得比较轻松，双方交流可能比较深入，讨论中的争论更友善，合作的氛围要浓厚一些。

2. 提案的场合

并不存在客观的、冷冰冰的所谓环境。所有事情，都是在明确的情境（语境）中发生的。情境或语境，用的都是一个词：context（上下文）。

任何语词、任何句子，只有在具体的context中才有意义，才能被正确地理解。离开了语境，是无法表达的，包括提案。

日月星辰、花草虫鱼，所有自然的和人工的陈设，都有比较明确的语境意义，影响到沟通交流双方的理解，自然，也影响到沟通交流的结果。

比如，在公众场合，人们认同它的公共属性，交流时采用公共的话题，遵守公共的约定，符合公共的用语规范。而在私密的家庭环境里，沟通交流的双方因为语境暗示，自觉或不自觉地将自己和对方视为亲近的朋友和家人。此时采用公共的话题则显得不合时宜。

提案的场合不同，有不同的语境意义，而提案场合的选择，也就因此被赋予了不同的内涵。

地点的名称、地点的距离感、地点在双方各自观念里所代表的意义、地点周边的环境等，都实际上作为重要的参考标准。地点选择影响到决策过程。

（1）办公室（会议室）

在委托方的办公室或会议室提案，这是比较常见的情况。

委托方的办公室

委托方作为策划任务的甲方，通常是策划课题的主体，处于比较有利的地位，而策划者及其团队，出于对委托方的尊重，也默认这种关系。

提案在委托方的办公室或会议室进行，这一场合对于委托方，属于其权力和影响力覆盖的范围，委托方心理上更有安全感和稳定感，更有控制力。策划提案者相对弱势，时间、人员和进程，都被动服从委托方的安排。

有时候，策划提案不是安排在会议室，而是在委托方主要决策者（或最高决策者）的办公室。由于场地面积有限，不会有很多的人参与，于是，提案的内容将是高度机密的，办公室的主人，无论是否发言，都具有相当的影响力。而提案的形式并不十分正式，讨论的重点将是方案的核心内容，即策划方案的策略。

委托方特意安排，在策划者及其团队的办公室或会议室提案，也不少见。

提案在策划者的公司会议室，或者在办公室进行，这表明如下几个方面的意义：①双方的关系比较亲近，至少委托方希望让人感觉到他们的诚意；②委托方有长期合作的意愿，借提案的机会，顺带考察双方长期合作的可能性，对策划者及其团队的工作效率、工作方式、专业精神等方面内容做深入了解。

(2) 社交场合

一些时候，委托方自恃身份，却又想表达对策划者及其团队的尊重，将提案的地点安排在自己公司办公楼之外的社交场合，比如休闲茶楼、咖啡吧等地方。

这样的场合相对比较中性。它既不属于委托方的势力范围，也不属于策划者的影响力所在。对于双方，有相同的心理距离。这里的设施和设备来自于第三方，不能破坏和损害。

于是，在这样的场合，提案的双方既随和轻松，又彬彬有礼。讨论问题和方案时，不时可以插入一些幽默话语和笑话，一些时事新闻，或者八卦趣闻。提案的时间是模糊的，提案进程控制并不严格。

社交场合（如茶楼）的提案

如果被安排在社交场合进行提案，主持者还可能有一个考虑，就是希望能够了解策划的进程，针对策划的方向，比如定位等，进行探讨。因为这样的场合下讨论是轻松的，意见可以充分表达。

(3) 商务会议中心（旅游度假中心）

在很多风景名胜区，因为得天独厚的自然条件，建设了一些兼有休闲度假和商务会议功能的旅游度假中心。很多组织常将组织里的一些会议安排在那里举行。

优美宜人的风景，使人安逸放松。策划提案被安排在旅游度假中心（商务会议中心），主持者应当有相当的考虑。这个会议本身，是组织未来战略的一部分，甚至仅仅是其中并不关键的一部分，或者现在还是策划工作中间阶段，主要决策者希望看到更加具有创造性的方案，这样的“神仙会议”能够比较好地激发创意。

旅游度假中心的提案

同时，因为双方之前有良好的沟通，委托方比较清楚策划工作的方向和进程，对策划工作的进程甚为满意，这次提案的方案，委托方尤其是主要的决策者已然知其梗概，通过这样的一个提案会议，以比较轻松的方式进行较大范围的沟通，以获得委托方组织内部的理解和支持。

这些都是比较正式的提案。

在很多时候，如果策划课题对委托方影响重大，或者最高决策者（老板）作风硬朗，乾纲独断，策划提案必须直接面对老板本人，由于老板的日程安排十分紧张，即使策划课题十分重要，也可能不得不在非正式的情形下进行提案。

这种情况下，提案的场合可能是临时的，如电梯间、车上、餐桌上、老板家里，如此等等。

（4）电梯间

电梯的运行速度比较快，一般 1.5～2.5 米/秒，加上进入汽车或者房间的时间，总共也就只有 2～3 分钟。

这么短的时间，这么狭窄的空间，要进行提案，很考验提案者高度的概括能力和应变能力。

以正常语速平均 200 字/分钟计算，加上要观察委托方的反应，还有一两个话题转换，这样算下来，2～3 分钟内你能够传达出去的内容也就 300～500 字。

这样的提案，就是一个方案的摘要。

你得将你方案核心的部分——具体怎么做，告诉他，并简单说明这么做的理由！

（5）老板车上

老板很忙，正赶往机场。你被要求在老板的车上跟他提案。

车里的空间更为狭小。而且，这是老板绝对的领地，如果你对他有所冒犯，或者你的提案在他看来完全不着边际，暴怒的老板虽然不至于当场掐死你，但也有可能让你中途下车。

老板车里的提案

在这样的场合提案，老板处于绝对强势地位。于是，你要有相当的提案技巧，保证他一直听下去，引起他的注意，激发他的兴趣，制造悬念，促进理解，并直接让他认可。

(6) 餐桌旁

就餐时进行策划提案，不大可能有很多人参加。通常，只有一个听众，那就是老板本人。

如果菜肴美味可口，老板心思在食物上，不大能够集中注意力。你的语言要高度简练。简，意味着简洁、高度概括；练，意味着要直达根本，直击要害。

如果饭菜简单朴素，老板吃饭只是为了简单充饥，你更应该注意，你策划所针对的问题是什么，要达成什么目标，以及采用怎样的策略，这些都是老板高度关注的问题，需要清楚明白地表达出来！

(7) 老板家里

恭喜你，老板没有拿你当外人。因为所在区域、居住环境、装修装饰、园林植栽、家具陈设，这些足以表明老板的品位格调，而如何与家人相处，家里成员之间的关系，等等细节，一览无余，毫无保留地都展现在你面前。再愚钝的人也能够看出一个明确的意思：老板对你多么坦诚！

老板家里的提案

以心换心，你必须对他一样地推心置腹。

提案你可以轻松些，这是老板所希望的。你可以将你和你的团队对问题的思考过程形成的结论，以及针对问题如何选择策略，比较清楚地、尽可能坦诚地向他表达。有困难，要明言，有顾虑，也可以直陈。

你也许还能设想其他的种种情形，比如，老板在钓鱼，老板在打高尔夫，老板在健身，这些都是非正式提案的场合。非正式，就意味着可以轻松、随意一些，不必过分拘束；同时也意味着，听众的注意力不能集中，常常有其他的干扰因素，打断你的陈述，时间也不完整。所以，你必须高度浓缩，将你可能需要 30 分钟乃至一个小时的提案，用几分钟搞定。

知识的力量

行动之前，了解清楚行动的对象，了解清楚行动所发生的环境，其重要性是不证自明的，以至于已成为一种常识。

“知彼知己”方能“百战不殆”，“知天知地”才可“胜乃不穷”。

知道对方，了解自己，还清楚双方的关系，我们这里叫“他—我—我们”。仅仅了解对方、了解自己，而不清楚双方的关系，是不够的。提案是沟通交流的过程，是在双方你来我往交互的关系中进行的互动(interaction)。动态的考察，了解清楚关系，远胜于静态的了解。

而提案的时间、提案的场合，具有明确的语境意义。没有毫无意义的时间选择，也没有不通人情的提案场合。所有的时间和地点，都有相应的内涵。即使是漫不经心的选择，也透露了委托方对策划提案的重视程度。在这个意义上，我们了解提案的时间、地点，是为更清楚地看到其对提案参加者的影响。所以，我们称为“天—地—人”。

孙子曰：“知战之地，知战之日，则可千里而会战；不知战地，不知战日，则左不能救右，右不能救左，前不能救后，后不能救前，而况远者数十里，近者数里乎！”

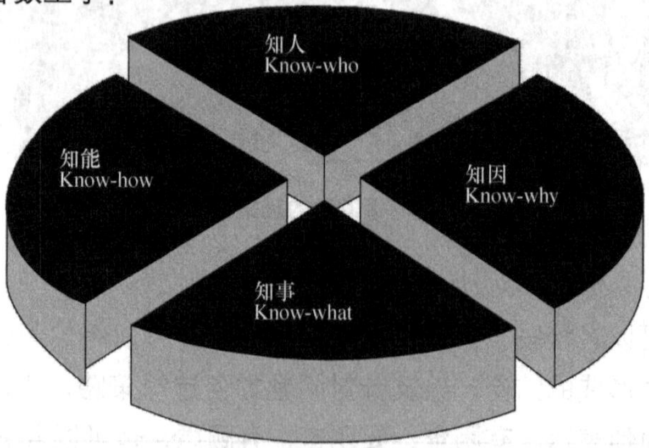

“知”是提案的基础

简单地、机械地了解即将策划提案的时间、地点、参会人员是远远不够的。这些还仅仅是信息。你必须努力将所了解的信息综合起来，形成对于未来进行提案的情境（context）的判断，进而对情境进行设计。唯其如此，才构成我们的知识，才能有助于提案的准备。

有很多人可能觉得，在行动之前收集的信息越多越好，期望把老板的情况、把对方人员的情况，从婴儿时期到现在的所有信息，都毫无遗漏地收集到。这是一种可以理解的贪婪。实际上，没有必要这样做，而且常常也不大可能做到。

你只需要了解一些信息就足够了。通过这些信息，运用常识进行判断，你就能够设想你的提案对象和提案情境。

这些常识，来自于经验，来自于学习和积累，也来自于直觉。

良好的直觉是策划人的基本素质。

需要强调的是，知识是需要传递和分享的。

注意，我们说的是知识，而不简单是信息。

在一个策划团队里，参与策划的成员，在不同的角度和层次与委托方进行过接触，并因此有各自的基本判断。通过传递和分享，知识的力量就可真正得以体现。

想象一下，几十万年前，有一个叫阿呆的原始人，跟着同伙狩猎。咋咋呼呼一阵之后，几只豺狗从树丛中惊慌逃出。阿呆跟着大伙儿一起追赶。在一个山口，豺狗一只接着一只，跳下高坎，最前面的阿傻，毫不犹豫地跟着跳了下去，一声惨叫，摔死在下面的石头上。接着，阿木、阿痴，一个跟着一个地也跳了下去，不出意外地，也是一声又一声地惨叫，一个又一个地摔死了。这时的阿呆，看见这一切，开始犹豫了。他觉得有什么地方不对，但他想不明白，也没有谁告诉过他。于是，在下一次狩猎的时候，又出现类似的情形，但阿呆犹豫了，将他的疑惑告诉了同伴。大家踌躇了一阵，终于没有人再跳下去。阿呆的知识传递，挽救了大家。

这就是团队里知识的力量。

如此，你可以整理关于提案所需要的信息和“知识”（理解），形成一份完整的提案准备表（见表3－1）。

表3－1　提案准备检查表

年　月　日

<table>
<tr><td>课题名称</td><td colspan="4"></td></tr>
<tr><td>提案目标</td><td colspan="4">我们需要听众：</td></tr>
<tr><td>起止时间</td><td colspan="4">年　月　日－年　月　日</td></tr>
<tr><td>课题主持人</td><td colspan="4"></td></tr>
<tr><td>课题主要成员</td><td colspan="2">1.</td><td>2.</td><td>3.</td></tr>
<tr><td>提案地点</td><td colspan="2"></td><td>提案时间</td><td></td></tr>
<tr><td>客户方主持人</td><td colspan="2"></td><td>是否亲近</td><td>□是　□否</td></tr>
<tr><td>最高决策者到场</td><td colspan="4">□是□否</td></tr>
<tr><td>辅助
工具
和
设备</td><td colspan="4">需自备工具：
1. 笔记本电脑　2. 投影仪　3. 白板
4. 挂图　5. 产品实物
会场配备工具：
1. 笔记本电脑　2. 投影仪　3. 白板</td></tr>
<tr><td rowspan="2">客户参加人数</td><td>业内人士</td><td colspan="3">人</td></tr>
<tr><td>普通人士</td><td colspan="3">人</td></tr>
<tr><td>主讲人</td><td></td><td>助手</td><td colspan="2"></td></tr>
<tr><td>文案作者</td><td></td><td>文案定稿</td><td colspan="2"></td></tr>
<tr><td>场地大小</td><td colspan="4">稍大□　适中□　稍小□</td></tr>
<tr><td>场地熟悉程度</td><td colspan="4">熟悉□　了解□　不熟悉□</td></tr>
<tr><td>客户满意度</td><td colspan="4">很不满意□　比较满意　□非常满意□</td></tr>
<tr><td>与客户关系评价</td><td colspan="4">比较信任□　充分信任□　亲密无间□</td></tr>
<tr><td>拟用开场策略</td><td colspan="4"></td></tr>
<tr><td rowspan="11">正
文
部
分</td><td colspan="4">要点1：</td></tr>
<tr><td colspan="4">次要点：</td></tr>
<tr><td colspan="4">支持材料：</td></tr>
<tr><td colspan="4"></td></tr>
<tr><td colspan="4">要点2：</td></tr>
<tr><td colspan="4">次要点：</td></tr>
<tr><td colspan="4">支持材料：</td></tr>
<tr><td colspan="4"></td></tr>
<tr><td colspan="4">要点3：</td></tr>
<tr><td colspan="4">次要点：</td></tr>
<tr><td colspan="4">支持材料：</td></tr>
<tr><td>拟用结束策略</td><td colspan="4"></td></tr>
<tr><td>答疑</td><td colspan="2">□已经安排答疑时间</td><td colspan="2">□拟不安排答疑时间</td></tr>
<tr><td>填表人</td><td></td><td>复核人</td><td colspan="2"></td></tr>
</table>

第四讲 胜兵先胜

“胜兵先胜”，这话来自于《孙子兵法》。原文为：“胜兵先胜而后求战，败兵先战而后求胜。”如何保证自己先胜呢，“先为不可胜，以待敌之可胜”。因为“先处战地而待敌者佚，后处战地而趋战者劳”，预先设定了战场，了解战场情况，以逸待劳，所以胜。

“胜兵先胜”，对于策划提案而言，是否也可以“先处战地而待敌”呢?

对于策划人及其团队，预先了解策划提案的现场，并不是什么难事。策划提案不在委托方的办公区域，就在自己的办公场地，或者外面的社交场所、会议中心。

作为策划人，本就是有心人，在接受任务的时候，就可能处处留意：何地是可能的提案现场? 熟悉其场地布置，了解其外部环境，留心检查其设备设施，都是自然而然的。即使在外面的社交场合或者商务会议中心，想来以策划为职业的人，一个城市乃至周边几个城市的酒吧、茶楼、休闲的商务会议中心、旅游度假中心之类，也都了如指掌、相当熟悉了吧。

所以，我们这里的“胜兵先胜”还不仅仅是对场地的了解。

三箭定天山

薛礼（614—683)，字仁贵，唐太宗、唐高宗时期的将领，著名军事家，根据其生平演绎出的民间传奇和戏曲《薛平贵与王宝钏》，十分受百姓喜欢。戏曲中，薛仁贵擅长使用的兵器正是方天画戟。

唐高宗龙朔元年（661)，铁勒部叛乱，进犯大唐边境。薛仁贵为行军副大总管，前往平叛。龙朔二年，铁勒九姓突厥（九个部落联盟）得知唐军将至，便聚集十余万兵马，凭借天山（今蒙古杭爱山）有利地形，阻击唐军。三月初一，唐军与铁勒部交战于天山。两军列阵，敌军人多势众。十多万彪悍的突厥骑兵，面对唐军的步兵，大起骄矜之心。铁勒派几十员大将前来挑战，薛仁贵应声出战，一人之力，单挑这几十人。数言未了，只见他嗖嗖嗖连发三箭，敌人 3 员将领应声落马。敌方大军见了，大为惊

薛仁贵“三箭定天山”

骇，立时陷入混乱。薛仁贵指挥大军趁势掩杀，突厥兵马溃不成军，不多时，全军投降。唐军凯旋而还，军士们高唱着：“将军三箭定天山，战士长歌入汉关。”可见，仗打得多么轻松！

“三箭定天山”，是“标题党”的招式。不是这三箭有多么厉害，直接就平定了天山，而是在两军阵前，单枪匹马，轻松力敌数十员敌将，藐视敌人的英雄气概。箭无虚发，箭箭直指人心，军心震动，气为之夺。三军乘势掩杀，胜利便自然可得。

平时多流汗

提案的成功不会是偶然的。“台上一分钟，台下十年功”。长到一个小时，短到几分钟的提案，其实需要做艰苦、细致的准备，个中滋味，只有身在其中才能明白。

通常，一个正式的提案需要持续一个小时左右。

这一个小时，包含了以下的几方面内容：

20 分钟左右的演讲

20 页左右的 PPT

10 分钟左右的幽默故事

10～20 分钟的提问

你可能要问，为什么是一个小时呢？因为从管理沟通的角度，1～1.5 小时的会议时间是有效沟通的时间。超过 1.5 小时，就可能变成议而不决的漫谈和讨论，或者单方面的宣讲，就会让人感到无聊，或者因为压抑而无法忍受。

另外一个重要的理由，就是正常人的注意力一般只能保持 20～30 分钟时间，超过这个时间，就不能集中注意力，思考和观察都不能细致专注。一个小时，再加上前后必要的过渡和穿插，比较适中。

而为了这一个小时的高效表现，你需要在后台流下辛苦的汗水！

一个小时的提案，30 分钟演讲，你需要为此准备 50～150 小时。

一小时的提案——

20分钟的演讲

20~100小时，调研；
1小时，明确问题和任务；
2小时，小组讨论；
10小时，形成元策略；
5小时，与同事讨论，形成方案；
3小时，完善细节；
5小时，写作演讲稿；
3小时，排练！

完成 30 页 PPT 演示幻灯片制作，你需要的时间不少于 50～150 小时，并不少于演讲所需要的准备时间。

一小时的提案——

30页PPT演示稿

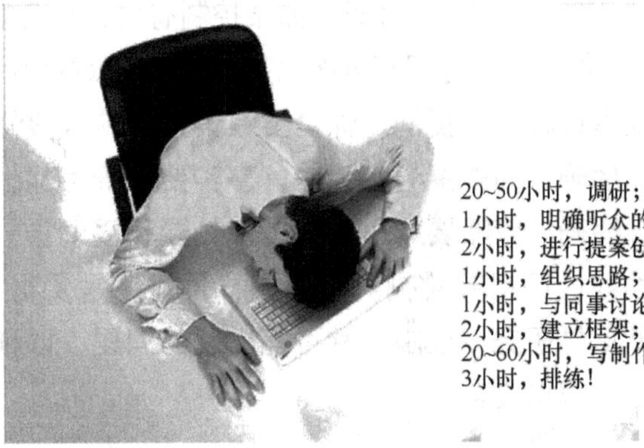

20~50小时，调研；
1小时，明确听众的需求；
2小时，进行提案创意；
1小时，组织思路；
1小时，与同事讨论；
2小时，建立框架；
20~60小时，写制作PPT；
3小时，排练！

要知道，演讲所使用的语言并不适合出现在PPT当中。策划提案的PPT往往自成一体。关于这一点，我们后面还要做进一步的说明。

还需要为演讲专门思考和寻找故事、笑话，做必要的过渡、承接和穿插，以烘托主题，活跃气氛，转移话题，缓解紧张情绪，化解可能出现的僵局。

这些故事和笑话，究竟雅一点好，还是俗一点好？时尚的、现代的好，还是传统的、古典的好？是本土的、业内的，还是外地的或其他行业的？这些都需要仔细考量。

通常，为了寻找、编制和设计故事，你需要不少于15个小时的时间，也就是1到2天。这中间，你需要放下其他事项，念兹在兹，专心一意。而且，还少不了要与同事们反复讨论有关情节和细节，不厌其烦地进行修改，直到大家满意为止。

另外，还有一个更为艰苦的事情，你得准备10～20分钟的时间留给听众提问。在提案中，这个时间并不算长，如果控制有力，也可能会很快。但是，为了应对提问，你准备的时间却可能比整个提案持续的时间还要长。

当然，准备提案过程中的提问，你需要在策划的前半段做深入扎实的工作。任务要十分明确，问题要界定清楚，事实要准确可靠，分析要深入透彻，目标要精准明确，策略要构思巧妙，计划要稳妥周详。如此，你前面的工作要反复推敲，经得起挑剔。即使这样，你还是要花20小时左右的时间与团队成员反复研究，设想种种可能出现的问题，以种种可能的态度和方式进行提问，模拟应答。

总共算下来，为了应付提案的这一个多小时，你需要为此付出200~450小时的辛苦准备。以每天工作10小时计，需要45天！这也正好是一个策划工作的大致时间。

“平时多流汗，战时少流血！”提案前辛苦的准备总是值得的。比起提案不过所导致的推倒重来、信用丧失和信任不再，多花一点时间都不算什么。

专业感（professional）

提案要获得成功，最要紧的是让人信服，给人感觉你具有权威性，值得信任，还要让人容易亲近，使人感到愉快。也就是说，提案的成功需要把握“三感”：专业感、信任感和愉悦感。

这“三感”是策划提案中平定天下、直指人心的“三箭”。

策划是高度专业性和知识密集型的职业，并非“眉头一皱，计上心来”的江湖人士可以胜任。策划所需要解决的问题，动态复杂、细节复杂、关联复杂，需要高度的专业知识、长期的专业训练、高度敏锐的观察和化腐朽为神奇的智慧才能解决。

委托方之所以将如此复杂的课题交付给我们，一定是因为我们是专家，具有其他人不能比拟和替代的专业权威性。这种感觉，就是“专业感”。

专业感，是我们射出的“第一箭”，是具有决定性意义的一箭。

这一箭没有命中，后面的箭就没有什么意义了。

专业感，be professional，来源于专家权威、严谨的理性思考、严格的

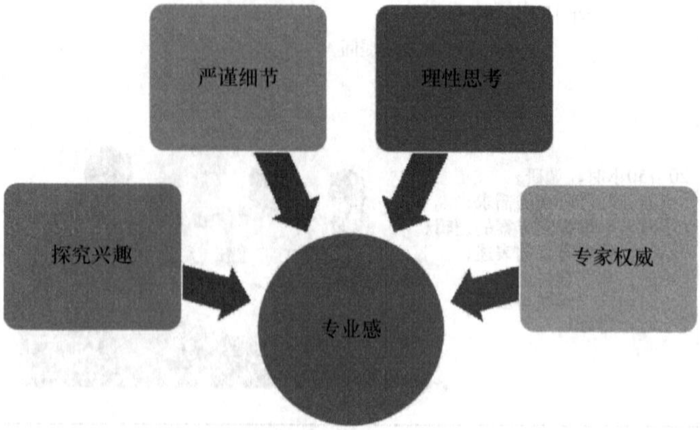

专业感是直指人心的“第一箭”

细节控制和近乎死磕的探究兴趣等。

专家权威，通常叫“专家权”，是由专家知识构成的非权力影响力。不同于组织内的因结构和体制所构成的“合法权”，它是无形的，但也因此，常常更具有影响力。

一个人因为长期的专业训练、长期的探索和思考，对该领域的知识融会贯通，有一定的成就，得到该领域人士的认可，拥有不可挑战的地位和常人无法企及的境界，就成为专家，从而具有了专家权威。

对于从事策划的人，我们说，“你可以不是专家，但你必须是内行”。

当然，这并不是说你应该成为所承担策划任务的那个领域里的技术专家。比如，做酒类行业的策划，你可以不是酿酒专家；做医药行业的策划，你可以不是制药专家；做房地产项目的策划，你可以不是建筑结构专家、不是建筑力学专家、不是给排水专家、不是电气工程专家，或者如此等等的专家。要成为这些领域的专家，需要长期的学习和训练，你既做不到，也没有那个必要。

如果将产品由概念到生产、营销再到使用的链条分割开来，专家可以分成三类，技术专家、过程专家、使用专家。你应该对产品的营销传播有相当深刻和独到的见解，对产品的使用和效用传递有深刻和独到的理解与体会。

在这个意义上，你不可以不是专家。否则，策划将无从谈起。

理性的思考，是专业感的主要特征。

思考，是看不见的，但你的行为和语言是听得见和看得到的，旁人从中能够明确地发现你的思考是否理性，是否严谨，是否具有“专业”特征。

理性的思维，是逻辑严密、条理明晰、层次明确的思维，是概念规范、表达准确的思维，是具体踏实、言之有物、言之有据的思维。

简单地说，理性的思考，是你说的和做的让人觉得看得懂、听得懂，你是个实在人，也是一个做事有效率的人。

中国杂交水稻的权威——袁隆平

人的身上，最值钱的，是装在脑袋里的知识和一颗责任心。我一个老头子，要那么多钱干什么？花不了，也没有多少时间花。

——袁隆平

“为大于细，图难于易。”多了不起的构想和创意，多伟大的开创性的事业，都是点滴细节成就的。

细节精致，体现的是专家的严谨、严肃，体现的是一气呵成、神完气足的大气和从容，体现的是一丝不苟、严谨高尚和对自己以及对他人的尊重。

有细节，才能接地气，才能让人觉得你的方案是靠谱的，具有实操性；有细节，才能体现你的严谨和严肃，作为专家，你的思考深入而透彻；有细节，才能体现你对委托方的尊重，让提案的对象感觉亲切。细节，是你作为专家要完成的工作，让人感觉精细、严谨、用心。

不论是你的数据和资料来源，还是你的行动计划，乃至你的预算分配，甚至你的文本打印，必须细致，细致，再细致，避免出现不该出现的低级错误和疏漏。

如果你要给人很专业的感觉，可信可靠，就不能不注重细节。

“千里长堤，溃于蚁穴。”多少宏大的计划和构想，失败于细节上的疏漏；而许多策划提案的失败也在于细节。

设想，一份创意新颖、计划严谨的策划方案，由于粗心，打印的纸张有破损，或者上面有明显的污渍，前面所有的良好评价都可能被冲淡，代之以诸如“对工作不细心”“对自己职业不尊重”“对我们的事情马虎了事”等恶评。

细微处见功夫。

细节，是专家权威的“可敬可信”通向至亲好友的“可亲可爱”的桥梁。专家权威，也许让人感到阳春白雪，不食人间烟火，但通过细节的精致，则让人感受到细腻温柔，走向人间世俗生活，内心里会油然升起无限感动。

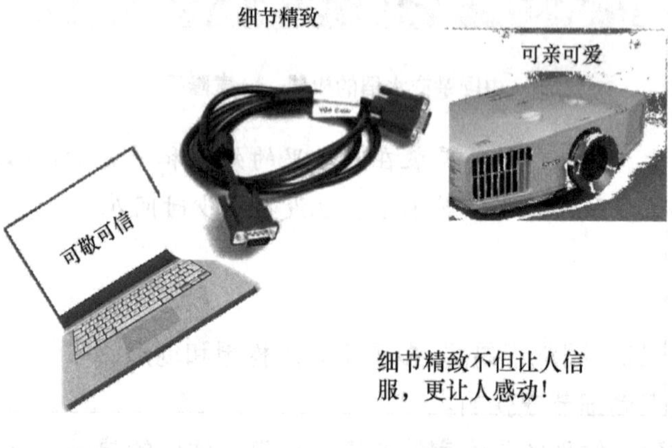

可见，我们所要求的专业感，不是高高在上的权威感，而是可敬可亲的实在感。用一句已经用得比较滥的俗语，就是让人感觉我们是“想干事，能干事，干得成事”的人！

专业感，是因为看起来专业，感觉“专业”。最显著的特征就是，专注一心，以及强烈的探究未知的勇气和好奇心。

“置心一处，无事不办!”能够专注的人，在他自己，聚精会神，凝神定气，真正是“定而后能静，静而后能安，安而后能虑”，然后“虑而后能得”，冷暖自知，有自己对于世界的心得感悟。而在外人看来，他们心无旁骛，外息诸缘，乾坤大定。这种人，静若处子，动如脱兔，“不动如山，动如雷震”。这是我们从无数的专家，从无数的成功人士，从无数的感动瞬间里看到的情境。

专注令人肃然起敬

专注的同时，他们又非常执着，对于未知的世界充满浓厚的兴趣，乐于探索也勇于探索。保持着赤子之心，心态开放，积极接纳，有时有点儿傻，有时有点儿痴，但却绝不迷。能够用浅显的语言和朴素的道理，将看似复杂的问题和深奥的现象清楚地展现和表达出来。

让我们对看起来很“专业”的人士做一个简单的素描：

他们通过长期的专业训练和不断的艰苦学习，获得了本专业领域的较高成就，获得了业内和其他人的尊重，具有较强的影响力；

他们能够将所有的知识融会贯通，用独特的视角，重新结构或者重构事物和现象；

他们有自己运用娴熟的有效的研究方法，并因此而独有创见；

他们对自己所从事的职业有近乎宗教一般的狂热，信仰坚定，矢志不渝；

他们认同自己专业领域的基本规则，推崇专业的最高成就，尊重这个领域里的权威人物；

他们精益求精，尽善尽美，不计报酬，不计代价，有偏执狂般的执着；

对自己在这个专业领域里的些微进展，他们“幸福像花儿一样开放”，有强烈的幸福感。

……

毫无悬念，这样的人，出类拔萃，玉树临风，立时便能够让人肃然起敬；这样的人，也真诚可爱，容易亲近。

信任感（trustworthy）

有一个认识上的误区，那就是以为提案的对象是被说服的，于是，策划提案人用雄辩的口才、非凡（很多时候是外强中干的装腔作势）的气势和精心装点的道具与噱头，武装自己，因而在提案的过程中，他们竟然完全不在意对方有没有回应，稀里糊涂地被人家投了否决票，还不知道问题出在哪里。

雄辩的口才，逼人的气势，精心设计的道具，乃至有趣的情节穿插，都是提案所需要的。但如果没有成功地建立和巩固信任，没有让人感觉到你值得信任，面对着一双双充满怀疑的眼睛，你的所有的技巧都是没有用武之地的。

信任，正如我们在前面一再强调的那样，是策划提案的基础。

信任感，让人感觉到你值得信任，是我们策划提案直指人心射出的“第二箭”。

担心理解上有偏差，我们这里的“信任感”是“值得信任”的意思，用英文来表达是 trustworthy。

第一，信任感来源于我们长期建立起来的声誉。

策划是智力服务，对其服务的满意度，一靠业务合作过程中建立在相互信任基础上的成果，二靠长期以来在业界的口碑。

策划的结果，相当程度上要看策略实施后的效益，这里，有策划方案的作用（如果方案精巧，又具有操作性）更多地依赖于客户的执行力和一部分运气。这一点，无论在咨询策划行业内，还是在客户那里，都心知肚明，让人能够理解。所以，纵使方案实施后效果并不十分理想，厚道的客户基本都不会怪罪于策划。

如果合作过程中，由于种种原因沟通交流不及时，态度不真诚，合作不愉快，客户觉得策划人及其团队有“敷衍塞责，马虎了事”、“拖沓散漫，不守信用”、“离题万里，不知所云”，或者“欺世盗名，招摇撞骗”等嫌疑，不论是否属实，“一人传虚，万人传实”，策划人的声誉就会受到极大的损害，有些损害是难以挽救的。在这样的情况下，提案还有可能成功吗?

工作上的信用是最好的财富。没有信用积累的青年，非成为失败者不可。

——池田大作

策划人必须非常小心，像鸟儿爱护自己的羽毛一样爱护自己的声誉，并像积累财富一样积累自己在行业里的声誉。必须从点滴做起，严格要求自己，做一个有信用的人。“言必信，行必果”，不论任何事情，只要自己答应的，就一定要实现，“季布一诺，侯赢一言”，“You can keep my word!”哪怕为此要付出很高的代价，也在所不惜。否则，一旦声誉受损，就难以补救。

相当部分国人对时间的概念比较模糊，策划人则绝对不可以这样，必须要学会守时。答应的工作进度，一定要按期完成，并告知对方明确的提案时间，一定要准时进行。不守时，最容易让人不信任。

还要提醒我们从事策划的朋友们，重允诺的另一个方面，就是不要轻易允诺。“轻诺必寡信，多易必多难”。人家提出一个要求，你马上就答应：“可以，可以，绝对没有问题。”那就真有问题。这不让人放心。

韩非子说：小信诚则大信立。

第二，信任感与专业感高度相关。

专业感，是我们在客户心目中留下的专家形象，它是信任感的基础。委托方之所以将关系到组织生存、发展的重大课题交托我们，首先是因为我们具备的专业知识和专业训练能够帮助他们解决问题，实现预期。换句话说，如果我们在提案之前没有能够成功地建立起专业感，就无法真正地让客户（委托方）具有信任感。

信任感就是“值得托付”

建立人脉关系，维护客户关系，对于我们这个语境的年轻人，几乎有天生的敏感。“搞关系”几乎成为业务开拓的代名词。对于策划，即使它不是不可忽视的，也是远不够的。修炼业务基本功，加强和提升自己的专业能力，永远是策划人每日每时的必修功课。

也因此，在提案的时候，我们不要因为与客户有比较良好的关系而分外自恋。在商务策划领域里，首先是专业能力、专家知识和专业权威的合作。没有这些，一切都是无本之木、无源之水。

在提案之前，反复地检查所提交的方案，反复检查所有的提交给对方的文字，反复检查与对方交流沟通的每一个环节和每一次接触后的影响，看看他们对我们的专业能力有多强的信心。这个工作做得越扎实，提案的时候也就越有底气，越能够放松自己，获得对方信任。

第三，保持谦逊、开放的心态。

信任感是当下的感受。如果我们信赖某个人或者某个环境，是因为那个人或者那个环境，让我们感受到安全、安定，受到保护和接纳，受到平等的照顾。

听报告让人感到很累

专业感，很容易让人感觉到距离。我们每个人，对专家和权威都有一定程度上的仰视，敬而且畏，让我们不敢放松。如果只强调专业感，或者只有“专业感”，提案的人很容易将自己“绷”起来，语言、行为都比较僵硬，而在场的听众都会变得紧张，手足无措，大家都会感觉累。

过分强调专业感，还有一个我们不希望看到的情况，那就是我们的提案对象，他们有意无意地将自己的真实感受藏起来，让我们看不到他们内心的想法。你没有打开对方的世界，没有走进对方心里，这不是交流，而是“做报告”。

要取得对方的信任，让对方信赖你，最简单、最直接的方式，就是我们首先放下身段，谦逊、积极、开放地走进对方。我们提案时候所使用的语言需要讲究技巧。

尽管我们是解决问题的专家，尽管我们充满奇思妙想，但我们也很普通，我们也仅仅是善于学习，善于吸收别人的思想，进行重组和转换，如此而已。为此，在提案的时候，我们需要铺垫，诚恳地告诉他们我们的创意是怎么来的：一是辛苦的调研，二是他们自己的想法、老板的意思，只不过我们换了一个表达方式。这样，他们会感觉到愉快，也十分惊奇：“原来我们这么聪明啊！”

这样，他们感觉到“专家”是可亲的，感觉到自己受到尊重，也感觉到正面的影响，进而充满热情、希望、勇气、创造的欲望，抬起头来，敞开心扉，打开双臂，不断地有新的主意闪现，畅通的交流开始了，建设性的意见和建议多了，使得我们所提交的方案变得更加丰满，更加富于操作性（毕竟，最终委托方才是真正的操作者），而没有否决我们的成果和做出的努力。这不是很好吗?

愉悦感（delightful）

愉悦感，除了让人看起来很舒服、愿意亲近外，而且还很有趣，有强烈地参与体验的期待。

在策划工作进行的过程中，沟通交流如若比较及时和充分，客户或策划任务的委托方对策划方案基本上是比较清楚的。一旦工作完成，策划者只需要派人将文本送到对方办公室，或者找快递公司寄出，甚至还有更简单的，word 文档或 PPT 幻灯片在网上一传就 OK 了。为什么还要有一个提案呢?

提案，就是提交方案。如果这样理解，那我们就没有什么可以谈的了。

记得一次提案前的准备中，无意听到两个参会人员的交谈。由于在之前我们已经就策划的方向、进程和方案的基本内容做过多次的沟通，这一次的提案，相当于一次完整的总结。所以，其中一个人竟然把当天的提案会议叫“看小电影”，表现出极大的兴奋。

是啊，关掉灯，拉上窗帘，投影仪打开，屏幕上出现制作精美的画面，音乐响起，这不就是一次奇妙的视听体验吗?

提案，在相当程度上，就是呈现方案。计划和方案，是没有形式的、是头脑中的，需要有一个载体。于是，以什么形式（文本的? 电子的? 影视的? 故事的? 抑或是舞台表演的?）在什么地方呈现，就需要别具匠心。

这就相当于就餐。营养之类的问题固然重要——我们解决问题的方案，有我们的专业能力和经过与对方的多次沟通，应当有保证了——我们最关心的，是色香味形，它们能否调动我们的食欲，这才是真正激动人心和让人向往的。

有谁出主意，将我们每日所需的营养，比如蛋白质、维生素、水、微量元素之类的东西，做成可以随身携带和方便服用的药丸，那绝对是一个灾难。

让人愉悦的形式

更不必说，我们从事策划的，在一般人看来，都是充满创意的古灵精怪似的人物，他们乐于跟我们相处，期待着我们给他们种种新奇的体验。邀请比稿是这样；而最终成果的提交，就更是这样。一定不能让他们失望！

于是，我们的提案，需要设计故事，需要很强的戏剧性，要让他们喜出望外，给他们带来惊喜，这才是我们的本色。

为此，要保证提案的成功，我们需要为提案设计专门的过程，要像撰写电影脚本一样，设计观众的体验过程，反复地考校故事性和故事情节，只有真正感动了自己，你才能真正地感动委托方。

保持觉知

提案，是一个交互过程，在特定的情境中，双方就某个话题展开交流。具体说什么、怎么说，就需要保持高度的觉知，并有应对现场各种情况的机智和急智。

为此，保持觉知是十分重要的。

第一，始终清醒自己提案的目标。

提案是特定情境中的你来我往，难免不发生意料之外的种种情况。询问、争论、争吵，是常有的，弄不好，甚至也可能出现难堪的僵局。意外出现，控制不力，呆若木鸡、不知所措者有之；深感委屈、饱含眼泪者有之；强词夺理、针锋相对者有之；暴跳如雷、摔门而出者亦有之。种种情形，不一而足，但有一点却是相同的，那就是忘记了自己的目标。

保持觉知，是提案的关键

保持觉知，始终清醒自己的目标，就是取得对方的认同。通过建立信任，让对方对你产生专业感、信任感和愉悦感，在轻松的氛围中，使对方放下紧张的、对立的和戒备的种种负面情绪，开放地、建设性地深入了解策划方案，明确目标，理解方案的创意和策略意义。

于是，若有分歧，你知道，这只是观点的不同，不是立场和态度的对立；出现争论，你明白，很可能是你的逻辑或相关支撑不够坚实，不是对方有意刁难；而争吵，则是你前期的准备不够充分，对现场缺乏预见，或对过程的控制、对氛围的把握、对如何化解僵局缺乏经验。所有这些，都不能干扰你的目标。你的目标，是让对方认同策划方案，并有明确的结论。

要清楚地规划和说明自己提案的目标，你不能简单地以“我希望他们感觉到……”，“通过提案，他们将理解……”，“他们将知道……”，“他们将会更加……”等等这样模糊的表述来代替你明确的目的和目标。

没有明确表述的目标，是无法实现的

相反，你必须要十分明确地表述为直接的操作方式和明确的行动方向，要非常醒目、清楚，要坚定而且具体，不可摇摆、模糊。因为模糊的目标，必然导致同样模糊、同样摇摆不定的行动。

第二，我们需要对现场的情况保持高度敏感。

提案是具体的活动，人与人之间的交流充满了不确定性。任何事前的准备都是不够的，多少次的彩排都不能完全覆盖所有的细节，所有的指南和原则，都不能代替现场灵活的应对。

为此，提案人员尤其是主要提案人，应当能够在清醒自己目标的同时，灵活应对现场的沟通交流情况，发现问题，立即解决，一有苗头，及时防控，避免酿成大的事故。

如果有人心不在焉，左顾右盼，显然，你需要转移话题，不要再在这个话题上纠缠；

精心设计的幽默故事，没有能够活跃现场的气氛，一定是这个故事没有新意，或者讲述得过于平淡；

谈到方案的创意和策略，这本应当是方案最出彩的部分，最能够让人激动而血脉贲张的，却没有让在场的人打起精神，显然，要么是你的方案没有真正让对方感觉到创新，要么是做提案的你也没有觉得提案本身有多令人激动。

……

察言观色，你能够从委托方的表情和身体语言中，读到他们的所有反应。细心敏锐，保持觉知，你能够体察到现场细微的变化，并及时反应。我们需要有一双更高处的眼睛，观照整个提案过程，以保证提案的成功。

这双眼睛，就是我们的心灵。

第五讲　提案不过

胜败有凭

有人声称，历史是轮回而有报应的。一个例子是，春秋时期，韩赵魏三家分晋，数百年后，轮回报应，魏蜀吴三家归晋。

当然这种说法有戏谑的意思。前后两个“晋”，已完全不是一回事。不过我们可以分析下魏蜀吴最终由三分到归于一统的情况。公元 263 年，蜀国 28 万户，94 万人；魏国有 52 万户，440 万人；吴国在公元 280 年时有 52 万户，230 万人。在当时的生产力条件下，人口多少决定国家力量，也决定了兵员的多寡。曹魏时期，依靠山川险阻，西蜀与东吴相互照应，二者尚可勉力支撑。到司马父子当政，节俭用度，休养生息，不断积累，吴蜀两国在与魏国的国力对比上，相差更为悬殊。

西蜀刘禅政权，常年穷兵黩武，人口不到100万，军队不足10万，却数出祁山，屡伐中原，没有消停的时候，倾全国之力，以卵击石，数万大军、粮草辎重，多年在秦岭、大巴山的险峻栈道上进行“武装大游行”。这是典型的作死的节奏。没有阴平之失，蜀汉也一样会在很短的时间里让人给灭了。东吴情况稍好一点，但内部几大家族相互争斗，无休无止，以致国力大损，被北方晋国灭亡也是早晚的事。

兴亡未必有定，胜败一定有凭。没有理由的成功是不存在的。

策划提案，亦复如是。

醉卧沙场君莫笑

只要你从事咨询策划，你总要提案，你总要有提案不过的时候。

“醉卧沙场君莫笑，古来征战几人回。”

在提案过程中，如果发现你的客户或者昏昏欲睡，或者呵欠连天，或者面色凝重，或者冷若冰霜，乃至面孔因愤怒而扭曲。你应该知道，你的提案差不多已经失败了。

但也许你非要较真说，客户恹恹欲睡，只是因为提案时间没有控制好，稍显有些长了，并不算是失败；或者你甚至可以说，客户冷若冰霜的面孔，只是因为你讲的问题太过严肃，他们感受到了压力，诸如此类。或者你说，这不成问题，因为你之前与老板沟通良好，有过命的交情，你得到了委托方老板的认可，老板的意思就是圣旨，委托方的其他人不敢有丝毫怠慢。

我们一样还是认为你已经失败了。

你的失败，既是作为一次期待中的奇妙体验没有成功，也是作为一次正式沟通没有达成目标，更是为方案寻求中高层管理者理解与支持的失败。即使你已经得到老板的认可，但因为提案失败，你没有中高层管理者的认同和理解，方案能否被实施，实施的效果究竟如何，变得不可预期了。

这不是失败，是什么?

提案失败，愧疚不已

胜败有凭，提案失败一定是有原因的。我们这里就来探讨提案为什么会失败。

不摸底

提案失败的首要原因，就是所谓“不摸底”。不摸底，就无法做真正有意义的准备，因之，你的提案也就无的放矢。

不知道对方对于策划究竟需要什么。这几乎毫无悬念地导致你的失败。

所有的策划，都无一例外地必须解决某些问题，客户对于策划需要达

闭目塞听，无的放矢

成什么要求，在进行提案之前一定要搞清楚。对于已经交托的业务，如果到提案阶段了还不清楚客户具体想要什么，这自然已经失败。所有的工作将不得不推倒重来，工作辛苦自不消说，信誉的丧失才是让人悔之无及的。而如果这是客户要求的“比稿”或者竞标，不清楚对方的要求，你兴冲冲拿去的作品，你所付出的辛苦，都将归于徒劳。这样的情况如果接连发生几次，团队成员便失去了信心，“队伍”就不好带了。

不知道对方的组织文化和组织的信息处理方式，这当然也会使你的提案显得隔靴搔痒，不着边际。

任何一个组织，都有其特有的组织文化。对于同样的事物和现象，有不同的审视角度，也有不同的理解。比如，面对激烈的竞争，有的客户就喜欢刺刀见红，愿意与人正面交锋；而另外的客户，则愿意避实击虚，寻找蓝海。有的组织里，决策方式十分民主，有比较严格的程序和议事规则，决策层面，几乎是人人一票；而另外的组织里，有一个明确的最高决策者，所有的讨论最终由他来拍板，下面的人几乎没有话语权；有的客户，大家发言，充分发酵之后，老板出来，一锤定音收拾残局；而另外一些客户，老板率先定下基调，留给其他人歌功颂德；凡此等等，林林总总，不可一概而论。

为此，策划提案之前，你的基础性工作必须做扎实。“知彼知己，百战不殆”，了解清楚了对方的组织文化，了解清楚对方的决策风格，才知道如何做提案。

还有一种情况，不了解策划业务的“上文”，或者策划业务的来龙去脉。“上文”是语境的重要构成要素，而语境，是对特定场合中语言意义的规定。不了解上文，就可能根本不清楚发生了什么事，对于客户来讲，其意义究竟如何，不得而知。“初生牛犊不怕虎”，没有行业经验的客户，对于未来充满激情，对产业的现有格局未必放在心上，乐观主义盛行，除非你的研究对他的认识提出明确的挑战，否则，你的讨论便不能引起他的注意；而行业经验丰富的客户，则对行业里的风吹草动比较敏感，当你讨论产业形势、指出产业面临的问题，他们可能会比较重视：“噫，连你这个外行都明白了，看来问题确实很严重。”这是不同的背景。

策划课题的发生，还有更为直接的“预设”。比如，某个客户的数千平方米商业铺面需要招商策划。显然此前，客户对于如何招商是有考虑的，或者至少有一个框架性的或战略性的思考，甚至也可能有多个策划，或者被认为不能解决实际问题，或者在实际操作中已经失败了。这，就是你的策划提案所必须了解清楚的上文。

“不中”

“中不中”，作为方言，非常贴切。命中目标，直达要害，当然就是“中”，比如“中标”、“中靶”、“中毒”、“中计”、“中了圈套”，以及“中了绣球”、“中了状元”等。

策划提案的关键，在于是否诉诸客户最关心的切身利益。

“人无远虑，必有近忧”，任何组织，都不同程度地面临生存、安全和发展的问题。在老板的记事本里，在公司年度计划里，或者在企业的战略规划里，都明确清晰地列出了各个时期工作的重点和重要的事项。这些重要事项和工作重点，是客户切身利益的体现。如果我们的策划没有能够反映客户的切身利益，没有与他们关心的重要问题相关联，就可能没有切中要害，就不中。

“不中”就是没有达到要害

造成“不中”的原因并不复杂。

对客户缺乏了解，双方的关系还不够密切，在客客气气的表象下面，客户对策划人保守了秘密，还不够信任。于是，客户真正的问题策划人可能根本就不知道。

或者，策划人对客户的利益没有真正关心，没有站在客户的立场思考问题，没有理解和认同客户的情感和体验，自然就不清楚对方的兴趣之所在，因之，在策划工作中，或者直到提案过程中，还是懵懵懂懂，海阔天空，泛泛而谈，无关痛痒。

往前追溯，客户说“不中”，还有可能源自策划工作中某个重要环节的疏漏。那就是没有清楚严格地“界定问题”。这跟医生治病一样，病人描述的是症状（现象），而医生，应当努力寻找造成症状的病因。深入严格地界定问题，就会发现，真正的原因，其实是在表象之下的另一个不显眼的地方，是另外的一个问题。比如，销售量的下降，就可能有很多的原因，包括产品质量的不稳定、物流不甚通畅、货品上架陈列位置的改变、竞争者广告攻势加强或竞争产品降价促销、公司广告投放力度减弱、促销后期销售量正常回归，等等，如果没有界定，就没有找到问题的真正原因，解决问题的策略就失去了针对性。在委托方看来，这些问题没搞清楚，就根本没有到提案的时候呢，当然“不中”。

提案如果缺乏技巧，有很多时候造成“不中”。其中之一，就是不知道如何引导至“高潮”。从策划者一方，提案是一个呈现和展示方案的过程。不论在自己的成员这边，还是在客户的参会人员那里，这个经过团队共同努力的、集中了团队智慧的方案，应当有很多精彩之处，应当有很多亮点。大家都这么期待着。但一到提案时，由于缺乏激情，由于缺乏技巧，本来应该层层推进、步换景移，然而之后浓墨重彩光彩炫目的创意和策略并没有能够“闪亮登场”，让人看了觉着“真真的”平淡无奇，从而在心里对策划人的所谓智慧和专业能力，对策划人的职业态度都表示怀疑。“不中”“不中”，客户大摇其头，也是情理之中的事。

没逻辑

策划是高度专业性和知识密集、智力密集的劳动，形象思维、逻辑思维、直觉思维、动作思维、梦想思维等多种工具的运用都应当十分娴熟。

策划时面对复杂的情况，以及与客户进行有效的沟通，逻辑思维是重要的工具。做策划的人，想来逻辑思维能力应当比较强才行。

不过，事实并不常常如此。

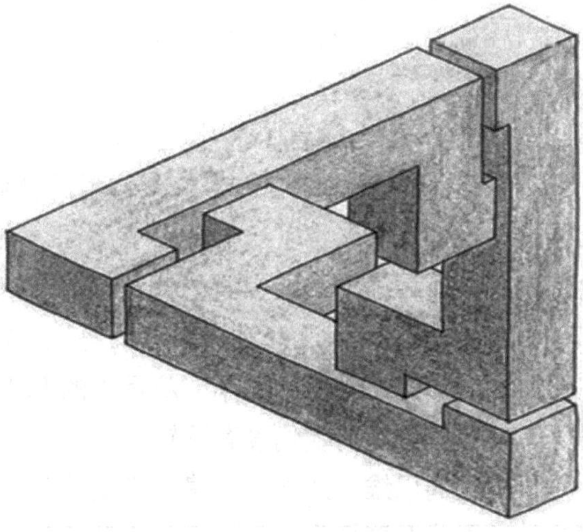

外表好看，思路不清，就是没有逻辑

在提案时，客户不认同策划方案，重要的原因之一就是认为策划人的提案没有逻辑。

没有逻辑，是一个十分有力的批评，也是十分严厉的批评，差不多等同于骂你是个骗子。

仔细检查，有可能被批评为没有逻辑的，无非方案和提案的陈述。

在方案那里，如果没有准确清晰地界定问题，有可能没有找到目标，或者没有清晰地锁定目标；如果没有足够扎实深入的调研，缺乏对环境足够透彻的理解，有可能对问题的分析和分析的结论站不住脚，缺乏足够坚实的基础；如果商业模式理解不深入，对客户的资源能力缺乏调查研究，对客户的组织文化和企业战略缺乏深入了解，方案设计的策略和措施就有可能缺乏实际操作性；如果对执行过程缺乏足够的经验，对组织协调机制缺乏了解，对未来环境变化缺乏战略预见，从而导致对资源配置，如时间、资金、人力等缺乏足够的弹性；以及解决问题的程序是否规范、信息收集整理过程是否严谨和完整、文案语言表达是否准确清晰、文本表现是否严肃、统一等相关问题，如果没有足够的细心，都有可能被认为是没有逻辑的。

至于对提案和提案过程的批评，则是关于方案呈现的问题，这跟很多时候我们看某些导演的电影作品差不多。有一部分是观众的问题，有一部分是故事（方案）陈述的缺乏技巧。

没有逻辑，相当程度上是一种感觉，是对我们看到的某个人说话、做事的过程表达负面评价。

如果一个孩子做家庭作业，你看上面字迹潦草、排列混乱、前后不一、污迹重重，你可能认为他不够细心，但如果你看见他做事程序混乱，前后倒置，常常不得不推倒重来，你就会说他没有逻辑。在提案时，如果我们被客户以为提案的准备程序混乱，提案的过程十分随意，方案的呈现不够严谨（比如没有必要的铺垫，没有深入的分析等）、提案的语言不够准确，乃至主要提案人的衣着、表情、动作、演示用的 PPT 设计不够严谨和细心，如此等等，他们就会认为我们没有逻辑。

逻辑思维，是程式化的思维，严格而严谨，有逻辑思维，并不表示你有能力策划，客户并不因此而赞扬你，但如果你表现得没有逻辑，他们会严重地批评你，甚至会鄙视你。不可不慎！

实操性

策划之所以不是出点子，就在于策划所提出的解决问题的方案是有针对性的，更是具有实际操作性的。

实操性，是策划方案评价的基本标准。

策划是对策略的规划。一个方案所以是策略，而不是临时“眉头一皱”拍脑袋的主意，就在于它的解决方式是系统的，而且是协调的。策略有四个本质属性，即弹性、操作性、优越性和协调性。具有这四个属性，才能称为策略，才是有效的策划思考过程。否则，还必须从头开始，重新思考解决问题的方案。

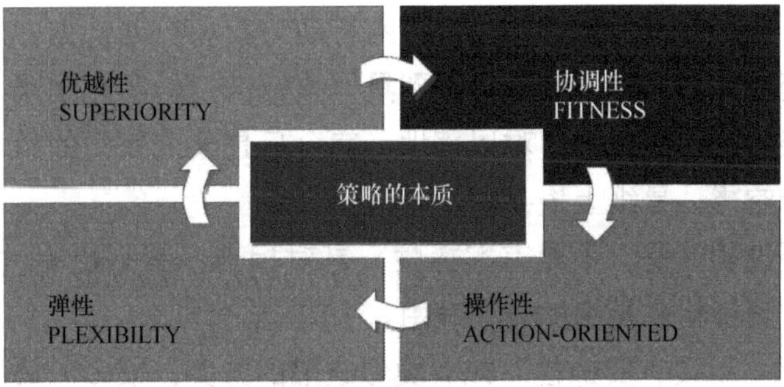

策略的本质属性

策划活动的问题导向和行为导向，使得策划的方案明确地指向实际的操作。策略的协调性，要求解决问题的方案与问题情境、组织的目标、组织的文化保持一致，更为重要的是，策略还协调现有的各个资源手段，保证组织所有的资源得到充分地运用，使之保持高度的互补和协同，避免资源效能和效力的冲突和抵触。而根据策略形成的方案，能够指导形成具体可以操作的行动计划，组织有关的人员按照策略所体现的目标和意义予以实施。

然而，也有很多的时候，由于调查的不深入，或者资料收集的不充分，或者由于工作的疏忽，策划活动有可能对客户的资源能力缺乏足够深入的了解，对客户所处外部环境的理解不够透彻，或者未能感同身受地体会客户所承受的威胁和压力，因而，方案有可能失之草率、失之粗暴，或

不能落地的方案，不具有实操性

者过于理想化和简单化，从而招致客户的质疑。

还有可能，在提案过程中，讨论到行动方案和行动计划，没有具体涉及客户的资源能力条件，没有照顾到具体执行部门的实际困难，让在管理层和执行层面的人感觉方案难以落地，完全只是天上美丽的风景，于是方案被指责为空想，是纸上谈兵。

有必要说明的是，不具有实操性，是对相当多策划提案的一大恶评，也是策划方案被粗暴拒绝的一大理由。

被指为“不具有实操性”或有类似缺陷的方案，很多时候并不真正缺乏实操性，有的是合作中出现了的问题，沟通不畅，策划者失去了客户的信任，或者客户见异思迁琵琶别抱，“不具有实操性”成为终止合作的借口；有的是提案过程中，由于应对不及时，态度不谦逊，或者别的问题，使委托方感觉到策划方对其不够尊重，“不具有实操性”也就成为拒绝的托词；还有的是客户感觉策划方案创新不足，期待中的亮点没有出现，有些失望，“不具有实操性”则是对创意失望的曲折表达。

亡羊补牢，犹未为晚。分析总结失败的原因，有利于改善和补救。如果不是方案的问题，就应当加强与客户的沟通，加强提案的方法和技巧，以便提案能够顺利通过。而如果是方案的问题，则需要加强专业能力，好好努力，锻炼内功。策划者，可以不是技术专家，但绝不可以是该领域的外行。深入行业，深入企业，深入市场，深入消费者，了解产业链条的各个环节，钻得进去，跳得出来，如此，才能真正搞好策划。

预算太草率

讨论策略和创意让人兴奋，而讨论预算则让人心痛，如挖心头肉，因为那是硬生生从自己口袋里往外掏银子啊！

企业的资源永远是有限的。

所以对于提案来说，影响到客户认同的重要因素之一就是预算。

方案所设计的活动，不论是战略层面的还是战术层面的，都必须反复斟酌，权衡各个目标之间的关联，平衡长远利益和短期利益，精确地选择行动的目标。既要针对目标有效地实现预期，得到有效的回报，更要高度简练、高度约束，避免不必要的资源浪费。

资源有限，必须精打细算

集中使用资源，注意资源手段之间的协同，充分发挥有限资源的效力，将现有的资源用好用足，并精心运筹，使有限的资源手段之间能够互补并相互提升。比如，广告活动和公关事件，可否同时进行，以保证对市场最大的冲击效果？广告活动能否引发话题，得到媒体关注，挑起热门话题，延续广告效果？能否通过提升公关事件的社会影响，获得社会关注，从而减少广告的硬投入？

虚实相生，能否充分利用无形资源，利用社会资源、公共资源，取得广泛的支持，使项目本身成为公共事业？

或者巧于因借，尽可能地利用外部资源、边际资源，而不仅仅是企业自身的资源？能否借用合作方、上下游，或者关联企业？

这些，都需要反复考虑并详加斟酌。

同时，精打细算，还应当体现在对行动计划的安排上，要尽可能地精细、深入，不要大而化之。不同广告时段、不同媒体、不同版面和时长的广告价格是不同的，工作做细做实，并多做比较；而不同媒体的组合、不同的传播工具和传播方式的组合，会有很大的空间，可以节约相当的资金和精力。仔细计算，客户会很开心的。

重要的是，要让客户感觉到，我们是站在他们的立场上，感同身受、设身处地地为他们着想，我们跟他们是一体的，风雨同舟冷暖与共，如此，他们才会觉得我们所做的方案是实在而又有用的了。

无亮点

“任何解决问题的方案都是好方案，任何的方法都是好方法。”这其实仅仅是在策划过程中，进行头脑风暴（brainstorming）的时候所秉持的一个基本准则。

那个时候解决问题的构想并不真正地就是解决问题的方案。

如果简单地将策划思考阶段的想法提交给客户，无论如何也逃不出敷衍和忽悠的嫌疑。

尽管在策划工作中经过多次的沟通，提案的时候，客户已经比较清楚策划的基本方向，但仍然期待着在提案中看到让人眼前一亮的东西。也就是说，客户不但想看到自己的问题被有效地解决了，而且还希望看到有戏剧性的效果，有超出意外的惊喜。

这跟消费者的消费行为是一样的。

解决问题，“中了”是必须的；没有解决客户的问题，没有切中客户的要害，没有实现他们关心的利益，那是“不中”的。但仅仅这些还不够，还不能让客户满意。你必须有让人眼前一亮的东西。

管理学家赫茨伯格（Fredrick Herzberg）的双因素理论（Two Factor Theory）恰当地说明了这一点。满意的对立面不是不满，不满也不是满意的对立面。在满意与不满意之间，还有一个中间地带，有一个没有满意，也没有不满意的地带。有一些因素，有一些努力，有一些措施，其作用仅仅是消除了不满意，它们是保健因素（Hygiene Factors）。而能带来满意的那些因素，是超出预期的，或者是能带来精神上愉快享受的那些因素。

消除了不满，并不带来满意

能够让客户眼前一亮的东西，首先一定是反复琢磨的精品。策划人及其团队成员，应当在明确了课题任务和界定清楚问题之后，动用全部的智慧，运用各种思维工具，经过多轮多次反复筛选，精益求精，得到让客户满意的解决问题方案。这样的解决问题方案不但是富有操作性的，更应当是富有创造性的。新颖、独特、发人之未发，能极大地节约资源的投入，能够带来客户心理上极大的震撼，从而为自己带来可观的影响和价值回报。

创造性，来源于对现有产品和品牌充分的认识，来源于对客户和消费者需求细致入微的理解，来源于对世道人心深刻的洞察和细心的呵护。这是长期积累之后的厚积薄发。在思考过程中，独特性必须以流畅性和变通性为基础。提供尽可能多的构想，是创造性的前提条件。因此，策划过程中，要善于运用集体智慧，激发思考，充分拓展思考的广度、深度和精度，不可浅尝辄止，以免功亏一篑。

策划是运用脑力的事业，策划人必定在脑力使用上有相较于普通人更多的工具和方法，因而有更为有效的思考。在策划咨询行业，有效思考的工具目前已经很多，择其善者而用之，开发一些适合于自身的思考工具和思考方法，更是不错的做法。

要保证能够让客户眼前一亮，除了创意本身，还需要一定的表达技巧。这些技巧的核心，就是需要你的创意足够新鲜。如果你过早地让他们刺探到军情，暴露了你的创意，提案的时候恐怕就会让人觉得没有新鲜感了，自然就没有让人眼前“一亮”的效果啦！

收益很随意

收益，毫无疑问是客户关心的。如果你的策划方案能够带来很大的收益，它也能让客户“眼前一亮”！——客户是不是有点“见钱眼开”啊?

收益原则，是策划思考的基本原则。策划课题的产生，策划问题的界定，策划思考的方向，解决问题的目标，都是围绕收益进行的。收益，是策划活动的基本线索。离开收益，就不是策划。策划人在方案未来的收益上“很随意”，那注定是会失败的。

只要不考虑付出，不考虑回报，什么样的方案，都是好方案，那根本不需要动脑筋考虑的。

资源是有限的，个人如此，组织如此，国家也是如此。有投入，就必须有回报，而且回报必须十分确实。

为此，策划应当在一开始就有明确的策划目标，即应当达成的具体指标是什么，如多大幅度、多大高度、多大影响力，市场占有率是多少，指名购买率是多少，商场购物提袋率是多少，品牌知名度是多高，品牌美誉度是多高，如此等等。目标必须可以精确量化，为达成这样的目标，监测手段必须具体而可控。

投资收益须明确可靠

另一方面，策划方案所需要实现的效益预期，也应当是可以精确量化的，不可模糊，不可草率从事。很多策划提案的失败，就在于没有对投资回报进行精确的计算，仅仅进行草草估计，“大概也许差不多，估计约莫还可能”，这让人很不放心。

经济的高速发展，产生了很多“土豪”，“大块吃肉，大碗喝酒，大秤分金银”，一掷千金的豪迈，时有所闻。但对于商业投资，并不见得这么豪爽，他们锱铢必较，斟酌再三，“不见兔子不撒鹰”，真是抠门得紧啊！

认可策划方案，实际上是为策划人及其团队对未来的承诺埋单。若没有足以证明未来收益的充分理由，就等于是在做押宝式的赌博。为此除了对方案进行周密的设计、对预算分配精打细算，还需要对预期的收益做出有说服力的计算，以让客户心里有底。

事实上，进行这样比较精确的计算也并不难。比较确实的回报，按照可以预期的销售计算回报；不大确实的，可以采用悲观估计和乐观估计进行加权平均，这也是常用的做法。重要的是，我们要细心。

文案问题多

在文案上的粗疏，很容易招致客户的反感，进而带来提案的失败。

文案及相关文字资料，是提案最重要的文件，是对提案演讲最重要的支撑。文案的准备，是策划提案前最重要的工作。

因为其重要性，我们将用专门的一讲来讨论。这里先略过。

内容缺乏剪裁

内容，是指在提案时间里占用客户、提案人员时间和精力的各个要素。提案活动，是由一个又一个这样的要素构成的。

提案的总体时间是一定的，分配到各个要素之间的时间需要仔细斟酌。平均分配，就显得没有重点。需要了解的内容，客户可能感觉语焉不详；不需要了解的，则可能显得拖沓冗长、枯燥无味，令人无法忍受。

究竟安排哪些要素？哪些要素是重要的，必须呈现？哪些要素的呈现对提案能否达成目标有重大的影响？哪些又只是起烘托气氛、融洽感情的辅助和补充作用，不需要出现在提案进程中？这些要是事先没有计划，没有准备，心里没有定则，提案就会或喋喋不休，又臭又长，枯燥乏味，令人不堪忍受；或喧宾夺主，离题万里；或仿佛在左忽焉在右，闪转腾挪，让人眼花缭乱。

有很多时候，策划工作十分辛苦，很希望委托方看到自己所付出的努力，同时，也因为在工作中可能遭到一点儿误解，心里不免委屈，郁结于胸，随时有冲出去，像祥林嫂一般向人诉说的愿望。委托方脸色稍有缓和，用语稍有温存，便要“哇”的一声放声大哭，倒出心中的苦水。于是，不应当出现的内容在十分宝贵的提案时间里偏生出现了。

真正的哀伤，是唱不了歌做不了画的，人在幸福、快乐的时候，往往是没有语言的。情发于衷，不足以表达，“手之舞之，足之蹈之”，往往只有“啊啊”而已。艺术的魅力，在于打动人心，催动情感而引起共鸣，但本身却是“乐而不淫，哀而不伤”的。“不淫”“不伤”就是不过分，有所节制。

而且，你真的很辛苦，做了很多幕后的工作，对此，我的建议恰恰相反，你不但不应该在提案的时候大倒苦水，声言自己“没有功劳也有苦劳，没有苦劳也有疲劳”，反而应当在客户面前显得举重若轻，轻松地吹一吹口哨，表示你其实还能够做得更多！

但如果你真的很愚蠢，将你的所有内容，良莠不齐、主次不分地呈现在客户面前，正如一个糟糕的厨师将所有的菜品一股脑儿地堆到桌上，害得客户茫然无措，或者看到你油腻腻的双手和制服，看到厨房里一片狼藉，败了胃口，溜之乎也，那是你活该。我们的建议也很简单，你应该离开策划这个行业。

过程缺乏控制

与“提案内容缺乏剪裁”同类的，就是“过程缺乏控制”，它们都是提案缺乏设计的表现。

提案过程不是沙龙，不是鸡尾酒会，不是茶话会，不是圆桌会议，不能进行无主题的漫谈，不需要人人享有均等的话语权。你的听众（观众）进入剧场，安静地坐下，幕布拉开，他们热切地期待着你的故事。

“好风凭借力，送我上青天”，这样的时候，策划人正可以表现自己的才智，给渴望体验的人们带来愉悦，给“相信未来”的人们以鼓舞。

于是，满足人们愿望的做法，应当是当仁不让，“很久很久以前，有一个阿拉伯的故事，故事的发生是这样的……”画卷打开，你的故事开始了！

你可以这样开场，或者那样开场，然后你可以插叙、倒叙，你可以魔幻可以神怪，可以惊悚可以温情，可以大漠孤烟，可以江南烟雨，随后，你可以留下悬念，也可以戛然而止，可以欢欢喜喜大团圆，可以冷眼观世界，“将美好的东西撕碎给人们看”，但千万不要什么都不做，一任提案会议像水一样流淌，将所有的人带到不知道何处的终点。

作家陆文夫的作品《美食家》讲了这么一个故事，说有一道名菜，叫“天下第一汤”。既然叫第一，一定是美轮美奂、遗世而独立的珍品吧？食客都是饱尝天下美味的大家，大家团团坐定，等待一道道菜肴端上来。配菜辅菜拼盘，都是世间难得一见的珍馐，你刚刚用尽能够使用的形容词，夸赞你见识的这一道菜品，新一道的菜品又上来，色香味形，更是令人叫绝，迅速地更新了你的眼耳鼻舌，令你为刚才的冒失羞愧不已！任你吃遍天下九州，仍然觉得自己见识浅短，到底还是井底之蛙，感叹以前的生活简直是碌碌无为、荒废时日。随着一道道菜品上桌，一次次惊艳登场，人人期待中的主角隆重地呈了上来，素雅的青花汤盆里，氤氲白水上漂浮着几朵新鲜的菜末，精致小勺分到众人汤碗里，入眼，是洗去铅华的纯真和静寂，入口，是恰如其分的熨帖和温润，入鼻，是物我两忘的静穆和温馨，“此曲只应天上有，人间那得几回闻”，人间绝品，天下第一，当真是名不虚传。其实呢，它不过是一盆白开水，放了点菜末，连盐都没有。

颠覆了吧?!

这就是过程控制带来的艺术效果。

然而，许多人忘记了自己的主持人身份，将提案的主动权拱手送给他人，这是十足的不负责任。失去主动权，或者不掌握提案的主动权，将难以避免地导致提案的失败。而让人痛心的是，其实这甚至也是客户不愿意看到的。

如果你的策划方案是真正地明确了策划任务，界定清楚了问题，并经过深入地思考，找到了解决问题的途径，自信是你作为专业人士能够找到的最佳方案，你就没有放弃提案主动权的必要。从一开始，你就应该牢牢把握主动权，保证提案的进程和方向，在你控制下，使之沿着你的路线前进。如若有人挑战你的主动权，挑战你的控制，你应当运用所有的武器，坚决地毫不犹豫地加以捍卫！

没有激情

不论是正式的提案还是非正式的提案，也不论是作为策划任务阶段性沟通性质的提案，还是策划工作终结的工作汇报性质的提案，它是一个标志，表明艰苦的策划工作告一段落了。

前面的那些工作，“走过千山万水，历经千辛万苦，说尽千言万语”，多少辗转反侧，多少魂牵梦绕，多少愁肠百结，到现在，已经有了明确的结果，可以大大松一口气了。剩下的，就是策划人自身才智的自然流露和表现了。精神百倍，信心十足，充满了斗志和热情，是不在话下的。

而且，作为策划的专业人士，长期的专业训练和专业视野，保证了我们的策划方案有足够的专业水准，对于客户，对于策划咨询行业来说，都让我们有足够的自信。想想我们所做的策划方案，创造了巨大的财富，带来了世界和时代的重大变化，职业的自豪感会油然而生。

提案了，无限的激情自然流露。

如果你在提案的时候没有激情，叫我们说你什么好呢?

你让客户感觉到你对你的专业水准缺乏信心，对自己的职业缺乏专业精神，你对客户的事业缺乏信心，对客户所面临的危险和困境缺乏勇气，不愿意与客户分享和分担，你既不能解决问题——要知道，世界上没有不能解决的问题，没有克服不了的困难，只有畏惧困难和逆境的懦夫和不知道变通的笨蛋。——也不是客户的朋友。那谁还听你提案呢?

有激情，你就会精神饱满，精力充沛，充满活力，从而感染你身边的每个人——人非草木，没有人不受感动，没有人不喜欢有活力的人！于是，你的团队成员充满活力，热情、善良，积极向上，你的客户为此深受鼓舞，觉得生活和工作充满了希望，平淡无奇的工作充满了乐趣，相当有意义。

有激情，你就会对你现在的提案用肯定的视角来看待，用正面的心态回应面对的询问和质疑，将它们看成是对自己方案的丰富和完善，而不是吹毛求疵的批评和鸡蛋里挑骨头的挑衅。你跟提案的客户能够坐下来，很容易求同存异，改进可能存在的不足，这样，他们很可能成了“我们”，变成了作业小组（team work）的成员，不分彼此。

有激情，你的声音会很有魅力，有感染力，就像磁场，吸引了人们的关注；你的语言会很有韵律感和节奏感，表达准确，在跟随你观点和逻辑的同时，听众体验着优美的声音带来的美感，成为一种享受；你的表情，作为你无声的语言，也一样具有相当强的表现力；你的行动停驻，你的举手投足，从容镇定而恰到好处，加强了你的观点和说服力。知道吗，再没有言（文字、图像）行（声音、表情、身体语言、行动节奏）不让听众困惑的了，再没有听一个人干瘪的声音哇哇大叫让人难受的了（没有激情，你的表达很可能错了而你自己还并不了解。比如，你很可能将“‘河北’—‘一’—‘批发市场’—‘失火’—了”念成了“‘河北’—‘一批’—‘发市场’—失火—了。”受过良好训练的央视主持人，也犯过这样的错呢）。

太过霸道

过犹不及。

某些从事策划的人，信心爆棚，过于自负，因为有一两个付诸实施的策划方案，创造了比较好的效益，获得了客户的肯定，于是就以为自己改变了世界，创造了历史。于是，“提刀而立，为之四顾，为之踌躇满志”，指点江山，意气风发，张扬而张狂，以至于做提案的时候，掩饰不住地变得跋扈，咄咄逼人，有“登泰山而小天下”的气概。一语不合，立马显出不耐烦，面露愠色，更有甚者，还挑衅对方，有种种不善之辞。

这就是太过霸道。

缺乏尊重，颐指气使，专横跋扈，是最显著的霸道行径，自然会让人不快，招致反感，直接导致提案的失败。另外一些霸道，形式不同，表现各异，甚至也并不显得那么盛气凌人，但其实骨子里还是霸道。

比如，提案内容缺乏剪裁，重点不突出，胡子眉毛一把抓，将应该不应该、合适不合适的内容，一股脑儿地呈现在客户面前，让客户在杂乱无章的材料和叙述中，费神费力寻找；对客户真正关心的问题不予回应，对客户的利益不予关注，好大喜功，一味追求创意的新奇，忘记了问题的解决；或者缺乏扎实、深入的调查，信口开河，将客户问题的解决建立在想当然的点子上；或者提案缺乏计划，没有设计，没有准备，拖沓冗长，完全不顾时间，议而不决，提案结束，双方都仍有大量的细节需要明确。这些，都可以算作“霸道”“野蛮”，是高素质的策划人和策划团队所不能容忍的。

第六讲　文字资料

在上一讲的讨论里，文字资料的准备由于内容比较多，也分外重要，我们在这一讲里专门讨论。

通常意义上，所谓提案，就是以比较正式的文本为基础，与客户（委托方）进行的沟通。换句话说，提案是有一个案要提。方案以文本的形式提交给客户，就是提案。

所以，文字资料是提案所必须具备的。

想想，你需要向客户交流你工作的基本方向和结果，即使不是最终的定稿，你也需要提供一个相对成形的东西，否则，大家坐而论道，讨论什么啊?

你可以没有做电子文档，可以没有多媒体的演示稿，也可以没有正式的提案会议。但作为工作的成果，你必须提交给客户（委托方）一个比较正式的文本。如果需要说明，后面可以补充，举行一个方案说明会之类的提案会议，都可以。

可见文字资料的重要性。

对于策划专业人员，策划文案的写作是最基本的能力，也是策划人赖以谋生的饭碗。

在我们的专业培养方案里，文案写作是一门重要的课程。有兴趣的读者可以去找相关的书籍阅读，或者参加相关的训练。——当然，你也可以购买拙作《商务策划文案写作》。

这里我不浪费笔墨，只讨论为提案进行的文字资料的准备。

“文字禅”与“指月录”

禅宗是佛教在中国本土化后产生的宗派，自唐代以来，一直是中国文化的重要组成部分，对中国人的生活产生了深刻的影响，以至于稍有文化的普通人都能够讲得出“本来无一物，何处惹尘埃”之类的禅宗名言来。

禅宗的创立，依据的是“不立文字，实相非相，教外别传”。发展到宋代，为了推动传播，促进理解，也为了方便普通人的学习，一些公案被记录下来，出现了些文字和书籍，“文字禅”便得以产生。

唐代是一个多元的社会，各种文化相互融合，共生发展，而宋代是一个文人社会，知识分子群体十分活跃。禅宗直指人心、认识本性的主张，十分契合文化人的生活情趣，自然受到推崇。文化人本有谈玄论道修身养性的传统，文人雅士之间切磋和交流的需要，更加有力地推动了“文字禅”的兴起。许多关于禅的著作，包括著名的《景德传灯录》等，纷纷出版。

但这其实是与禅宗的主张相悖的。

“文字禅”并不是禅，文字增加了理解和学习的障碍，使得认识本性、放下执着、了解真正的自己变得更加困难。

禅的体验，是难以言说的。

文字所讨论的禅，没有切身的体会，没有真情实感，只是他人经验的言说。非要言语表达，即使是现身说法的体验者，也只能借用种种譬喻，已经是实相的影子了，他人在此基础上的讨论，就是“影子的影子”了。

更不用说，相当多的读书人只有讨论的兴趣，并无实际的体悟，人家手指着月亮，分析和研究的，只是人家的手指。

文字，推动了知识和智慧的传播，提供了学习的便利，但文字也成为理解和学习的障碍，妨碍了沟通交流和开启智慧的过程。

几个问题

即将开始进行提案，需要进行文字资料的准备。在进行准备之前，需要问几个问题，以明确究竟应当如何进行准备。

Q1. 当前客户（委托方）最关心的和最焦虑的是什么？
Q2. 当前对于客户（委托方）构成的最大威胁是什么？
Q3. 当前外部环境最大的机会是什么？
Q4. 客户最理想的结果是怎么样的？
Q5. 我们的提案将能够给客户带来怎样的结果？

这五个问题，实际上可以归纳为两个问题。前面的两个问题（Q1 ~ Q2）是客户的“痛点”（pain point），后面的三个（Q3 ~ Q5）可以称为客户的“快乐点”（pleasure point）。

“痛点”是客户的焦虑和恐惧所在，是反向的，是其极力避免触碰和需要规避的；“快乐点”是客户的快乐和希望所在，正向的强化，激励客户为之努力，并在追求的过程中享受到快乐。两者都是客户的利益所在，直接牵动着客户的感情。

最后的一个问题，是关于策划方案的意义和价值。你的听众凭什么要来参加提案会议，听你在上面口若悬河吗？你必须给他们一个明确的回答，而且这个答案应该是概括的，有明确的意义，直指“痛点”和/或“快乐点”，否则，我们的提案将难以成功。

用这样的五个问题作为标准，准备我们的文字资料；如果资料已经准备好，用这样的五个问题重新审查它们。

当我们不能清楚地回答这五个问题时，就需要仔细了，这要么是我们资料准备的时候高度不够，或者是我们的方案可能没有针对真正的问题——哦，那是个灾难性的错误。

赶紧，修改它！

准备哪些资料

为了促进理解，减少沟通交流中的障碍，文字资料应当有针对性地进行准备。以下的资料是必须要准备的：

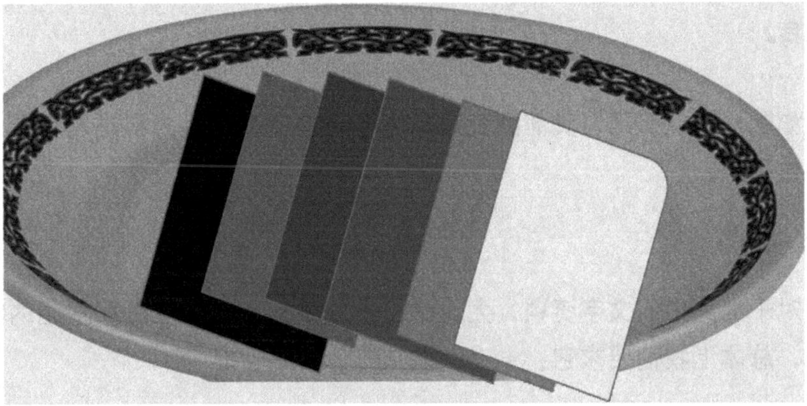

提案的资料准备

- 策划文案（策划方案的文本表现形式，可以是不同类别、不同内容的策划书，如广告策划书、营销策划书、商业计划书，等等）；
- 《调查报告》（或者相应的研究报告）；
- 《项目建议书》；
- 《可行性研究报告》；
- 《活动策划方案及其相关说明》；
- 《项目合作备忘录》；
- 《提案会议议题与进程》；
- 《提案大纲》。

……

根据策划课题的性质，为提案准备的文字资料有不同的侧重。主次清楚，重点突出，重要的和必要的资料，都完备无缺地呈现给客户，这是对客户的尊重，是提案的基本态度。

通常，提案的文字资料准备，根据策划课题的内容和提案主题进行重点准备。

如果是一个营销策划，重点当然是《营销策划书》；

如果是一个市场调查工作的委托，提案中文字资料的重点是《市场调查报告》；

如果是项目策划，重点自然是《项目策划书》；

如果是一个项目的可行性研究的委托，重点就应当是《项目可行性研究报告》；

……

如此，重点有了，其他的资料是为了对报告的相关内容进行说明，起辅助作用。

总体要求

对于提案中的文字资料，尤其是担当主要角色、对应提案主题的策划文案，总体上我们要求它：

“正式稿，而不必是终稿。”

或者叫，“并非定稿的正式稿”。

鉴于提案的严肃，为了体现对客户的尊重，为策划提案而准备的文案首先应当是严肃、正式、规范的正式稿。

正式稿可以不是定稿，不是终稿，但行文必须正式，用语必须规范，内容完整，表达充分。这样，客户在阅读过程中可以感受到你的精心准备和良苦用心，感觉到自己的利益受到尊重；阅读流畅，理解清楚，心情愉悦，从而增进了委托方对策划团队的信任和理解，其对策划方案的信心加强了。更为重要的是，作为一份正式稿，内容完整，表达充分，有极强的自我推销能力，相当程度上完成了沟通交流的任务，使得后面进行的提案活动变得轻松愉快。

“不是定稿，不是终稿”，这就意味着这里呈现的文案不是最终的定稿，需要客户审阅、得到客户认可，从而体现了对客户的尊重。

因为需要客户审阅，总体上对文案的准备要求是：

- 内容简洁，要言不烦；
- 注意排版，减小行宽，方便阅读；

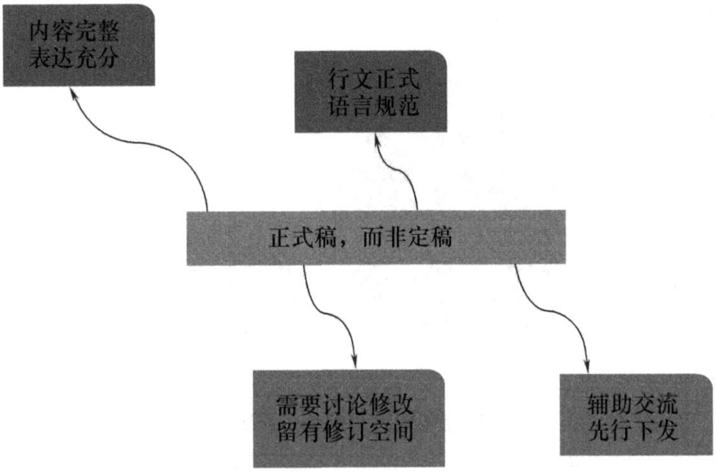

• 预留足够的边空，以方便阅读时进行批注；

• 文案的打印稿需要在提案会议前先行下发，使得参会人员尤其是客户方面的参会人员有时间进行阅读，理解其中的内容。

• 有必要的说明和帮助理解的支撑材料，比如调查问卷和相应的原始材料，重要的背景材料，分析工具、必要的图表等，用附录的形式一并呈现。

为了更加清楚，我们分别从"策略与创意"、"文案的逻辑"、"语言表现"和"文本表现"几个方面说明策划文案准备中的具体的细节要求。

策略与创意——文案的灵魂

策划，在本质上是针对问题，为克服障碍、解除威胁和挑战，寻找解决问题的方法和途径的过程。策划的关键和核心，就是解决问题的策略。没有解决问题，没有创造性地解决问题，难以成为策划，难以获得客户的认可。

策略和创意是方案的灵魂，是策划任务（业务）的来源，是策划人及其团队的专业能力所在，是客户所真正关心的"让人眼前一亮"的东西；当然，更是策划提案的前提——如果没有策略和创意需要说明，提案干什么呢？

策略和创意，自然是文案所应当浓墨重彩凸显的重点，是重点中的重点。

策略和创意是策划的灵魂

在准备呈现给客户的文案中，关于策略和创意，应当注意如下原则，或者体现如下标准：

1. 目标精准（precisely targeted）

策略需要针对目标。没有目标引导，纵使再精妙的策略也是没有意义的，是浪费资源。清楚地针对目标，创造性地利用内部、外部的各种资源条件，克服障碍，获得理想的结果，这是策划的任务。

同时，策略性地选择行动的目标是创造性的体现，是策划工作的重要内容。

要仔细斟酌、反复权衡策略行动所针对的目标，时间上近期与远期、空间上局部与全局，以及现实格局与理想中的情境格局之间的联系，都要充分关注，从中选择行动的方向和突破口。

2. 策略精巧（operation strategically）

策略之为策略，要么是在于目标选择上大有深意，分合为变，必攻不守，转换侧击，一定别有考量；或者在于资源运用上集中协同，巧于因借，虚实相生，使有限的资源得到充分利用，借助外部资源和无形资源，极大地扩张现有资源的效力；或者在于操作方式上精确地选择了序位和节点，势险节短，正合奇胜，带来了格局的巨变。没有在目标、资源和操作三要素上的充分开掘，策略就无法体现（有关具体内容，请参见拙作《策略规划与设计》）。

那些情境和格局中的关键环节，

那些带来系统性的重大变革的要素，
那些造成对方心理上重大失衡的行动，
那些能够充分动员外部无形资源的敏感地带，以及，
那些能够从根本上改变资源运行方式的时间和节点，
都是策略所应当关注的目标。

为此，需要检查我们的手段、我们的措施、我们的行动方案，检视它们是否具有策略意义。

3. 实操性强（action - oriented）

实操性，指的是在现有的资源能力条件下，策划方案（策略和创意）多大程度上能够被执行，能够分解成为具体可以完成的工作任务，并且如期地完成任务，实现预期的理想状态。

就这么几个人，就这样的人员数量和能力条件，就这样的一点资金，这些资产，现有的企业品牌和产品品牌形象，现有的生产和技术条件，现有的客户关系网络，你的方案能否形成我们这样条件下可以执行的计划?

4. 效益显著（profitability）

策划是对资源的运筹，是对资源投入方式的设计。虽然看起来只是思维的推演，实际却是一个组织用自己有限的资源进行的某种程度上的赌博。

任何客户都不可能不在乎资源投入之后的回报。效益，是策划的中心，也是客户关注的重点。投资回收周期（IRC）和投资回报率（ROI），几乎总是客户拿起文案所首先必读的内容。

呈交给客户的文案中，投资回报周期、投资回报率之类的关于投资收益的表达必须清楚明白，不能含糊不清，必须言之有据，细致而准确。

文案的逻辑——文案的骨骼

策划是解决问题的过程，无论什么类型，是项目策划、营销策划、广告策划、公关活动策划，还是普通的一个市场调查，也无论其复杂性有多高，规模有多大，都一定是为了解决某个特定问题而进行的思考。

这样的一个思考过程，是否是严肃严谨的，是否是高度有效的，体现了策划的专业性和严肃性。

文案的任务，是对策划解决问题过程的呈现，向客户呈现自己及其团队在解决问题上的专业性和严肃性，以获得客户的认可。

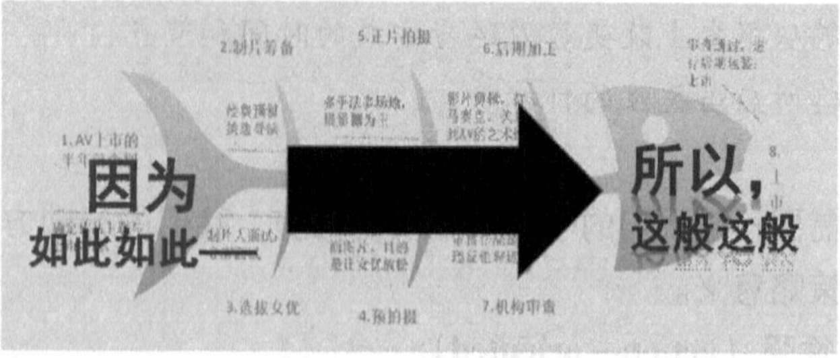

逻辑，是策划的骨骼

想得清楚，才能写得清楚。而如果写得清楚，也就相当程度上等同于想得清楚，阅读的人，会做这样的推测。反过来，写得不清楚，一定是想得不清楚，写得没有逻辑，想的就一定有漏洞。

策划文案的逻辑，是文案的“骨架”。它有如下要求：

1. 内容完整（completeness）

内容完整，是从文案的构成要素上讲的。

从逻辑上讲，文案的基本构成大体上是相同的。

问题的背景，对问题的分析，对问题的界定，解决问题的构想，解决问题的答案（方案），这是构成文案的基本要素。

按照一个完整的解决问题过程，作为策划案，应当包含“寻找目标、寻找问题、寻找事实、寻找创意、寻找构想和寻求接纳”六个步骤，在提交给客户的文案中，你也应当包含“目标”、“问题”、“事实”、“创意”、“方案”和其他相应的内容，舍此则不能算是完整的。

2. 前后照应（coordination）

“前有伏笔，后有呼应”，这是策划文案写作的基本原则之一，是体现文案语言逻辑的基本要求。说它是“基本”，是说如果你连这样的要求都不能达到，那就不能算作一份文案。

策划文案上的任何表达，都应当是有落脚点的。前面的表述，在后面一定有与之相应的应对措施，后面的任何行为和表述，都在前面的叙述中有直接或间接、明确或隐晦的伏笔。这样的表达不是突然的、孤立的，不会造成理解上的障碍。

事实上，如果一份策划文案在表达上没有连贯和照应，给客户和读者的印象是十分糟糕的，不但在阅读上有理解方面的障碍，更重要的是，它让人觉得文案是没有逻辑的，文案的作者，以及作者后面的那个团队，思考没有逻辑，做事也没有章法。这样的人，怎么能让人放心呢？

3. 层次清楚（well－structured）

“读万卷书，行万里路。”阅读，是一个心智旅行的过程。如同我们旅游参观，有起点，有终点，有过程，有景致。一路走来，有时间和空间上的展开顺序和节奏。

如果你明确你所要表达的主题，清楚需要呈现的内容，你需要按照明确清晰的层次和结构将所有的这些内容组织起来，呈现到客户面前。

正如导游将时间、景点、空间线路用明确的日程和线路连接起来。

作为一个导游，如果没有计划，没有明确规划的线路和进程（日程），带着自己的游客团团乱转，就会让他们精疲力竭、疲于奔命，结果却一无所获。

文案如果没有层次，与此相同。

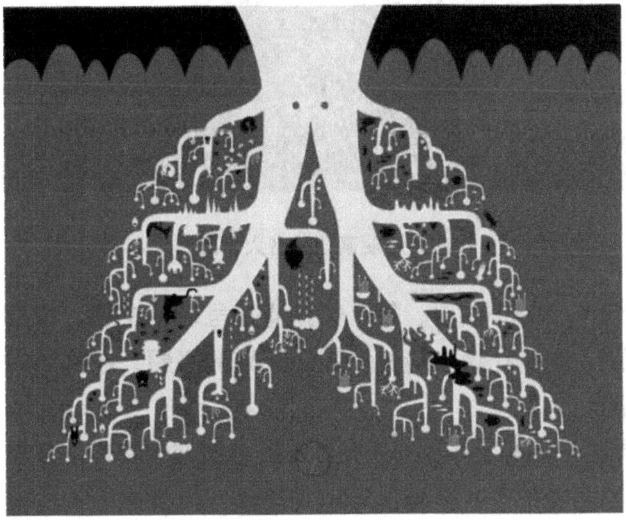

文案的结构与层次

策划文案，不是小说，不是诗歌、散文——即使文学作品，也一样有明确而又精心安排的层次和结构，以便抓住读者，引人入胜。

客户需要在尽可能短的时间里把握文案的主旨，了解文案的概要，理解文案中策划思考的逻辑线索，并进而认同解决问题的思路和方案。

4. 主题明确（clear－cut theme）

一份文案按照性质和任务，应当有特定的主题。文案写作的任务，就是围绕这个主题组织材料，用恰当的文字与读者沟通。

一篇文章有一篇文章的主题，一个段落有一个段落的主题。当然，一个句子，也有其需要呈现的明确的意义。

否则，读者会大惑：你究竟想说什么？

主题不明确让读者大为困惑

而每个句子、每个段落、每个部分清楚呈现的主题，构成了文案整体上清晰明确的主题，让读者清楚地知道策划的主题，在脑海中形成关于策划的整体思路。

“整体存在于部分之中。”一份文案的主题多大程度上是清晰的，有赖于各个部分的主题是否在逻辑上展示得清楚，也有赖于构成部分的每个句子在逻辑上是否意义清楚、界定明白。

为此，在文案准备时应当保证言之有物，删除每一处空泛的和意义模糊的字、词、句子，让每个概念、每一句话、每一个段落，直至文案整体都显得具体而明确。

5. 论证严谨，滴水不漏（rigorously reasoned）

策划必须解决问题。虽然在创意和策略思考时，你可以是跳跃的、非线性和非理性的，作为解决问题的过程，整体上必须是高度理性的，思维严密，论证严谨，滴水不漏。

文案，是对策划解决问题过程的文本表现，需要将这个过程用文字的形式论证出来。

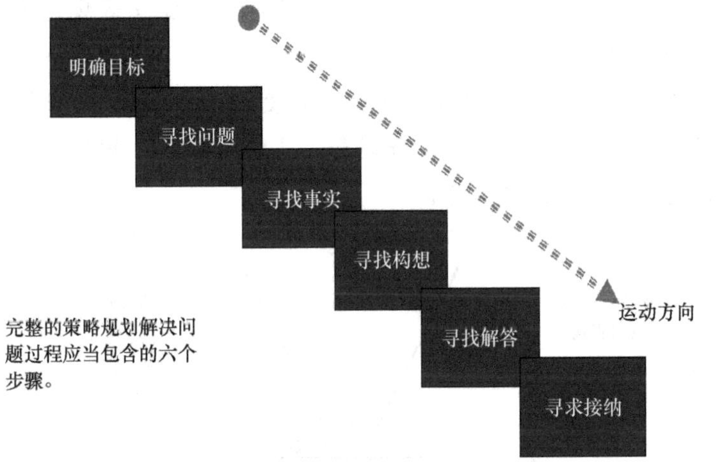

策划的六步骤

从明确目标、寻找问题，到寻找事实、寻找构思，再到寻找解答，所有的环节，在你的文案上都需要经得起一再反复地追问："为什么?"

而在"寻找解答"——设计你的策略方案的部分，除了"为什么?"，你还要能够清楚地回答"谁""做什么?""什么时候做?""怎么做?""做到什么程度?""用多少资源（资金、时间、人员、设备）?""如何保证他们能够这样做和做到这样的程度?"等等一系列问题。

某种意义上，提案就是让客户"鸡蛋里挑骨头"。如果你轻易地被"挑出骨头"来，说明你的"鸡蛋"确实是有问题的。

所以，反复阅读你的文案，确保论证是严谨的，没有漏洞。自己发现了漏洞，要么是文字表达的问题，要么是策略思考的问题，重新检视，修正错误，还来得及。倘若提交到客户手上，被他们发现了大的漏洞，补救就来不及了。

语言表现——文案的血肉

提交给客户的文案，是策划解决问题过程的文本表现。文字（一部分图表、图片）是策划思维的载体形式，是与客户沟通交流的工具和媒介。

准备策划文案，实质上就是一个文字表现的工作。策划文案的主题、策划解决问题的思考过程，依靠每一个字、词、句子来表现。遣词造句，体现了策划思考的过程，也体现了策划人及其团队成员的专业能力与敬业精神。

如果说策略与逻辑，是策划文案的内在精神，语言表现与文本表现则是文案的外在面貌。

正如认识一个人，留给人深刻印象的是这个人的外在形象和行为动作，而思想水平、伦理道德、文化修养、工作作风等，只能是在观察其外在面貌和动作行为之后的判断。

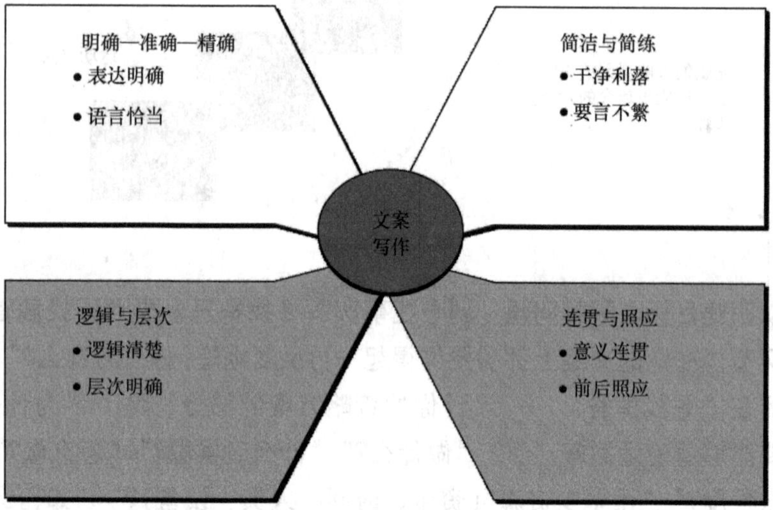

文案的语言表现，首要的要求是表达准确，其次是简洁简练。

1. 准确表达（accuracy）

准确表达，是策划文案写作的基本功。

准确的文字表达体现在三个方面，即有效传达的“直接”，高度务实的“明确”，以及恰如其分的“精确”。

（1）直接而有效

策划文案在语言使用上要求直接传达写作意图，不能转弯抹角，让人猜疑。

商务活动有一个隐含的但事实上是最直接的目标，那就是效率。文案也一样，要求阅读的效率。直接的文字能够减少阅读过程中无谓的时间浪费，直接引导阅读者进入思考的主题。

（2）具体而明确

文案是高度务实的应用文体。

文体是务实的，结构是务实的，内容也是务实的。

十分忌讳在文案中出现空洞无物的说教，也十分忌讳复杂的理论推导和演绎。

如果理论推导和演绎是必须要有的，那也只是为了说明思考的过程，在文案里，通常都被放在附录中，供有兴趣的读者参考。

具体、明确，言之有物，看得见、摸得着、有所指，这些是策划文案的特点。

（3）准确到精确

准确与精确二者，准确更为重要。

“准”，是指语言文字的使用上没有歧义，没有偏颇，没有缺失，没有含混。

而“精”，是指直击要害，恰如其分，毫厘不差。

——当然，准确到精确，是一种境界，需要深厚的功底，是需要锻炼的能力。

比较下面的两个表述：

其一：

受政府政策调控，白酒市场遭遇今年来罕见的困难。各大品牌，力求自保，降价促销，茅台、五粮液、剑南春等价格下降了三分之二，由鼎盛时期的2 000多元一瓶降到现在700多元一瓶，一线品牌的雪崩式降价，严重挤压了二线品牌的市场空间。二线品牌往三线品牌和地方品牌下压的力量不足，面对一线品牌的溃退，其市场份额被严重剥蚀，生存困难。作为新兴的二线品牌，本来属于一线大品牌之下的子孙品牌，但市场影响力有限，认知度低，进行常规营销，在当前和相当长时间的将来，对于资源有限的企业来说是十分危险的。

其二：

受政府政策影响，当前的白酒市场，秋风萧瑟，哀鸿遍野。众多品牌都惊慌失措。一线品牌“茅五剑”，“飞入寻常百姓家”，放下身段，脱下华服盛装，换上粗衣敝服，不惜自污，纷纷参与二线品牌市场的竞争，挤压本已十分逼仄的市场空间。原有的二三线品牌则深耕细作，割据一方，针插不进水泼不进。虽然作为新兴的二线品牌，系出名门，但知名度极低，缺乏对于普通百姓的亲和力，高不成低不就。常规意义上的营销手段难以获得市场的突破，尽管可能短期里有少量的销售回款，但牺牲了难得的时间和进行品牌突破的市场机会，饮鸩止渴，无异于自杀。

明显，后者在表述上更显得准确和精确。尽管前者有数据支持，看起来比较精确，但实际给客户的感觉是比较随意和粗放的，没有深入的调查研究。

策划文案不同于文学作品，具体、明确、精确，立于事实，落于行动，言之有物，有的放矢，不使用可能导致多重理解和误读的语句和词汇。否则，不但会带来客户理解上的困难，甚至有可能引起客户反感，招来愤怒。

2. 简洁与简练（succinctness）

简洁，是指文案的语言表达干净利落，没有多余累赘，没有影响阅读和整体感受的节外生枝，明白晓畅，一气呵成；而简练则更多地指直击要害，要言不烦。

从来没有拖泥带水、啰里啰唆的文字能够得到读者欣赏，也没有哪个行事拖沓、犹豫不决的人能够让人喜欢的。

因此，文案不但在结构上需要高度凝练，直陈要害，在语言表现上也需要清清爽爽，干干净净。

仔细检查文案的语言，看其表达是否准确，行文是否顺畅，用语是否简练。如果自己一口气都没法读完，该文案要么是结构存在问题，要么就是语言有问题，不妨重写。

好文章是修改出来的，记住这一点。

文本表现——文案的衣饰

文本表现，是文案的外部包装。

有如衣饰，对我们而言，其不单是为了保暖、遮羞，更重要的，是表明身份，体现文明与教养。

你总不能众目睽睽之下裸奔吧?

一个产品有没有卖相，能否依靠自己的力量获得顾客青睐，相当程度上取决于包装。精心设计的产品包装，使得产品能够迅速吸引注意，激发购买欲望和消费预期，促进理解和记忆。

包装是产品价值的外部线索。

文案的文本表现也是一样的。

文案的文本是需要讲究的。从封面设计，到纸张选择，再到打印装帧，都需要仔细。

能够自我推销的文本表现

如同古奇（GUCCI）的皮包、香奈儿的香水、劳斯莱斯（Rolls - Royce）的汽车，这些顶级品牌的产品，以细节打动人。你也需要为你的文案多花一些心思，设计它的细节。即使你的读者文化水平不高，或者粗枝大叶，满不在乎，你都不要草率。

1. 严肃规范（specified）

无论你与客户的关系有多密切，在文案的准备这一点上，公事公办比较好。严肃，规范，按照正常的、必须的和专业的态度，认真地进行排版设计、装帧设计。

严肃，是指你的文本格式应当是郑重的，是对客户高度尊重的。

你不会随意地将修改得乱七八糟的草稿（或者修订稿）交给客户吧？你也不会用便签或者“随意贴”打印或者抄写你的文案吧？你也不会用一叠毛边纸，或者用过的打印纸打印你的文案，提交给客户吧？你更不会找一个速递公司将你的文案快递给客户。当然，你更不会将你的文字资料像倒垃圾一样，哗啦一声倾倒在客户的办公桌上。

规范，是指你的文本符合专业特点，体现专业精神，与策划的主题和策划任务的正式性是一致的。

你提交的文案，不应该随意和随性，想起一出是一出，想用什么色彩就用什么色彩，想用什么字体就用什么字体，图表、图片出现的位置，完全异想天开，让客户摸不着，然后你还自鸣得意，以为自己很有创意。

对于文本表现而言，形式就是内容。你有多重视，花多少精力和心思进行思考和设计，决定了你的文案有多少内容和信息可以被阅读。

别怪我们没有幽默感，我们不认为提案的资料准备是可以率性而为的。

如果你以随意的态度进行文本表现，它就可能被人以随意的态度丢弃在某个角落的垃圾篓里。

2. 细节感人（well - designed in detail）

“魔鬼存在于细节之中。”

策划所提出的方案建议，其效能和效益要在方案实施之后才能体现。而且，这个效能和效益的体现，相当程度上也不能排除运气的成分。

所以，不要以为你的方案建议有可能为客户带来很大的回报，就因此可以大而化之，在文案撰写和提案过程中马虎了事。

客户不会因为你提出的方案有多么宏大而心生感激，相反，却会为你在细节上的良苦用心而深受感动。

用心设计的细节

细节，可以是比较大的，比如结构安排上的明白紧凑、语言表达上的和蔼可亲、逻辑分析上的周密严谨，也可以是比较小的。

比如，字体字号的选择（为特定的阅读者准备的）；

页码标识的位置和形式；

图片图表的说明文字；

装订位置与装订方式；

行宽、行距、字距的处理；

边空（天头、地脚、切口、订口）的大小；

纸张硬度、光洁度的选择；

文案打印横排竖排的安排；

封面、扉页的设计；

目录、引言和摘要的文字与空间位置关系；

……

所有这些都可以做得细致周到，匠心独运，引导委托方阅读，照顾他们的阅读习惯，方便他们的笔记和批注，让他们感觉如沐春风。

需要特别说明的是，花哨和艳丽的设计是初涉策划的人常常难以避免的陷阱。年轻人，充满活力，对色彩比较敏感，喜欢色彩丰富的设计，这并没有问题。但是，在策划提案上需要体现专业性，体现对对方的尊重，所有的材料都需要规范、严肃。

许多人，尤其是有一定阅历的人，更喜欢色彩淡雅的和比较单纯的设计。客户的中层干部和老板，也许私下里喜欢某个比较鲜艳的设计，但在公司里、在生意场上，他们可能更喜欢严肃一些的设计。

当然，过犹不及，如果你严肃，请不要板着面孔，不要将你的东西设计得没有一点生气，那就过了。

文字的局限

文字语言，包括字、词、句、篇章布局、所呈现的内容和主题，以及这些要素的组织方式，对于策划提案的成败，自然具有重要的作用。我们说，提案是在文案基础上进行的。某种程度上，没有准备好文字资料，没有文案，就不能进行提案。

所以，提案在狭义上可以理解为提交方案，或者就是提交文案。

但是事实上，文字语言（verbal）、听觉语言（vocal）和视觉语言（visual），被称为沟通三要素。在沟通过程中，对于听众的影响，文字语言只占7%，而另外的听觉语言和视觉语言则各占38%和55%。

文字语言，只有区区7%！

表达准确，结构合理，逻辑严密，并不能完成沟通任务。即使使足了全部的力气，就文字语言本身，在沟通交流中的影响力也是有限的。

客户更看重的是在提案过程中，他们看到了什么和听到了什么！

所以，不要将提案成功的期望过多地寄托在文案上。当然，也不要将提案的失败过多地归咎于文案和文字资料的准备。

举个例子。一个财主辗转请来一位先生，教授自己的子弟。先生初到即写下要求：“无鸡鸭也可无鱼肉也可唯有青菜豆腐不可少不得学费。”古时候中国汉字是自上而下阅读的，而且是没有标点符号的。这段话自然各有理解不同。财主的理解是：“无鸡鸭也可，无鱼肉也可，唯有青菜豆腐

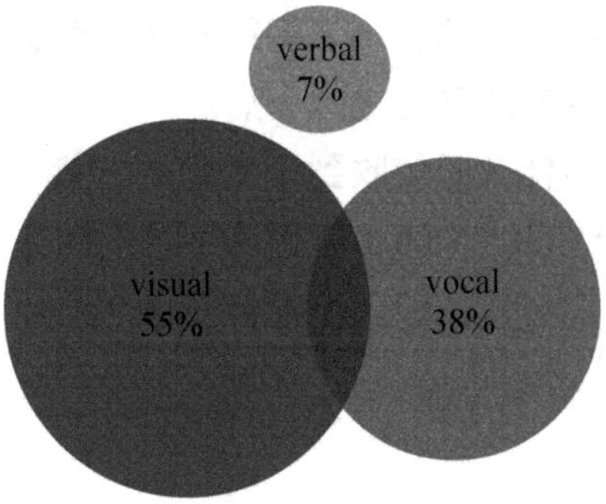

提案过程中，语言本身所呈现的意义只占了沟通效率的7%

提案沟通三要素

不可少，不得学费。”不料，第一天先生就嚷嚷，怎么尽是青菜豆腐啊！因为先生的理解是：“无鸡，鸭也可，无鱼，肉也可，唯有青菜豆腐不可，少不得学费！”

这是不同的断句导致的不同理解。

而同样的一个字，同样的一个词，也会因为语境的原因有不同的理解。

有故事说，有两个家族，因为世仇，长期争斗，双方死伤惨重。在痛定思痛之后，各自都有了罢斗言和的意思。其中某个家族，族长或者头人，找来族里一个书生，让他将这个意思告诉对方。这位书生某天刚刚读书，读到对“武”字的理解，说“武”是“止戈”两个字的组合，正好表示的是休战和防止冲突的意思。书生立刻会意，自以为妙不可言。他研墨取笔，龙飞凤舞，大书“武”字于一旗上。书生兴高采烈，想着自己学以致用，能够止息纷争，将一定能够青史留名，成为一段佳话。未曾想，对方看到他的旗帜，立即认定为挑衅与羞辱！一介书生，手无缚鸡之力，竟敢前来索战！是可忍孰不可忍！对方本已逐渐消弭的争斗之心，又重新激发起来。可怜的书生没有建功立业，结果却是有辱和平使命，空怀理想，留下笑柄。

语言（文字），只有在具体的语境中才是有意义的。20 世纪七八十年代，英国语言学家韩礼德（Michael Alexander Kirkwood Halliday）全面完整地提出了“系统功能语言学”，深刻地指出：“语言寓于行为之中”，“意义见于运用之中”。

脱离了具体的语境，文字符号是没有意义的。我们的客户们在长期的商业往来中早就清楚知道这一点。

这也是为什么即使收到了我们的方案（策划文案），阅读了我们的资料，甚至经过多次沟通，已经清楚我们的基本方向和策略选择，他们还仍然安排了提案会议的原因所在。

第七讲　约束之美

千万不要将策划提案当作一个简单的技术工作，因而简单、粗鲁、草率、邋遢，在文案资料的准备、提案过程的控制和多媒体演示工具的设计时敷衍了事，马马虎虎。

要赢得他人的心，首先需要自己用心。

要获得他人的尊重，首先需要自己对自己的工作有高度的尊重。

而尊重的表现，就是将自己的工作当作一门艺术，从美的角度来审视每一个细节。

如此，提案作为一个沟通的过程，也应该是表达的艺术。

精心设计、用心表达的提案过程，有效地体现自己的专业能力和良苦用心，顺利地实现了沟通目标，同时，还让人身心愉悦，玩味不已。那样的境界和效果，是我们进行提案准备所应当追求的。

前面，我们已经讨论了提案不过的种种原因，论及应当如何了解客户，如何进行文字资料的准备。在接下来的两讲里，我们将着重探讨 PPT 的制作和设计。

我们已经进入浅阅读时代，没有多媒体演示，下发成堆的文字材料，单凭主讲人的口头表达，这样的演讲，已经不大能够见到了。

多媒体演示，作为一种高度视觉化的表达手段，作用和地位越来越重要，甚至已经成为提案的主要方式，不可等闲视之。

毕加索与中国艺术

我们还是以一个故事开始。

有这么一个关于毕加索的故事，来源于一部关于张大千的传记，《行走的画帝——张大千漂泊的后半生》。

1956 年，中国著名画家张大千携夫人拜访了巴勃罗·毕加索（Pablo Picasso）。已经成为现代艺术大师、立体主义领军人物的毕加索，对中国的艺术无比推崇。宾主寒暄，落座之后，他从自己里屋抱出五册画本，每册有三四十幅画作，让张大千夫妇欣赏。打开画册，张大千不禁愕然：这些画作竟然是毕加索用毛笔绘制的中国水墨画！

张大千 水墨山水

见张先生不解，毕加索恳切地说："我是在模仿贵国齐白石先生的作品，请先生指正。"礼貌性地恭维一番之后，张先生不客气地发表了自己的看法，将中国画的笔法墨法简单地介绍之后，用毛笔在纸上写下"张大千"三个字。毕加索端详良久，突然出人意料地说："我最不懂的是，你们中国人为什么要跑到巴黎来学艺术！"张先生没有听懂，以为翻译错误，请毕加索再解释一下。毕加索忽然站起来，提高音量说："这个世界上谈到艺术，首先是你们中国人有艺术，其次是日本的艺术，当然，日本的艺术又是源自于你们中国，第三是非洲的黑种人有艺术，除此之外，白种人根本无艺术。所以最莫名其妙的事，就是何以有那么多的中国人、东方人要到巴黎来学艺术?"

这个故事，不一定真实，或者是出于宾主之间通常的礼貌与客气，或者出于传记作者善良的愿望，或许有杜撰的成分。

（法）弗朗索瓦·米勒　拾麦穗者

但如果从审美意趣和艺术表达的角度，作为现代立体艺术大师的毕加索，推崇简练和抽象的表达，对中国艺术表示高度的赞赏，则是没有疑问的。

自然，艺术还可以包括音乐、建筑、雕刻、舞蹈等多个门类。仅就绘画而论，比较一下比较典型的西洋绘画和中国画，就会发现确实存在着审美意趣上的不同。这种不同，如果不是某种高下之分，也应当有韵味的不同。西洋绘画的确是太实、太满，没有想象的空间和回味的余地，就仿佛一个肠肥肚满的人，声称是位诗人，并且还摇头晃脑地吟诵起诗来，这时你估计不大容易产生情感共鸣吧。

艺术，应是那个“言有尽而意无穷”的东西！

否则，我们谁还玩味艺术呢？

艺术问题

如同进行广告策划一样，在进行提案准备的时候，三个问题是必须要问的。

对谁说？——我们的沟通对象。

说什么？——在提案过程中，需要向客户呈现哪些信息？

怎么说？——通过怎样的方式，才能顺利地实现沟通目标？

第一个问题，我们在前面专门进行了说明。了解对方，明确沟通对象，这是首先要做的，是提案的前提。这个问题，我们走到现在，应当是已经解决了。

“对谁说”，这是个技术性问题。通过厘清思路，明确重点，理解提案的语境和情境，就能够解决。长期的专业训练，使得策划人员在进行提案准备的时候，能够比较清醒地认识到提案所针对的听众，因而通常意义上不会自言自语、自弹自唱。

“说什么”和“怎么说”的问题。

这两个问题却不是技术问题，而是艺术问题！

提案，是因为有“案”要“提”便称为提案。为了顺利提案，“怎么说”当然就很重要。“说”，需要技巧，需要激情，需要临机处置的机智，用心于微妙细腻的把握，是一门艺术，这比较好理解。

可“说什么”怎么也是艺术呢？

要知道，如果将提案仅仅看作演讲，以为那是属于主讲人纯个人的工作，那是错误的！

成都街头的茶摊

“怎么说”的“说”，并不是主讲人在现场面对听众的话语，不仅仅是他（她）的声音、语言和身体，更包括了周边环境、现场氛围、前后表达次序、主题和内容、提案双方的互动等多个方面，而这些要素，是超出主讲人的语言表达范畴的，必须在事先有总体上的设计。

正如以茶待客。面对客人，你已经了解他们（知道“对谁说”），你想向他们表示尊重，传达你对他们莫逆于心的感动（“说什么”），于是亲自煮水、煎茶、温杯，给他们奉茶（你懂得“怎么说”）。你需要精心酝酿，并设计每一个细节和每一个过程：客人从进入现场到最后退场的全部过程，你需要明白想让他们获得怎样的感受和体验。

这需要高屋建瓴地观照和具有艺术性的设计。

策划提案过程中，客户多大程度上对我们的方案产生信服—认同—共鸣—感动，取决于我们的细节处理、过程控制，取决于我们的设计理念（提案的理念），更取决于我们的知识结构、文化修养、审美意趣和思想境界。

茶道、茶会、茶馆、茶棚子、路边茶摊，都是喝茶，但此茶彼茶，相差很远。你如果将它们混淆，在需要呈现茶道、表现茶艺的时候，却敷衍一番，乱哄哄，俨然一个街头茶摊。尽管你也真诚地献茶，客人也实实在在地喝了茶（这你看得见），但客人所感受和体验到的内容，会是一样的吗？

你开的不是路边的茶棚子，也不是人来人往、嘈杂纷乱的大茶馆，你的客人不是来喝茶解渴的。

有这样的一个聚会，完全是心灵上的彼此需要，因为共同的目标、共同的憧憬、体验、感受，需要分享和交流。而喝茶，仅仅一个借口，或者一种形式。

“客人不是来喝茶的，他们期待不一样的体验和感受。”

策划提案正是如此。

体验和感受，是现场的、当时的。佛说，“不可说，不可说”，因此，不是技术的。没有完全相同的提案对象，没有完全相同的提案情境，也没有完全相同的提案过程。

你不可能用技术的方式，一个统一的格式和程序，机械地应用于所有的提案。“用心分享，用爱沟通。”提案，就需要有艺术的思维和艺术的手段。

你必须艺术。

你究竟想说什么？

首先，得弄清楚提案中究竟要对客户说些什么。

提案，我们总觉得有“案”要“提”，往往自觉不自觉地会将注意力落到“案”上。以为提交方案，讨论和陈述解决问题的过程本身是策划提案当然的内容。

“既然是提案，提案的时候自然要说策划方案的。”——不少人不假思索地如此回答。

然而，仔细思考，其实并不那么显而易见和理所当然。

“提案，就一定要说方案吗？请人吃饭，你真的就让人吃碗米饭？约人喝茶，你一定要上茶，喝咖啡就不行吗？”

有效的会议，时间不超过一个半小时。要保证提案的效果，也是如此长度的时间。在这一个半小时里——当然，如果你拥有对方充分的信任，你的时间可以稍长一些——究竟要对客户说什么，你必须进行精心地思考和选择。

在提案演讲中，正常语速基本是120～150字/分钟。而一个普通的策划方案，内容完整，前后背景陈述清楚，至少也需要10 000～20 000字左右吧。仔细计算下，一个多小时里，你一刻不停，也才只能说 13 000 多字！

而且，你还——

没有寒暄的时间！

没有阐述的时间！

没有解释的时间！

没有幽默互动的时间！

没有展示和演示的时间！

甚至，也没有喝水润喉，转换语气，表达情感和态度的时间！

……

而这些，本是最为平常的沟通工具和手段啊！

难道，你需要更长时间？更长时间就能将你的方案讲清楚了，你确信？

一个半小时，或者一个小时。你需要惜字如金。要保证充分地用足每一分钟！方案是要讲的，但你需要讲得艺术。

你不能说，我请您来喝茶，让对方坐下之后，你一句话也不说，啥也不干，就泡壶茶水，往人面前一送，说，“喝茶呐，您呢”。

你需要呈现的，和客人需要看到、听到、嗅到和感受到的，是以茶为媒介的另外的东西。

这些东西，既有关于“你（们）”的，也有关于“他（们）”的，自然，也还有关于“我们”的。

第一，关于“你（们）”——也就是进行策划提案的“我们”，你需要呈现给客户的东西集中在三个方面，即：

• 这是一位（群）专家。

高度的专业权威、严肃的态度、严谨的工作作风、理性和科学的方法，保证了问题解决的效果（effectiveness）和效能（efficiency）。

• 这是一个（群）值得信任的朋友。

强烈的使命感和责任感，有原则、有底线，对事业执着，对朋友忠诚，信守承诺，值得托付，让人感到信任。

• 这是一个（群）让人愉快的人。

热情洋溢，乐观、积极，有教养，有幽默感，有亲和力，能够和善于

让人愉快的专家

营造愉快的氛围，让人对即将开始的聚会和交流充满期待。

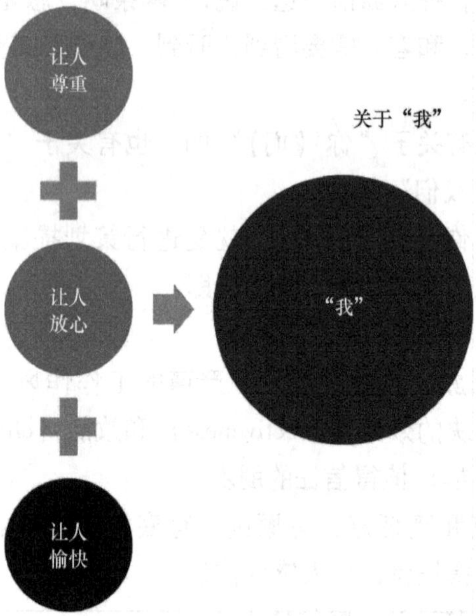

第二，对于客户，也就是策划提案准备中的“他（们）”，也体现在三个主要的方面，即：

● 课题任务

交付的课题是否被严肃地而且是系统完整地研究了，所设计的方案是否具有实操性，策略目标对组织具有何种意义。

通常，由于策划咨询工作的性质和对自己职业的尊重，为了保证策划所设计的方案具有高度的可操作性，也为了策划方案能够得到客户的认可，策划团队总是要保持与客户深入而持续的沟通。不出意外的话，客户对于课题研究的进程、任务和问题的界定，策划的目标预期，以及更为重要的——策划方案的策略设计，都已经有大体上的了解。如果沟通顺畅，应该没有什么疑义。

除此之外，我们还给大家一个建议，那就是将策划方案及其相关的文字资料提前送达。在进行提案会议前，参加会议的客户代表应当已经阅读了该资料，对其中的关键点已经比较了解，甚至已经熟悉了。

所以，他们对于策划课题的关注只是某些关键问题或者不太多的几个细节而已。

● 方案的实施可能带来的改变

策划方案付诸实施，由于目标任务的分解，带来权力、责任和利益格局的变化。

组织是各种利益的结合。团体的利益，并不总是能够代表个人的利益或部门的利益。个人或所在部门，在组织中的权力、责任、工作范围、利益分配，都可能因为策划方案的实施和策划目标的达成而发生比较大的变化。变化和调整，总要对组织中的每一个成员构成冲击。不同的只在于，改变被视为积极的还是消极的。

● 是否被尊重

希望被认可，希望得到尊重，是每一个人内心的渴望。在提案会议前，每个客户的代表受命对方案进行审查。作为审查者，尽管其角色地位看起来比较有利，可以对方案进行批评。然而实际工作中，由于策划方案涉及工作层面，很多时候方案基本上已经得到高层决策者认可，提案会议成为某种可有可无的形式。

作为策划咨询的专业从业者，业界的口碑、专业的知识和训练，加上对信息较为全面的掌握和深度解读，使得策划团队具有相当高的专家权威。提案会议中，客户代表的知识和经验、在组织中的地位和由此代表的意见，是否得到尊重，自然是他们所关注的。

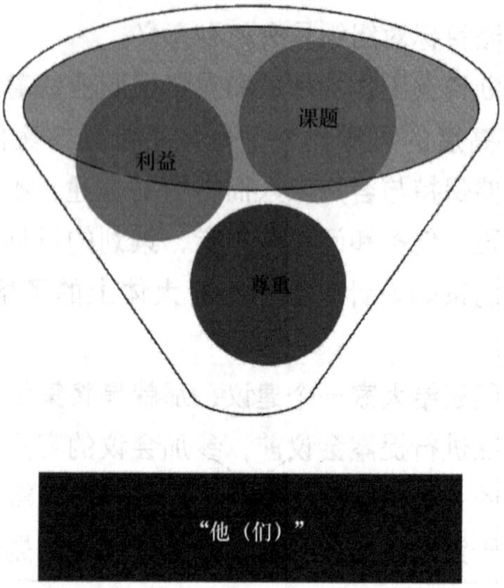

第三，除了作为提案主讲一方的“我”和方案审查者的“他”，提案会议的参加者还关心策划提案的过程本身。他们需要一个在“良好氛围”里的“有意思的体验”。

● 良好的氛围

策划提案的成功，是很多因素共同作用的结果。其中，氛围发挥着十分重要的作用。

氛围是环境、背景、场地布置、人员关系等要素共同形成的某种气氛。它是对主题的表达和诠释，也是对行动目的和意义进行的渲染。

提案的所有内容和细节，都是在具体的氛围中进行的。氛围对提案主题，在更为深刻的层面进行了性质的规定，它比语言更让人理解。

但语言与氛围发生冲突时，人们往往愿意理解氛围，更看重氛围的暗示意义，而不愿意接受语言的意义。

比如你说：“热烈地欢迎远方的朋友！”但是，现场的实际氛围却是这样的：

周围冷冷清清，没有几个人；

没有人在门口迎接；
会场静悄悄的，没有声音，没有人聚集；
现场没有鲜花，没有主题展示；
座椅没有安排，凌乱地放置着；
迎宾的通道没有布置；
会议桌上，没有供演讲者喝的水，没有鲜花；
……
——这是哪儿？我们是不是走错地方了？

氛围是主题的表达

若氛围渲染深入、透彻，主题的表达便更易于被人接受，也能够给人留下更深刻的印象和体验。语言还没有表达，氛围已经事先表达，语言表达已然结束，但氛围还留在人们的脑海里，久久不去。

• 提案的过程（sequence）

精心设计并良好地控制提案过程，才能充分展示提案的意图，满足客户的期待。

提案，跟带客人旅游一样，沿途所见和由此得到的不同体验，是游客所关注的。它决定了游客的满意度，当然，这是旅游产品供应商真正意义上的核心产品。

提案的过程与此相似，既是我们呈现给客户的产品——他们希望在提案过程中得到有意思的体验，也是我们在提案准备中所应当重点设计的内容。

如此，策划提案的过程中，我们需要向客户呈现的，就绝不简单的是策划方案，更不是策划文案的口头陈述。

这里，我们找到了提案中应当着力向客户呈现的真正内容。如下图：

提案的内容

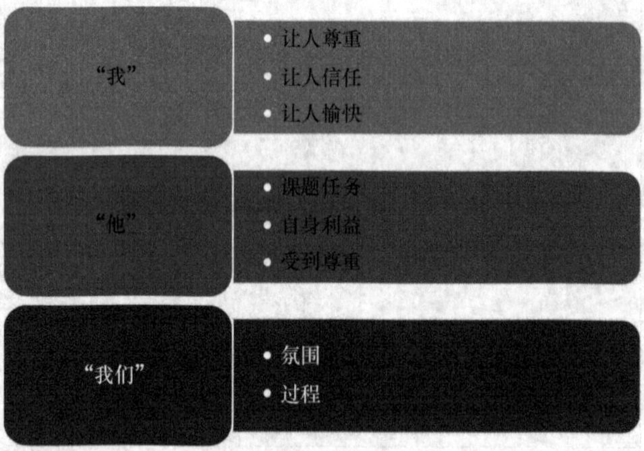

从上面的内容我们看到，这不是单一的某个表达手段和工具所能够胜任的。必须综合运用各种手段，从更高的层面来讨论和设计各自承担的角色任务。

清楚地思考脉络，是提案准备中的关键，也是提案中各种表达手段的关键。对于以视觉表现为手段的 PPT 多媒体演示而言，也不能例外。

思考清楚你要表达的内容之后，你得用一个明确的主题，作为中心、作为灵魂、作为主干，将它们贯穿起来。这一点，在后面我们还要反复说明。

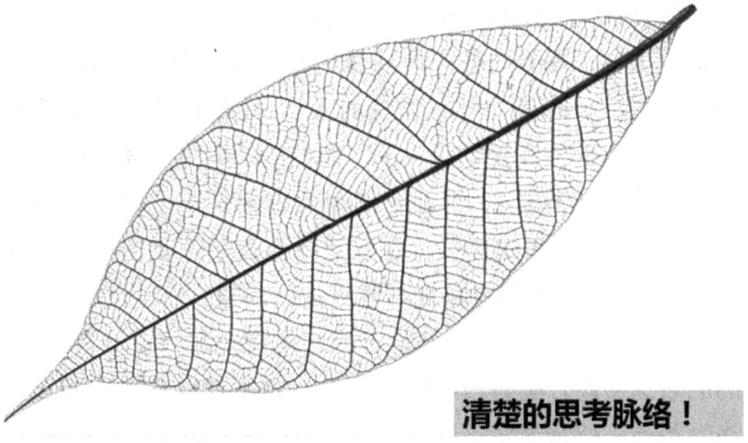

领衔主演

如果得到客户充分的信任，你自然不必担心如何进行表达。事实上，亲密的关系让我们没有表达和沟通上的障碍。面对对方，你可能下意识地就知道，如何是有效的沟通。

而如果仔细阅读过前面的内容，你也一定明白，要保证策划提案顺利地达成目标，你需要保持与客户经常性的沟通，而且，你一定也会这么做。

这样，提案的时候你知道，有些话本来属于常识，不必重复；有些话双方你知我知，已经成为共识，不必再啰唆，否则显得生分；而另外有些话，在你提交给客户的文案和文字资料中，在你以前提交给客户的相关备忘录或者类似的文件中，已经有所表述，为节约时间，也是不必说的。

你要说的，是重要的、不得不说的那些东西。他们需要：

“超越期待的体验和感受！”

那如何才能顺利地表达，呈现我们想要给客户的这些内容，让他们有如此的体验和感受呢？也就是说，我们到底该“怎么说”呢？

虽然，确定提案沟通的主题和内容，与确定使用具体的表达手段进行表现，即“说什么”与“怎么说”，看起来是不同的两个问题，但是，明白了提案中我们需要呈现给客户的真正的东西，我们会发现，它们其实是不能分开的，甚至某种程度上可以说，它们是一个问题。

决定“说什么”，也就在确定“怎么说”。

在提案过程中，需要向客户展现我们是“解决问题的专家”，是他们“值得信赖的朋友”，也是“让人愉快的人”，让他们理解，他们的“课题任务”被严肃认真而且完整地解决了，他们的“利益”得到保证，他们受到我们一如既往地“尊重”，而且，提案会议会是一个“氛围浓烈”“体验愉快”的“过程”。如此这般，足以清晰地表明，我们不是常规意义上的“提交方案”，而是非同寻常地与客户进行沟通。

反过来，讨论“怎么说”，实际上也就是在决定“说什么”。

不同的表达手段，有各自不同的优势，以及其自身一定的局限，也有相对明确的特点。选择这些不同的手段，也就是在确定表达的内容。

比如文案和相应的文字资料，能够充分地表达复杂的思考过程和解决问题的逻辑，而其对现场布置和陈列之类的情境表现却力所不逮。但是，使用文案和文字材料，作为行为事件的记录，它相对中性，也容易保存，对文字和符号基本相同的理解和认知，保证了大家认同的交流基础（正如这本书，没有作者在场，读者的理解大体上应当是相同的）。

同样，声音语言能表达复杂的情绪，但缺点是容易失控，难以记录和保存——除非录音。表情和身体语言最为生动，也最直接、最充分展现态度、信念和思想，但也最容易引起误解。若你选择运用的是现场的直面的沟通（face-to-face communication）。

在这样的场合下，你知道——

你不可能给人放录音吧？尽管声音能够更加充分地体现情绪和态度。

你不可能给人诗朗诵吧？尽管你可能才华横溢，也可能引起强烈的共鸣。

你不可能给人跳段舞吧？尽管你平素舞跳得不错，而且舞蹈的语言更为直观。

你不可能拿一篇文字叫人默读吧？尽管在现场的阅读更能增进理解。

你不可能表演一段小品吧？尽管你可能有表演的天赋，而且小品的表演过程可能更具有戏剧性，因此令人印象深刻。

因为，提案的过程是以策划课题为中心、以策划解决问题为逻辑，综合使用各种手段和工具，以获得客户认同为目的和目标的面对面沟通。

正常进行的策划提案中，文案和相关的文字资料已经事先下发，有关

小品很吸引人，但你不能提案时候演小品吧？

人员有足够充分的时间阅读，因之对文案和相关资料比较了解，所以，提案不会就方案和资料进行事无巨细的讨论。提案也不可能是一场自由演讲，主讲人的表达方式服从于策划方案和提案主题，演讲只是表达的手段。

为了取得客户的认可乃至认同，在策划提案时需要谨慎小心，尽量减少人为控制和引导的痕迹，用朴素和客观的方式，陈述和呈现方案。太过花哨、太过夸张的手段和工具，尽管有相当的现场感，能够极大地调动客户的情绪和情感，引起共鸣，比如，诗朗诵、小品表演、播放视频和录音等，但若分寸把握不好，难免以词害义，手段超越了目的，必须高度警惕。

PPT（有人也喜欢用 keynote）作为提案工具，从早先几年的辅助手段逆袭上位，已成为提案的主角了。它既可以表现文字和图表，也有动画和图像，十分生动直观，以至于很多人不是将它当作演讲工具，而是视其为一种令人愉快的娱乐方式，可以给人不一般的观感。

用箭当用长

作为重要的提案工具，PPT 非常好用，功能几近完美，也正因为如此，它获得了全球范围内人们的喜爱。

纸张介质的商务策划文案，展现的是策划人员及其团队成员的文字驾驭能力和语言表达能力，而 PPT（或者 keynote）多媒体幻灯片作为直观、生动、简洁的沟通工具，体现的不单是策划人员的语言文字能力，还有策划专业能力之外的工作作风、生活态度、知识学养、审美情趣等多方面的素质。

据说，每天至少有 3 亿人在看 PPT！

某种意义上，PPT 是 21 世纪的世界语言！

一个富有战斗经验的战士，随身携带的武器各有各的特点，也各有各的胜长。他需要保证各种武器相互补充，各尽所长。长枪进行精度射击，攻击远距离的目标；冲锋枪火力密集，用于冲锋突击；手枪轻便，操作灵活，用于抵近防身；匕首用于近身格斗，危急时刻可以自保求生。为此，可以肯定的是，他不会用冲锋枪对远方的敌人进行射击，因为除了解气，没有任何实际的效果；他也不会用手枪进行冲锋，因为那没有火力，只会使自己成为敌人的靶子。

作为提案者，你应当充分了解你的工具的特点，用其所长。

在 PPT 上，你不会简单罗列和堆砌资料吧？你的资料应当非常翔实，逻辑严密，效度很高，通过附件的形式，在提案之前，交给客户。

你不会混淆了文案和 PPT 多媒体工具的区别，简单地将文案拷贝到 PPT 上让人阅读吧？如果你的 PPT 是对文案的拷贝，还用人专门在那里朗读吗？因为这并没有让人更易理解，也没有帮人加快阅读，岂不费事？

- 版纳州房地产开发投资情况

2009年全州完成房地产开发投资31594亿元，同比增长1.64%，占固定资产投资(124505万元)的25.38%。其中：土地开发投资6206万元，同比增长87.15%,占固定资产投资的4.98%,占房地产开发投资的19.65%；商品住宅开发投资17718万元，同比减少11.42%，占固定资产投资的14.23%，占房地产开发投资的20.[illegible]%。在商品住宅开发投资中，90平方米以下住宅开发投资6557万元，占商品住宅的37.01%,同比增长31.25%，140平方米以上住宅开发投资5695万元，占商品住宅的32.[illegible]%，同比增长93.06%；商业营业用房开发投资41[illegible]万元,同比下降5.5%，占固定资产投资的3.36%，占房地产开发投资的13.24%。

全州经济更快发展，2009年全[illegible]实现固定资产投资88.86亿元，总收入[illegible]3.3亿元。全州对外贸易总额7.67亿，招商引资实际到位资金27.5亿，实际利用外资302万美元。2009年，该州完成房地产开发投资突破年初既定的18亿元大关，达19.11亿元，投资规模较上年增长3.08亿元，同比增长19.[illegible]%，增速比当年最低增速提高了17.56个百分点。

景洪市49项重点项目中有9个项目通过招商引资项目顺利实施，累计完成投资3.3亿元，占全市重点项目实际完成投资的39.57%。景洪江心大沙坝湿地康体中心项目（更名为西双版纳滨江果园高尔夫山庄）、告庄西双景民族商业步行街、西双版纳勐龙莎温泉旅游度假中心、嘎洒旅游小镇、景洪至勐宽公路、曼听公园提升改造等项目通过招商引资顺利开工建设，西双版纳贝叶影视城（更名为中国奥林匹克运动中心暨贝叶文化城）正式签约，大渡岗旅游小镇、西双版纳茶文化博览园等续建项目进展顺利，景洪至勐宽公路完成投资3500万元，完成年计划的233.33%，景洪江心大沙坝湿地康体中心项目（更名为西双版纳滨江果园高尔夫山庄）完成投资1.47亿元，完成年计划的147.46%，西双版纳勐龙莎温泉旅游度假中心完成投资720万元，完成年计划的72%，嘎洒旅游小镇完成投资3046万元，完成年计划的60.92%，大渡岗旅游小镇完成投资1700万元，完成年计划的52.15%，西双版纳茶文化博览园完成投资6713万元，完成年计划的3[illegible]7%，告庄西双景民族商业步行街完成投资1903万元，完成年计划的31.72%，曼听公园完成投资914万元，完成年计划的6.00%。

2010年1至4月、全市48 项重点建设项目实际完成投资7.82亿元，完成年度计划投资的22.49%，其中：续建收尾项目完成投资7.29亿元，完成年度计划的26.41%；新开工项目完成投资0.53亿元，完成年度计划的7.37%。1至4月到位资金8.86亿元，资金到位率25.5%。其中：续建收尾项目到位资金8.[illegible]亿元，资金到位率29.79%；新开工项目到位资金0.64亿元，资金到位率8.94%。超额完成年度投资计划的项目4项，即：景洪市农村路网自然村“村村通”工程完成年度计划的193.3%，西双版纳普洱茶文化博览园项目完成年度计划的1[illegible]4.19%，景洪市江北滨江片区护堤景观建设工程完成年度计划的135.61%，2009年廉租房建设项目完成年度计划的15[illegible].37%；完成年度投资计划过半的项目7项，即：景洪江南滨江片区项目、景洪市社区卫生服务建设项目、景洪市人民医院住院部大楼、嘎洒旅游小镇、景洪市农村危房改造工程、景洪市农业局综合化验楼、勐罕小城镇建设项目。

你也不会根据文案的结构和形式，弄一个目录放在 PPT 上吧？也许你的文案做得不错，文案的文本表现更让你得意，但文案和 PPT 不是一回事，PPT 不是配角，更不是文案的影子。

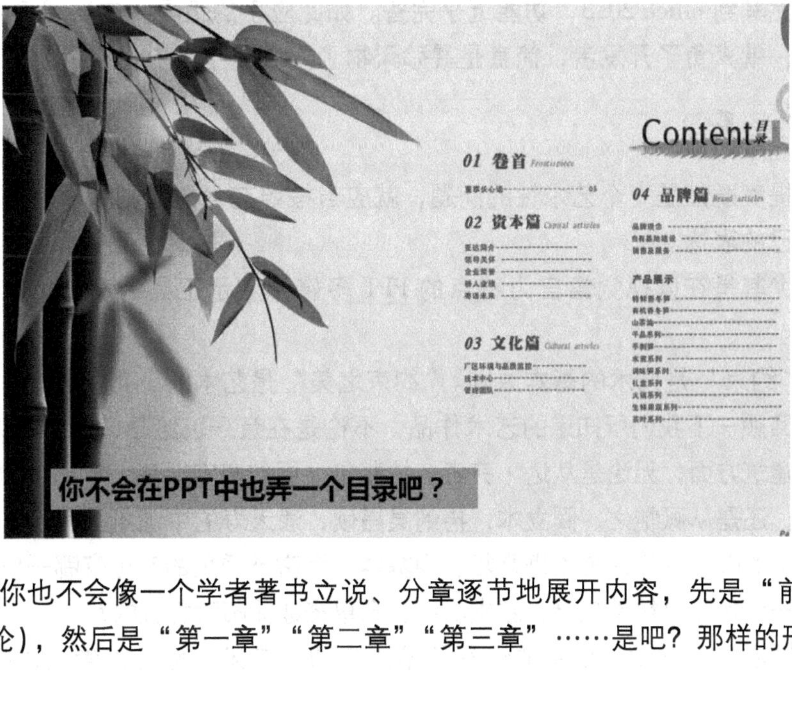

你也不会像一个学者著书立说、分章逐节地展开内容，先是“前言”（绪论），然后是“第一章”“第二章”“第三章”……是吧？那样的形式，

即使是作为文案的结构，也是形式陈旧、面孔呆板、让人厌倦的，何况直观、生动、简洁的 PPT 呢。

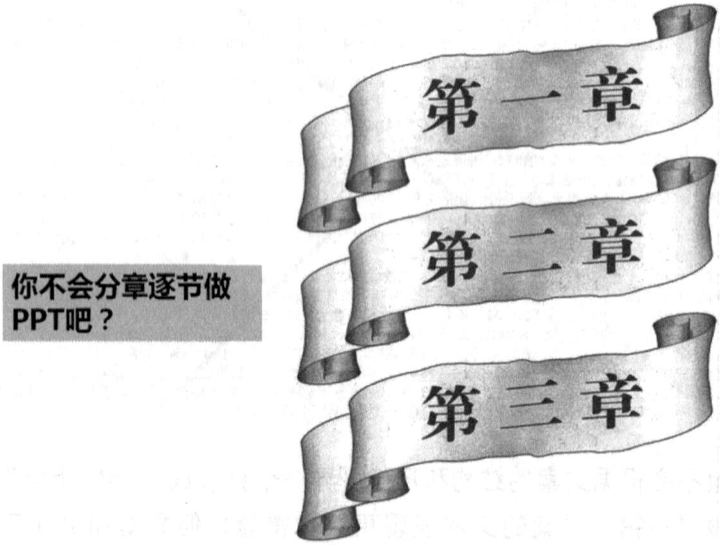

PPT 一经问世，迅即受到全球范围内人们的喜爱，经过无数人的改进，尤其到 office 2013，功能近乎完备。如此应手的工具，应当用好用足；否则，就辜负了开发者，简直是暴殄天物了。

约束之美

提案既然是一个艺术性的问题，就应当按照艺术的原则和表达方式设计自己的表达。

尤其是在以视觉语言为特点的 PPT 多媒体演示工具的设计上，更是如此。

“约束”是艺术的基本原则。“约束之美”是艺术的最高境界。

回顾一下我们所知道的艺术作品，不论是在音乐、绘画、雕刻等方面，还是建筑方面，无论是从达·芬奇、拉斐尔，再到康定斯基、毕加索的西方艺术，还是从顾恺之、阎立本，再到吴昌硕、潘天寿的中国绘画，可有哪一位大师的哪一件作品是堆砌繁复、拥塞紧张而密不透风的？可有哪一位大师的哪一件作品是简单粗糙、左支右绌、仓皇搭建而临时急就的？

再看我们日常生活中的过程艺术或者即时艺术，你可曾看到过绿茶、红茶、白茶、黑茶、黄茶、青茶（乌龙茶）展现的茶艺表演？你可曾看到过俯、仰、冲、拧、扭、踢、蹲、屈等各种动作了无遗漏地展现的舞蹈表演？你可曾看到过囊括了真草隶篆各种字体、秦汉魏晋唐宋元明清各个时期表现形式的书法作品？

约束，成就了艺术！

艺术，因约束而美。

与客户沟通，要的就是精心设计与良好控制之下的约束之美。

写作要看读者，弹琴要看听众。我们提案所针对的客户，通常都是学识修养较高，具有相当生活历练，理解和感受能力超强的人（否则，也不会肩负使命来听我们提案了）。对这样的受众，你的提案沟通如果不能体现出相当的水平和趣味，怎能让他们满意？

约束，是控制的艺术。理性地，以意志克服爆发的冲动，以内涵的力量压抑野蛮生长的欲望。引而不发，则有了更大的张力，造成了情感和情绪的紧张，形成强烈的冲击，因而，也造就了最佳的效果。

唱歌的人会很有体会。

你越想飙高音，就越要压低嗓子；想唱低音，反而要提高嗓子。一个真正悲伤的人是不可能唱得出来的，他陷入悲伤的情绪无法控制，当然这也就没了艺术。然而，看悲剧、听歌剧，我们却可以从艺术家的歌声中感受到极度的情绪和情感冲击，并引起强烈共鸣。

约束，是分寸的把握。“增之一分则太长，减之一分则太短，著粉则

京剧《苏三起解》剧照

太白，施朱则太赤。”恰如其分，恰到好处，不多不少，才是真正的艺术，最能体现行为做事的成熟老练，更是深刻把握世事人情、精深高远的人生修养的反映。

《庄子·养生主》上讲“彼节者有间，而刀刃者无厚。以无厚入有间，恢恢乎其于游刃而有余地矣”。把握全局，理解过程，深入细节，就能游刃有余地处理各个细节，从而感人至深。

约束，是留白，是含蓄的艺术，“言有尽而意无穷”，让人回味，引人深思。

佛教推崇“空”的概念和对“空”的体悟，道家主张“虚”与“实”、“无”与“有”的相生和转化，中国艺术也讲究“留白”。高明的艺术家与高明的主持人、高明的演讲家，都不力图霸占全部的画面，几个元素之外，留下的是令人想象的空白部分。

约束，是细节的功夫。一花一世界，一叶一菩提，小中见大。我们对客户的尊重、我们严谨一贯的工作作风和我们的良苦用心，需要细节来体现，通过点滴来感受。在我们的提案中，无论是演讲的安排，提案现场的布置，还是文案撰写、PPT 的设计和制作，都要在细处做得精致、讲究、有意趣、有境界，体现功夫，体现艺术修养。

朋友之间，相视而笑，莫逆于心，是很美妙的境界和情感体验。与客

日本园林艺术：枯山水

户交流，明确地达成目标，点到为止，少说为佳。

纵使你特别想说，你也要尽力忍住。

这就像同学会。大学、中学甚至小学的同学，一些人相互间免不了升起过朦胧的爱恋，由于种种境遇，琵琶别抱。中间多少的委屈，多少剪不断理还乱的情丝，未曾放下。如今有人吆喝，终于可能和可以见面了。能够不见，比较好。见了，各聊所遇，感慨人生，再举酒共饮，也就是了。能够按下不说，比较好，万一绕不过去，蜻蜓点水，唏嘘一阵子，也可以了。不要弄得大雨滂沱，言语道断，缠绵不舍而执手相看，甚至还非要旧梦重温，最终让家庭、同学都十分难堪，这就不怎么美了。

约束之美，有很多相同的表述，比如，简约之美、含蓄之美、自然之美、留白之美、空白之美、朴素之美、淡雅之美、和谐之美、宁静之美、空灵之美等。从这个角度，你一定能想起你曾经阅读过的那些著名诗句，浮现出那一幕幕令人窒息的美景，理解它们为人津津乐道的原因。

“大漠孤烟直，长河落日圆”（“苍凉”之美）

“八月湖水平，涵虚混太清”（“空白”之美）

“潮平两岸阔，风正一帆悬”（“留白”之美）

“山随平野尽，月入大江流”（“旷远”之美）

“野旷天低树，江清月近人”（“空灵”之美）

“鸡声茅店月，人迹板桥霜”（“宁静”之美）

“遥知不是雪，为有暗香来”（“含蓄”之美）

“山路元无雨，空翠湿人衣”（“空蒙”之美）

“巴山夜雨涨秋池”（“寂静”之美）

“夜半钟声到客船”（“淡雅”之美）

“深深笼水浅笼沙”（“朦胧”之美）

……

减—剪—简

前两个词为动词，后一个为形容词，前两个动作和行为是后面一个形容词的前提。

三个词连在一起，语音相同，节奏紧迫，有很强的气势，我们着重强调的是意图表达明显。

为策划提案做 PPT 设计和制作，首先要学会做的工作就是“减”和“剪”。

“减”，就是做减法，剔除不重要、不必要的东西，挑出重要而且必须提案的时候表达的主题和材料，再进行选择，直到不可减少为止。

你提案的内容要反复斟酌，保证它是必须要讲的。

尤其是你提案的主题，不应当过多，一个就足够了。

为此，你需要选择，在一个多小时的时间里，你究竟要向你的客户说什么。一个策划方案，涉及非常复杂的内容——当然，也正是因为复杂，才需要你做策划啊——你必须有所取舍，不能面面俱到。

常常是，你真的有很多话想对你的客户说，而且，在某个方面看来，这些话可能都很重要。

比如，你想告诉他们你对他们和他们的事业有多尊重，你和你的团队成员用最大的热情和最严谨的工作作风研究完成他们交付的课题。或者，你想告诉他们，你为他们的课题做出了非常大的付出，包括辛苦的体力、辗转反侧的焦虑、绞尽脑汁的思考、一再受挫带来的眼泪，甚至你还动用了十分稀缺的人脉资源。除了你和你的团队，这个城市、这个世界上，恐怕没有任何人可以完成如此艰巨的任务！

你还想告诉他们，你对自己的工作有多么满意，有多么骄傲，你的策划方案和创意有多么精彩，以至于受到了你的同行、朋友乃至他们（客户）最重要的某个人物的高度赞赏。

当然，最重要的，关于方案，你有很多想说的。比如，关于课题任务、问题和问题的界定、环境分析、情境分析、问题点与问题的成因、元策略与项目定位、策略组合、策略实施要点、项目预算与项目投资收益、风险控制与危机预案，等等。

这么多话要说。

千言万语，不知从何说起。

于是，你得减，一减再减，直到不能再减。

第二个动作，“剪”，也就是要删繁就简，砍掉不必要的枝蔓。剪除枝蔓的过程也就是突出主题的过程。

当你壮士断腕，忍痛割爱，决定了你的主题，你也就基本确定了你提案的内容。

但这并不意味着你可以将它们不加修饰地加以呈现，正如客人点了菜，尽管是素的，你也不能将你厨房的材料简单洗吧洗吧盛在盘子里，直

接端到客人面前。

你必须要进行整理，保证你所呈现的是少而精的“干货”，而不是可有可无的“边角废料”和“什锦拼盘”。

你的主题，可以由几个部分来呈现。三个左右是比较好的，以此类推，分主题，也可以是三个观点的支持。不要多。多了，就不大能够说得清楚，最重要的是，你的客户们会感觉你不清楚。

桃园三结义，刘关张，三兄弟，足矣。如果再增加赵云、马超、黄忠，就显得太多了。《隋唐演义》贾家楼结拜，有46人之多，读者记住了几个啊！

《演说之禅》的作者Garr Reynolds讲了一个关于剪裁的故事。他说在一次给硅谷一家科技公司做演说后，他收到一封署名迪帕克的信。信的内容是：

但您谈到“切题至极”的原则时，我突然想到了孩提时代在印度听过的一则故事，内容大致是这样的：

维杰开了间鱼铺，他在门口竖了块招牌，上面写着“我们这儿卖鲜鱼”几个字。他父亲见后说，“我们”二字可以去掉，因为站在顾客的角度，卖方是显而易见的。于是，招牌变为“这儿卖

鲜鱼”。

维杰的哥哥见状，提议把“这儿”二字去掉，他觉得那根本就是多余。维杰同意了，于是招牌又变为“卖鲜鱼”。

后来，他姐姐也来了，建议再把“卖”字去掉，只剩下“鲜鱼”二字。鱼铺“卖”鱼是再明白不过的了。

再后来，他的邻居赶来恭贺开张。可他发现所有的路人都能分辨出鱼铺的鱼是否新鲜，在招牌上写着“鲜鱼”反而给人作假的嫌疑。既然鱼确实很新鲜，那干脆只写“鱼”就行了。

维杰在一次返回鱼铺的途中注意到，在离店很远的地方虽看不清招牌，却已经能够闻到鲜鱼的味道了。他觉得招牌上的“鱼”也是多余的了。

兵在精不在多。任何文章都有修改的余地。尤其是面对你的听众（读

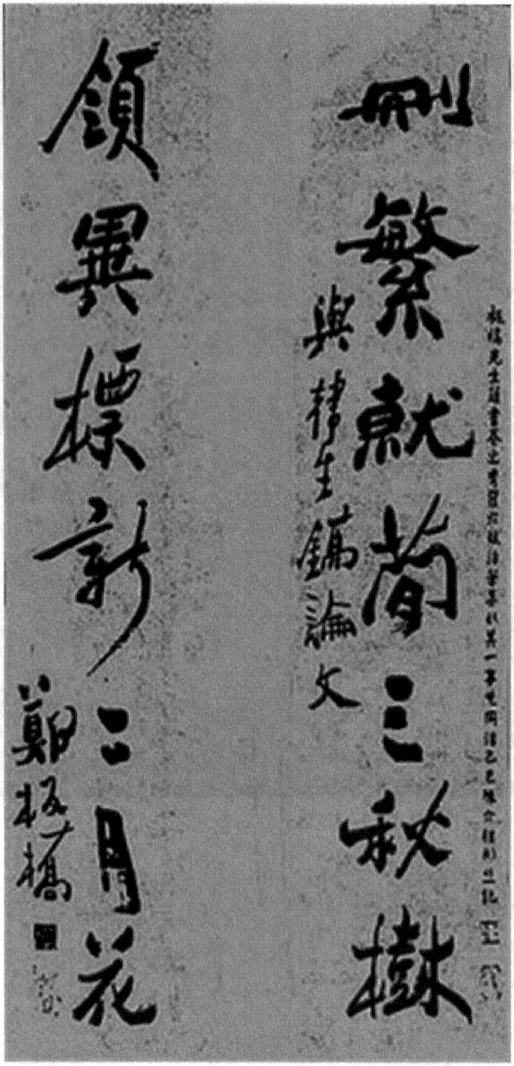

者），你会发现，“不着一字，尽显风流”是沟通的理想状态。

第三个字，“简”，是删减、剪裁之后的合格状态。

简单、简明、简洁、简约，这些表述都适用于 PPT 的设计和制作，是策划提案准备 PPT 最重要的技巧和原则。

PPT 投影打开，强烈的视觉效果，会迅速吸引人们的注意。PPT 呈现的信息，必须是精心选择和不得不说的，否则就会影响到观众的理解，构成他们理解上的障碍。

简单是说，PPT 的表达应当单纯，不能凌乱、繁复和杂糅。简明是指 PPT 主题应当明确，支撑材料和论证观点应当具体，而且联系紧密，自己清楚，对方也清楚。而简洁强调 PPT 的结构、文字、图像、色彩等要件需要洁净。更为重要的是简练，即是语言、符号、图片和其他出现在 PPT 上的信息要高度凝练，直指要害，不得游移躲闪，不得拖泥带水。

单纯的反面是复杂，明确的反面是模糊，洁净的反面是肮脏，而凝练的反面是繁杂。过多的信息一定会造成干扰。过多的色彩、线条、符号，必然会让观众凌乱、紧张和茫然，进而内心烦躁，当然会影响到理解，也影响到当时的情绪。

这并不是“公说公有理，婆说婆有理”的事情。

俗话说，“事不过三”。用到 PPT 设计和制作上可以这样理解，一个主题下，超过三个部分的讨论就显得多了；一套 PPT，色彩超过三个就显得乱了；一张 PPT 页面，超过三个元素就显得脏了。

KISS 原则

KISS 原则本来源于美国剧作家大卫·马梅（David Mamet）的电影理论。多数的理解是 Keep It Simple and Stupid，即“保持简单和愚蠢”。

但是，我们宁可理解为“Keep It Simple and Sweet”，即“保持简约和甜美”。

这是对前面“减—剪—简”的补充。

前面“减—剪—简”，一路狂减下来，担心瘦身太猛，以至于会影响身体健康，所以在这里，我们需要强调的是“甜美”。

正如瘦身减肥，其目的不是为了减少体重，变得骨感，甚至也不是为了身材匀称，吸引众人的目光，而是为了身心健康。我们对主题、材料和相关信息的整理，不是为了“少”，而是为了“美”而且“甜”。“甜美”才是健康的，才能“动人”。

往往有一种倾向，以为惜墨如金是提案写作、演讲准备和 PPT 设计的真谛，其实大谬不然。虽然内容少了，说得少了，时间可能因此节约了，但如果需要表达的内容不能够得到清楚表达，客户一头雾水，不知所以，是不能达到提案沟通的目的的。你这不是简约、不是简明，更不是简练，而是简陋！

Sweet（甜美），要求我们呈现给客户的是有趣的、令其印象深刻和能够回味的东西。既能充分调动客户的感官，好看、好听，香气扑鼻，又能调动他们的情绪和认知，唤起美好的回忆，激发美好的想象。既好吃，又好看，还有好的体验和美好的想象，让人赏心悦目，这样才能真正让人喜欢和欣赏。

甜美，不仅仅是静态的内容本身，还体现在呈现的过程。

一道精美的菜肴，材料精选，制作考究，色香味形无不精良，再加上构思优雅的菜名，以及关于菜肴、厨师和与此菜肴有关的某些名人的掌故逸事，这道菜无疑将会十分受欢迎。但是，这还不够。

如果是一位经验丰富、领悟力高妙的厨师，他还会着力设计上菜的过程。先上什么菜，后上什么菜，自己力推的这道菜在整个餐会上应当居于什么地位，需要什么材料烘托，用什么餐具装盛，其他菜肴如何配合，都是他应当规划的细节。而这些细节，既有静态的，也有动态的过程，都是“甜美”的体现。

在茶道和茶艺里，体现就更为明显。你需要用心将最好的茶叶、最好的水、最好的茶具，用最好的感觉、最好的泡茶手法，泡出汤色、茶香、口感和茶形最佳的茶，奉献给客人。这是茶本身。但这是不够的。你还需要选择最好的环境，最好的天气，最好的茶友，用最有意思的方式，让你的客人享受你的茶。如此，喝茶才是艺术的，也才是让人心动的。

画出一幅具体的画，或者雕刻出一尊塑像，因而做出几件美丽的东西来，这是很了不起的；但是能够塑造和画出我们透过它进行观察的氛围和媒介，那就更加值得称道了。

——亨利·大卫·梭罗

整体的构思是关键

没有细节，就没有美感。没有过程，就没有好的体验。

提案要能够引发共鸣，打动客户，获得客户的认可乃至认同，需要有艺术性的表达方式。

然而，这个艺术性并不容易。

因为，我们既需要静态的艺术，也需要动态的呈现过程。

既需要上佳的茶，也需要上佳的饮茶享受；既需要最好的菜，也需要最好的时候、最好的环境与最好的人享用它。

但是，什么是“上佳”，什么是“最好”，不好判断。

你的茶叶采用一芽一叶就是最好的吗？为什么不可以是成熟的、饱满的和经年的呢？你的茶水采用高山的泉水就是最好的吗？为什么不可以是百米以下的井水呢？你的茶具是紫砂的就是最好的吗？为什么不可以是定窑的、汝窑的或景德镇的现代工艺茶具呢？

而且，所有的这些“上佳”和“最好”加到一起，就能够构成全部的和整体上的“上佳”和“最好”吗？

没有整体上的构思，没有基于全局的立意，所有的细节都是没有方向、没有标准的，你不知道究竟应当如何安排。

整体上的构思是首先要具备的，它应当在 PPT 制作之前，而不是在开始做 PPT 之后！

许多人，就连从事多年策划的人，一说起要做 PPT 幻灯片提案了，都会立即打开电脑，启动软件。而 Powerpoint 软件一经启动，不管你愿意不愿意，它事先设定的格式和模板就框定了你的思维，一套程式化的、平庸的 PPT 多媒体演示幻灯片又一次出现在世人面前！

别人这么做也就罢了。策划人是需要提案的，这么做只会让人失望。

一幅画作，构思是赋予画面灵魂的那个东西。没有那个东西，你的画作什么都不是，只是白色的斑点、黑色的斑点、黄色的斑点，没有任何意义。

放大的名画《蒙娜丽莎》美丽的眼睛部分。看得出来吗？好看吗？

一套 PPT，如果没有整体上明确而独立的构思，就相当于缺乏灵魂和主题。没有独立思考，你就只能将文案的结构套用上来，做得好点，将文案视觉化，色彩丰富些、直观些；做得差的话，一张张的 PPT 就仅仅是纸质文本的投影。

对于策划提案 PPT 的构思，我们建议您：

1. 需要深入理解或者重新理解 PPT 在提案中的角色地位

PPT 不是文案或相关文字资料的视觉化，不是对文案的拷贝和翻版，也不是文案的辅助和附庸。

由于 PPT 作为工具的广泛性、便利性和生动性，PPT 几乎已经成了提案中的主角。有不少时候，没有文案和相关的说明资料，只有 PPT 幻灯播放，或者是 PPT 与人员演讲相配合，也能够顺利与对象沟通交流，达到预期的目的。

现在的情况是，在演讲或商业提案的许多场合，不论你愿不愿意，PPT 已经成为除演讲者之外的“领衔主演”，文字（纸质文档）资料则降格为辅助的说明和补充。

2. 让 PPT 独当一面，自成体系

PPT 在如今时代商业提案中的地位，需要我们给它一个独立的角色地位。有自己独立的地位，才有自己独立的思想。

正如对文案，你知道你的读者可以独立地没有任何干扰地阅读，因而，作为沟通交流的工具，你知道你必须为文案设计自己的构思：通过怎样的方式陈述你的意图。对 PPT，你也知道，听众（观众）通过 PPT 可以得到什么，或者，你想通过 PPT 向你的听众（观众）讲什么。所以，你必须让它能够自成体系、自证自明，而不是照搬文案的结构，变成文案的附庸。

3. 假定它是唯一的工具，提高认识

你还需要提高对 PPT 的重视，而不是局限在前述的“领衔主演”。PPT 可能比你理解的还要重要。

当调暗了室内的光亮，提案开始，你的听众（观众）们抬起头来，阅读（其实是在看）你的 PPT 时，你的所有知识、学养、智慧、能力，包括信息来源、知识结构、思维方式、审美倾向、人生态度、工作作风，当然还有对客户的态度，小中见大，全部地展现在他们面前，一览无余。一张

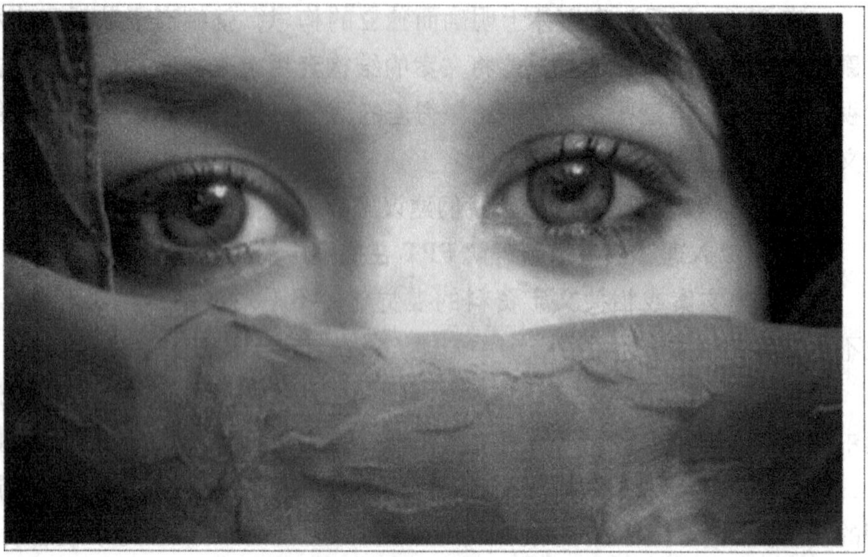

PPT 上，你的所有将被一览无余

PPT 页面，听众（观众）们有足够的时间，看到其中的每个细节。你的优点、长处，他们将看到，而你平时努力遮掩的缺点和不经意的失误，也会暴露无遗。

所以，你需要将它当作唯一的沟通工具，精细地构思主题和结构，并落实到每个细节，因为你的主题和结构是通过每一张幻灯片上的每一个细节来体现的。

四步成型

前面我们讨论提案成功的基础，强调提案的准备需要付出非常多的时间和汗水。其中，对 PPT 的准备我们说：

20～50 小时，调研；

1 小时，明确听众的需求；

2 小时，进行提案创意；

1 小时，组织思路；

1 小时，与同事讨论；

2 小时，建立框架；

20～60 小时，制作 PPT；

3 小时，排练！

我们看到，除了调研（你的调研在策划开展之前先期进行，而进行提案你也可能需要进行补充调研）需要做很多工作，在正式开始制作 PPT 前，应当至少有 7，8 个小时来构思你的 PPT。

当然，这只是个大概时间。

实际工作中，可能你还需要花费更多的时间，比如，“明确听众的需求”，你恐怕就不会仅仅只要一个小时。

而且，你最好与同事们一起讨论，包括 PPT 的创意和具体思路。经过讨论研究，如发现你的思路是有问题的，你还得推倒重来。

四个步骤的 PPT 成型方法，对你一定有帮助，可以让你少走弯路。

1. 头脑风暴（brainstorming）

PPT 在策划提案中究竟需要展现什么，这需要反复斟酌。

由于种种原因，你可能并不太清楚你需要给客户“讲什么”和“怎么讲”，尽管你非常熟悉你的策划任务，对问题有比较精准的界定，甚至你也跟客户进行过多次沟通，了解他们需要什么。

你需要跳出来，从高处、远处看问题

跳出来，避免身在其中的迷茫，在更高的层面、更远的距离观察，转换角度，以不同的身份，想象如何进行提案。假如你是一个新人（第一次见到他们），或者你是客户老板，他们所尊敬的某个人，二者会有什么不同吗?

还应该跟同事们展开思路，发挥想象，头脑风暴，尝试用不同的方式进行 PPT 的提案。想象这些方式带给客户怎样的感受，把每一个细节想清楚，最好有画面感，这就相当于做了提案了。

在此基础上能激发更多的创意。

2. 筛选一个创意构思，设计相应的结构，寻找支撑材料和创意点

你可以将你的主题分成几个部分，或者几个阶段来展示。这几个部分或阶段相互之间的关系就是你的结构。

有了结构，就需要相关的支撑材料。这应该难不倒策划人。数据、引语、相关的事实、新闻事件、奇闻逸事、故事、寓言、幽默笑话，都可以成为你主题的支撑，使其血肉丰满。

3. 找一张大纸，设计你的 PPT

你的 PPT 是由一幅又一幅的幻灯片来表现的，不同于动画片，你呈现的是没有连续性动作的瞬时定格。于是，你的那张定格要能够比较有代表性，能够说清楚你的意图。

于是，你就在大纸上画一张张草图出来。

比如，第一张幻灯片，我要给他们看什么；第二张，又应该是什么；第三、第四，如此下去。在这张大纸上，就会呈现出整个的一套 PPT 的内容出来。

如果你曾经读过“小人书”——也就是连环画，你一定熟悉这种方式。我们小时候看这种连环画，有无法言表的愉快。

反复推敲你的这张纸，从第一幅草图开始到最后一幅，一张一张地检查，看看能不能删掉其中一幅。想象你就是客户，你能够感觉到生动有趣吗? 你能够领会提案人员的良苦用心并会心一笑吗?

4. 完成大纲视图

前面的环节，如果你进行得不错，自认没有马虎，你的主题很明确，你的创意很吸引人，有很强的冲击力，给人印象深刻，并生动有趣。那么，你可以进行下一步了。

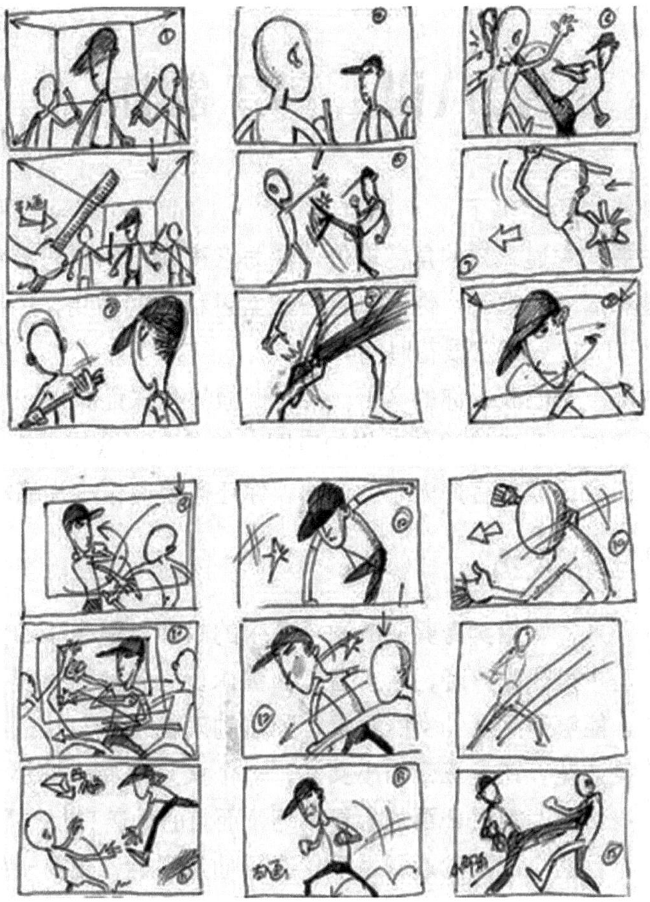

你的 **PPT** 草图

开启你的电脑，打开软件。设计你的版式、字体和基本配色方案，然后将你的草图用精心选择的文字、符号、图形、图片直观地落实到 PPT 幻灯片上。

如果你愿意，点开“视图”，可以设计自己的母版。我们肯定不会赞成你套用微软的版式。用自己的版式，你更有空间，可以发挥你的创造性，体现你的专业精神。

在后面的一讲里，你将得到我们更进一步的帮助和建议。

第八讲　PPT 制作

开始制作你的 PPT 了。

作为主要的沟通工具的角色地位，你为它有特别的构思和创意，已经建立了完整和清晰的框架。你明白它在提案过程中的作用，所以，决定很用心地来做 PPT，尽管它很花时间。

一分耕耘一分收获，你的辛苦一定有回报！我保证。

但，要使你的 PPT 准确传达你的意图，并具有强烈的感染力，给客户留下深刻的印象，取得客户内心的认同，你还需要遵循一些基本的原则。

为什么是七仙女呢

七仙女下凡，嫁给卖身葬父的孝子董永的故事，是中华四大传统爱情故事之一，基本是家喻户晓，尽人皆知。董永，一贫如洗，卖身为奴，然而喜从天降，能够得到七仙女的垂青，强烈的戏剧性足以让人感动。作为仙女，她貌美如花，还是玉帝的小女儿，七个女儿中最小的那个，玉帝的掌上明珠，身份更为尊贵，再加心灵手巧，而且心地善良！

细想一下，这个故事的戏剧性不仅在于仙凡联姻，更在于她是“七仙女”，给人以美好的想象和感受。怎么就不是“大仙姑”、“二仙女”、“三仙女”呢，或者“四仙女”、“五仙女”、“六仙女”？

看来，“七”这个数字很特别，有某种神秘的寓意。

在中国，“七”是比较美好的事物的集合，我们有“北斗七星”、“七曜”（日、月、金星、木星、水星、火星、土星）、“七色”（赤、橙、黄、绿、青、蓝、紫）、“七音”（宫、商、角、徵、羽、变宫、变徵）、“七弦琴”、“七巧板”、“七情”（喜、怒、忧、思、悲、恐、惊），作诗有“七言绝句”、“七言律诗”，还有“七步成诗”；佛教里讲“七宝”（金、银、琉璃、砗磲、玛瑙、珍珠、玫瑰）；讲人，有“堂堂七尺男儿”、有“竹林七贤”、“建安七子”，还有马钰、丘处机等“全真七子”；就业有“七十二行”；孙猴子“七十二变”，乃至人死后，还有“头七”、“二七”，乃至“百七”，如此等等。

在西方文化里，“七”表示“未生成，”于是，“充满希望，也充满变数”。在古代传说中，“七”是“打开宇宙的钥匙”。“上帝用七天创造世界”，于是“七天一个礼拜”，人类有“七宗罪”，有“白雪公主和七个小矮人”，天地之间，有“七大天使”“七大魔王”。

七仙女与董永的“天仙配”

可见，“七”是神秘的、有趣的，也是美好的。

所以，我们的 PPT 也来个“七”原则。

节制原则

《论语·八佾》中，孔子对《诗经·关雎》评价非常高，说它“乐而不淫，哀而不伤”。快乐而不过分，悲哀却不伤痛，情感表现恰到好处，有所节制，这是美的体现。

节制，是艺术的秘密所在。

在上一讲里，我们花了不小的篇幅反复讨论“约束之美”，指出提案中要努力让客户感受到简约、含蓄、自然、朴素、和谐、宁静、淡雅等美好感受的重要意义。

这不单是指如何选择提案主题，如何组织内容和材料，也指在 PPT 设计制作上，页面和整体所给人的感受。

节制原则，体现在以下三个方面：

1. 信噪比原则

所谓“信噪比”，是所提供的信息与噪声之间的比例关系，或者说，是相关内容与不相关内容之间的比率。

噪声越小，沟通的效率越高，沟通目标的达成越顺利；相反，噪声越大，信息传播的障碍越高，传播效率就因之而越低。

这里的“噪声”并不指“声音”或“声响”，而是指影响到正常信息传达的所有不相干的文字、符号、图像和声响。

为此，你做提案的 PPT——

从结构上看，应当清晰、明确、简练；

从内容上，应当干脆利落、删繁就简；

在页面上，应当高度凝练，不应出现冗余和累赘，使得所要传达的内容简单而明确。

就 PPT 页面而言，我们看到，至少有三种类型的错误（为了阅读和理解的方便，我们将所有的 PPT 幻灯片在本书里都处理成照片的形式）。

（1）文字信息与图片之间相互冲突

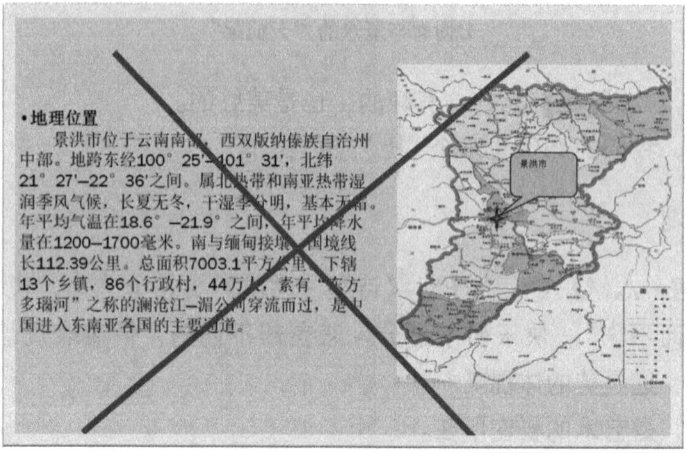

评点：如此多的文字，已属累赘；用如此多的文字来说明地理位置和自然环境，说明根本不明白 PPT 的功能；一张图片（右边那张地图），足以说明问题，却置于边缘位置，弄得图片与文字相互之间没有补充，只有干扰！

正确的做法，应当是用一张放大的地图说明问题。

当然，下载地图时需要小心，以免像素不够，放大之后图像模糊，影响效果。而且，你还需要用更加醒目的方式在地图上标出你需要的地名。

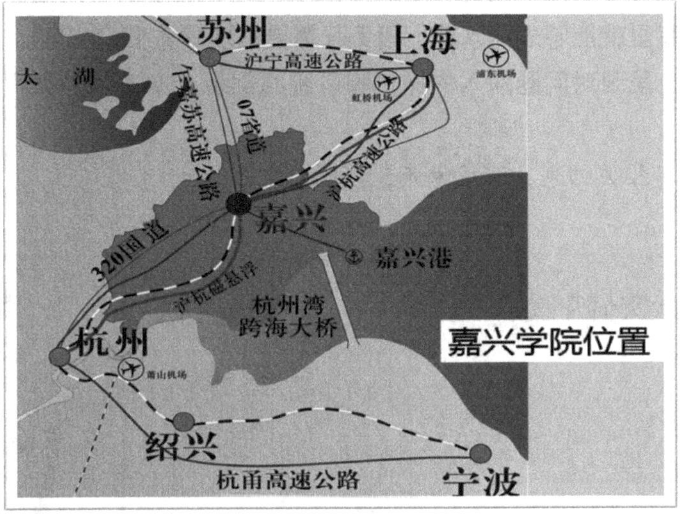

(2) 尽管使用了图示，但内容太多，形成干扰

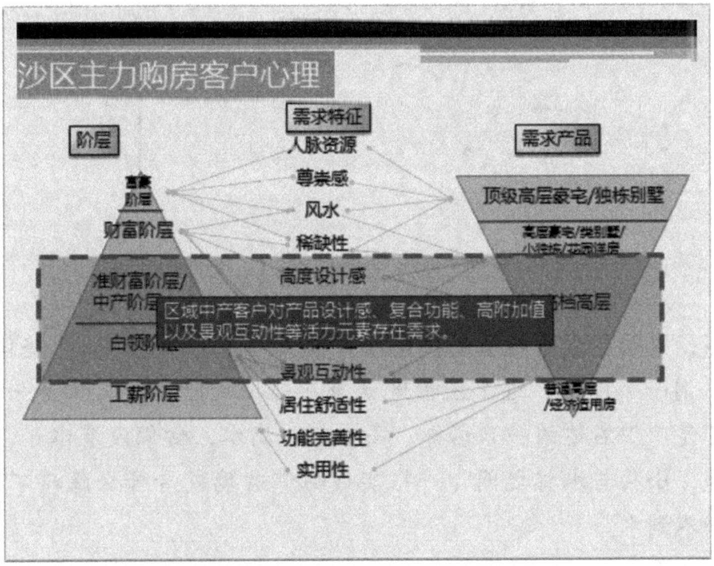

评点：如此多的信息，用图示也难以表达清楚。用了两个金字塔，分了5个层次，每个层次用了4根连线，而且还用了一个红色的横框，里面又有用深红色彩标示的一句复杂的文字！

如果这些分析是有用的，是客户必须知道和理解的，用图表和相关的文字在文案里就能够表达清楚，PPT只需要呈现最重要的内容。

况且，呈现对问题深入的探讨和系统的剖析，本来就是文案的重要任务之一。

（3）不相关信息，形成噪声，影响正常表达

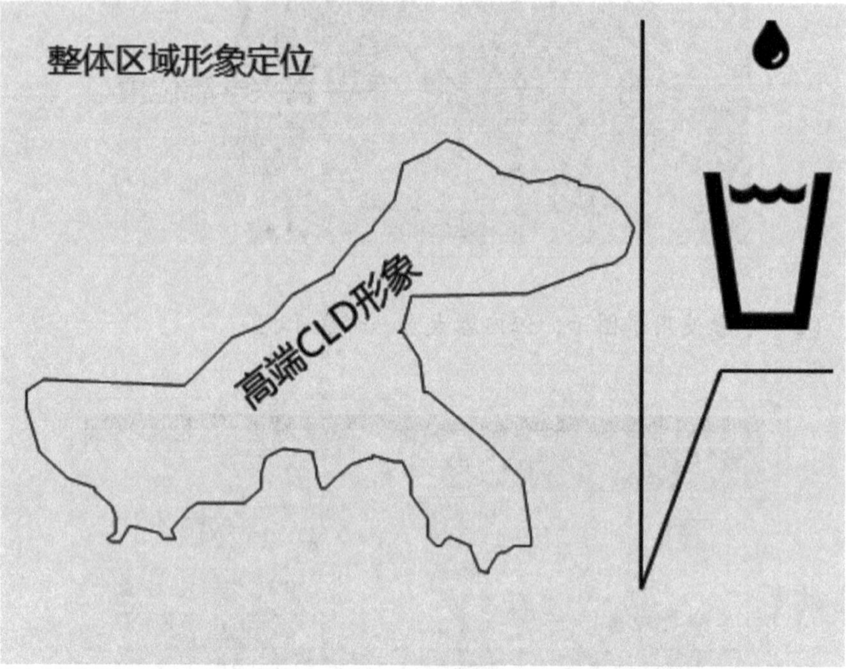

评点：页面尽管看起来显得简洁，但实际上并不单纯。“整体区域形象定位”用一个图形，这个图形既是重庆地图的暗示，又像是一只小狗，模样很可爱。但右边的一只水杯，高空有一滴水，仿佛没有水了，而且最要紧的是，小狗与水杯之间，一根实线仿佛玻璃或者什么障碍不能克服，使得它喝不到水。

这样的图示让人一头雾水。你究竟想说什么呢？这是你要表达的区域形象定位吗？

2. 图效优势原则

图效优势，是图形、图片在传达、沟通效率上所具有的、超越其他如文字、表格、语音等手段的优势。

即使非常复杂的内容，一幅图，就能够说得很清楚，而用文字，你需要数以万计的字数。

有人甚至说，一幅图相当于 60 000 个字符。如果真是这样，30 张 PPT 就等于 180 万个字符，那可是一部皇皇巨著啊！

这样的一套 PPT，你向你的客户传达了多少信息啊！

即使是同样单纯的信息，文字符号和图形的作用也是不同的。图形和图片给人的印象更深刻，使人记忆更持久。我们的理解、记忆，往往都是图形和图像，或者以图形和图像为基础。

因为文化背景不同，使用文字符号未必能够顺利地沟通。但对于图片和图形，全世界的理解却大体相同，人们似乎生来就具有阅读图片的能力。图片，是真正意义上的“世界语”。

PPT 的优势在于视觉语言。扬长避短，发挥优势，而不是以短击长，用不适于 PPT 表达的文字、图表强求它。就好比你作为一个战场上的士兵，尽管你的体力很好，你不会用那本来长于清除定点目标的肩扛式掷弹筒去与人拼刺刀吧?

有鉴于此，我们在制作策划提案 PPT 的时候，在三个方面需要引起重视：

第一，充分发挥图形和图片的优势，让图形和图片更有效、更直接地表达。能够使用图形、图片，尽量使用。不要让太多的文字，太多的线条、符号、标识等成为干扰，影响沟通效率。

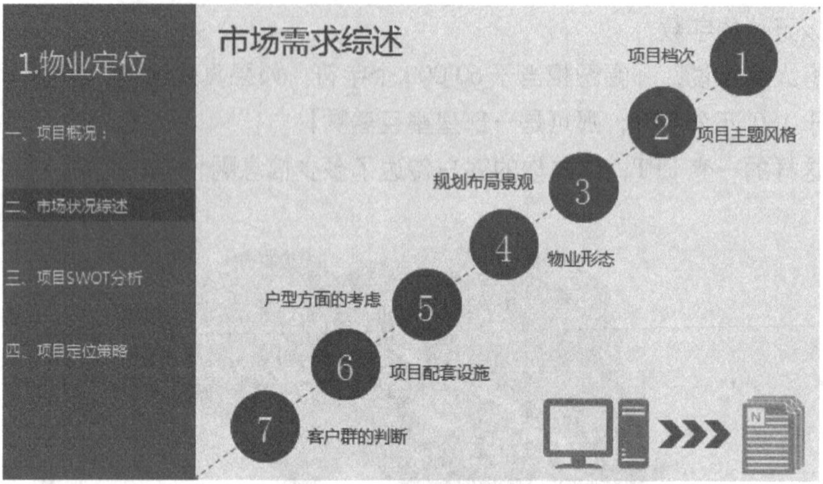

评点：PPT制作者花了大量的时间和心思，尽管使用了图形，使得本来相当复杂的内容在页面上显得清爽了一些，却仍然让人感到内容繁杂、画面单调而且压抑。

正确的做法如下：

首先是摆脱对Powerpoint模板的依赖，独立地构思PPT的结构和创意，设计自由的表达方式，如此，左边那可有可无的结构索引就可以放弃，画面也顿时因之清洁。

其次，如果这张幻灯片需要讲“综述”，就直接提出重要结论，浓缩成为7个字以内的一句话，比如“市场竞争激烈”。

最后，精心选择一幅图进行处理，表达这句话。

149页第一幅图为我们尝试的修改。

第二，既然是要尊重图形和图片的优势，就应当尽量减少文字的使用。文字，如果必须，应当十分简练、浓缩、提炼，不应当在PPT页面上出现套话、口水话、连接词，不应当出现复杂的句子。

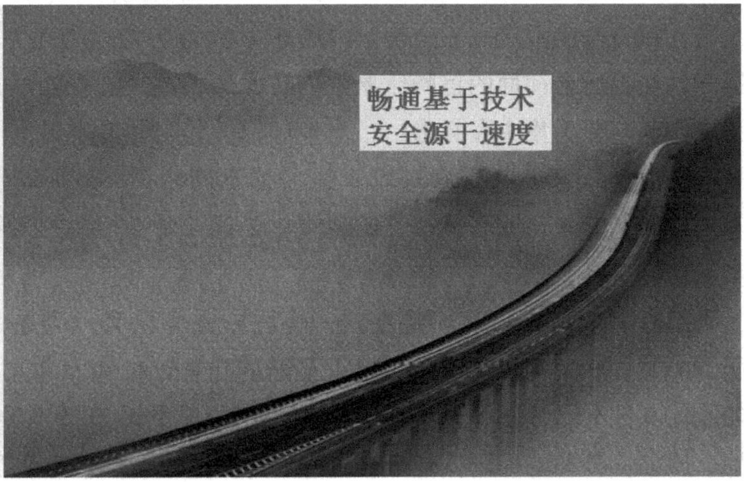

“最少文字！”

这是众多关于 PPT 幻灯制作书籍几乎共同的建议。少即是多。文字越少、越精炼，越有利于提高沟通水平和沟通效率。

许多的书，甚至还有所谓“1－7－7 法则”。

1-7-7法则

- 每张幻灯片只能有“1”个主题；
- 每张幻灯片最多“7”行文字
- 每行文字最多不超过“7”个字。

其实，在我们看来，汉语是单音词，也是象形表意文字，7 行字已经很多了，而如果超过7行，就太多了。要使PPT画面显得干净，不要企图超过5行，每行文字限定在7个字以内最好。

第三，需要配合前面的信噪比原则，对图形和图片进行处理，使之更单纯，更明确，更为集中和突出。

一幅画面，总有一些元素与表达的主题不甚相关，必须动手进行剪裁。对不相干的背景，或者删掉，或者淡化处理，对不相关的人物，使用图片剪裁功能进行剪裁。

一张幻灯片上最好只有一幅图，一幅图中最好只有一个中心点，这样，所谓的“图效优势”才是明确的、显著的和有效的。

如此，其他与这幅图和这个图上的中心不相干的，都是“噪声”，可以删掉。比如，公司的标识，幻灯片编号、日期、作者，如此等等。

策划提案的PPT制作，必须记住一个基本法则：字不如表，表不如图。

图片和图形是PPT的撒手锏！

3. 留白原则

留白，就是留有余地，留出空间，给人想象和余味。这既是指内容和材料选择，当然，更是指PPT的页面设计。

留白才有想象的空间

跟平面广告一样，你的 PPT 页面需要集中体现你的信息，越明确、越集中、越简洁，就越具有冲击力。

不要像一个土财主似的，非要将你的画面塞得满满的，让人喘不过气来。

在你的画面上，留出的空间越大，给予客户的实际上就越多。

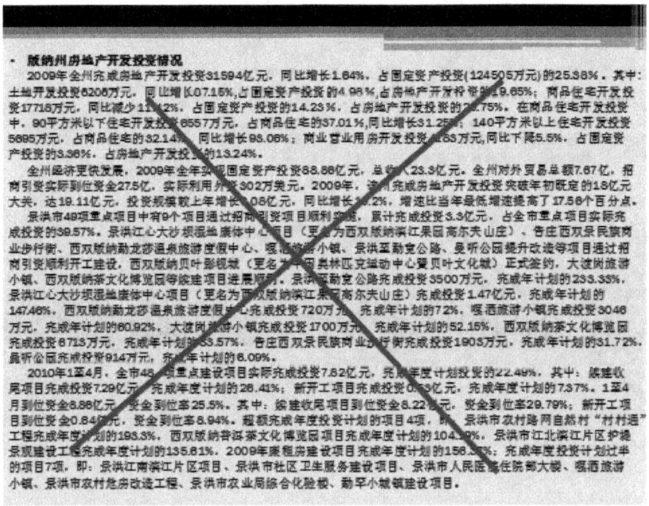

评点：这样的一张 PPT 是倒人胃口的。既不遵循“图效优势原则”，也违背了“留白原则”。提案主讲人自己也无法阅读，客户就更不可能阅读，投影出来，想干什么呢？

不要浪费客户给我们的时间和机会。他们放下手中的工作，安静地坐下来听我们提案，就策划方案跟我们进行沟通，能够看到他们想看到的东西，更希望有好的体验，增强对未来发展的信心。不要辜负客户的期望。

懂得节制，就是对他们的最好回应。

我认为，做人的最高境界就是节制，而不是释放。释放很容易，物质的释放、精神的释放，都很容易，难的是节制。

——著名表演艺术家 陈道明

再看下面的一张 PPT，相同的问题以不同的面貌出现了。

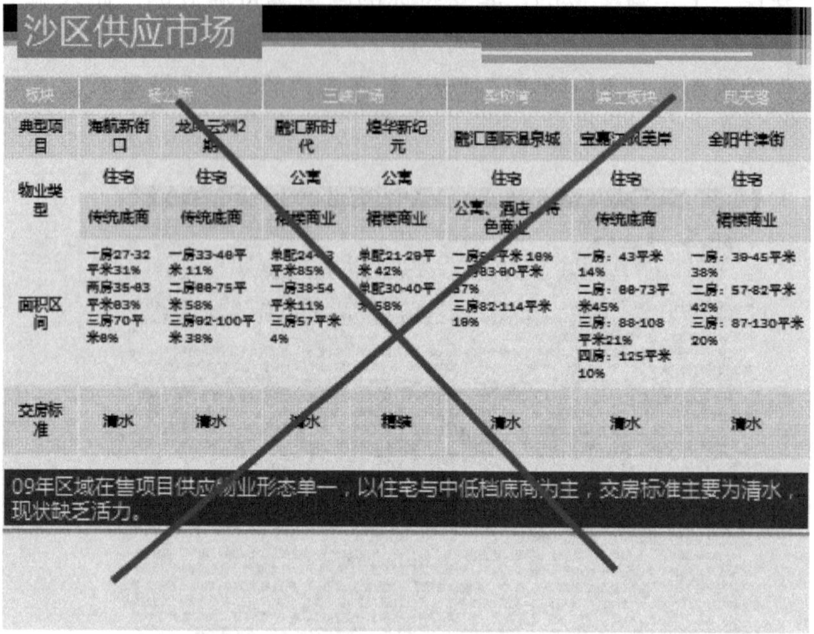

评点：这张 PPT 虽然用了图表，看起来也还规整，但信息太多，占满了整个页面，主要传达的信息也不明确，节制原则的三个方面都没有体现。

如果我们展现在客户面前的是这样水平的 PPT，毫无疑问，体现不出对客户的尊重，体现不出专业精神，更体现不出我们的美学修养和人生感悟，既不能在较低的水平上跟客户讨论问题，更不能在更高的层次上与客户进行心心相印的心灵沟通，以此期望取得客户的认同是很困难的。

平衡原则

平衡是基本的美学原则。平衡让人感觉到安详、宁静、和谐和舒适。

要想你的 PPT 给客户美好的感受、看起来美观，你得寻求画面的平衡。

看看那些著名绘画作品或者那些有名的摄影作品，它们的布局，要么是“S”形，要么是“三角形”，要么是黄金分割，都莫不在有意无意地遵从美学原则。

平衡，就是这样的构图形式。

平衡不是平均，在画面的中心线位置并不就能够让人感觉到平衡，反而是向左、向右、向上，或者向下的旁边位置，更能让人感觉到美。这样的位置，通常称为“黄金分割点”，即 1:0.618 的整体与部分比。

一个画面中的黄金分割点，通常是人们的视觉中心点。也就是说，人们自觉不自觉地就会注意到这个地方。

在我们的 PPT 页面，如果你所展现的内容在页面横向或纵向上的黄金分割点，就会美观，就能抓人。

你不必如此精确，在你的页面上，点开“网格线”，在横向和纵向的

1/3 处，画出横竖的四条线，就形成了一个九宫格。

这样，横竖两条线相交，形成四个交叉点。这四个交叉点，就是视觉中心点。

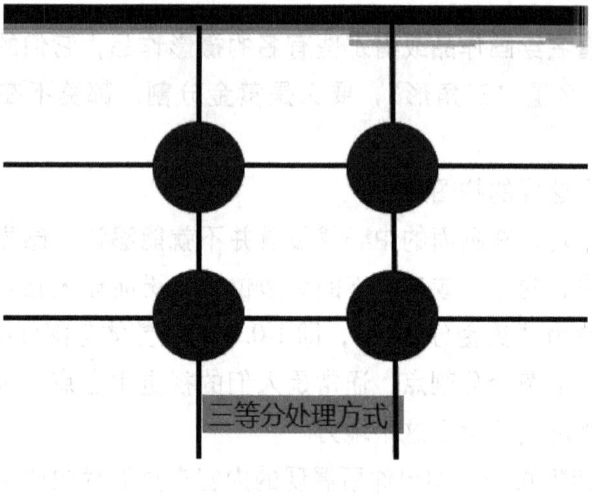

我们可以将那些著名画家、书法家或者设计师的作品放进来，看看是

不是这样的。

启功先生，曾经是中国书法家协会会长、当代著名书法家，他不但归纳总结出中国书法结字的黄金规律，即四个黄金分割点上的交叉，也注重书法作品布局上的黄金分割。

看启功先生“淡泊明志”的这幅斗方，四个交叉点上，正是我们注意力所集中的点。

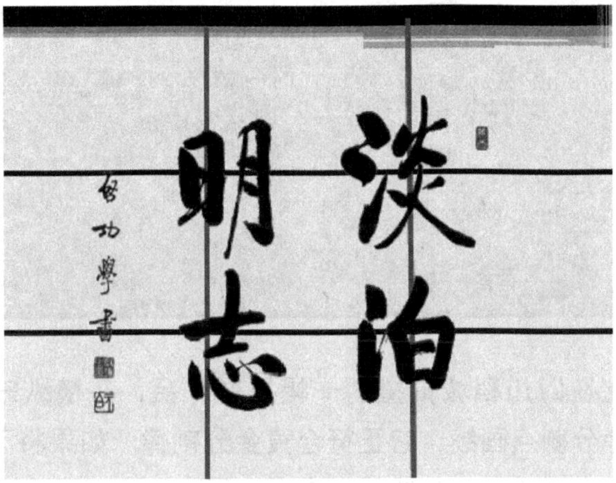

再看下面这幅工笔画《牡丹》的构图形式，也遵循黄金分割律。用横竖的黄金分割点上的两条线分割出四个交叉点，画面最有趣味的地方，刚巧正在这样的点上。

当然，那些摄影作品之所以给人美的享受，也遵循这样的黄金分割律。

上图是朋友在四川稻城拍摄的一幅摄影作品，在横纵三分之一处画线，或者在黄金分割点画线，它正符合黄金分割律。如果将下面的湖面留得多点，或者远山形成得天际线往上走点，画面就不好看了。

我们在制作设计提案用的 PPT 时，遵循平衡原则，可以将画面设计得很有美感。比如上面这样的一幅 PPT，就是自觉按照黄金分割律处理的结果，就显得比较好看。

利用空白，也能够有效地建立平衡。自然，这需要你有平衡的概念才行。

你可以选择打破平衡，构成强烈的对比、冲突和震撼，因而带来另外的心理冲击，只是你要明白，你是有意为之的，而且，是偶一为之。

吸引力原则

你在 PPT 上要展现的东西，一定要足够吸引人，否则，就不要出现在上面。

如果你想迅速而且是持续地抓住客户的注意力，你就必须要让你的 PPT 上出现的内容与客户的兴趣建立联系，或者直接就应当是他们的兴趣和利益所在。

能够吸引注意、激发兴趣的，是那些催动感情的东西。在 PPT 制作和设计的时候，运用这些东西，效果十分显著。

1. 有张力、有活力

你的 PPT 上的图形、图像，应当尽量显得生动，有张力，有活力，不能给人死板和单调的印象。

这里所说的张力，是指画面给人带来的不平衡感、对抗感、冲击感和运动感；而活力，则是指画面给人带来的充满能量、充满希望和令人愉悦的感觉。

凭我们日常生活的经验，所谓有张力的画面，应该是有冲击力的，比如奔跑的运动员、奔驰而来的列车、波涛汹涌的大海、山雨欲来的天空、破涕为笑的面孔……

而所谓有活力，差不多应当是这样的一些画面：含苞待放的鲜花、嫩芽初长的树枝、积雪初融的大地、天真无邪的儿童、憨态可掬的小动物……

2. Beauty，Beast，Baby

这在广告创意中通常被称为“广告 3B”。美女、动物和儿童，作为广告代言，其成功率很高，几乎屡试不爽。他们迅速吸引注意，并使观众持续地保持兴趣，让人爱屋及乌，愿意亲近相关的信息。

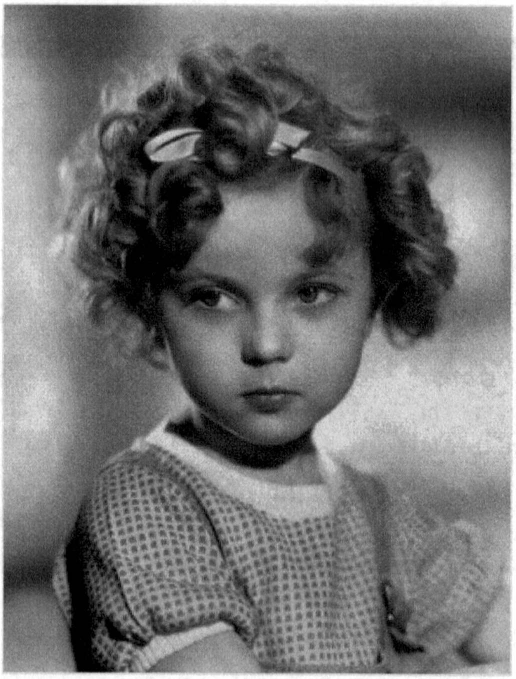

《音乐之声》等一系列电影中作为主角的童星秀兰·邓波儿（Shirley Temple），抓住了多少人的眼球！不论你在哪个时代、哪个年龄段、哪个文化圈子，这样一副天真烂漫的面孔都能够迅速吸引你吧！

3. 表情吸引人

人们被吸引，是因为你牵动了他们的感情。没有情绪，没有强烈情感变化的画面，是难以抓人的。

声情并茂的郭德纲

郭德纲的相声为什么那么受欢迎，重要的一点就在于他声情并茂。他的表情往往比他的语言更让人忍俊不禁。于是，观众情绪被调动，很受感染，因而一场相声听完，感觉很过瘾。

4. 眼睛会说话

俗话说，“眼睛是心灵的窗户”，目光交流被认为是最真实可靠的交流形式。因之，一张图片，尤其是人物，我们会自然地寻找他（她）的目光所及，注意到画面中人物的眼睛。

为此，在设计制作PPT的时候，我们有意捕捉人物的眼神，将我们所需要表达的信息放到画面人物的视线范围，这就相当有趣。

我们的客户在看PPT画面时，必然注意人物，我们的关键信息刚巧出现在目光视线所及范围内。比如上面这张幻灯中，周润发扮演的许文强让人一眼见过，便为那冷峻的眼神所吸引。我们的说明文字就出现在发哥眼

前，观众不可能看不见吧?

与此相同，有些照片，有动感，有方向，也因此成为“目光所及”的焦点。比如，运动员奔跑的方向、海浪奔涌的方向、道路通向未来的方向、人物摔倒的方向、脸面所朝的方向、手指挥动的方向，等等，画面中动感方向所在，都是观众的关注点。

你的说明文字应当放置在这个方向不远处，而不是放在不相关的其他地方。

你的文字应当在动作方向上，而不是相反

如果原来的图片不够醒目，你可以通过剪裁，删掉其他不相关的背景或内容，使之更为凸显。

这样做出来的 PPT 才是吸引人的，也才能够引起观众情感上的共鸣。

对比原则

运用对比原则使得信息更为突出，主题更为明确、具体，是保证信息顺利有效传达的手段之一。

对比有很多的处理方式，大小对比、明暗对比、前后对比、色彩对比、字体对比、中心与边沿的对比，几乎所有的设计元素都可以处理成对比。

既然对比是为了凸显主题，表达差别和差距，在我们的 PPT 上，首先要处理得干净、简洁，使之更为明确；其次，对比是艺术的处理方式，需要具有趣味，可以适度夸张、幽默，有强烈的冲突，不必追求精确和全面。

策划提案常常需要用到对比。遗憾的是，我们许多人由于专业的原因，喜欢精确的表达，忘记了本来可以用更加有趣、更加戏剧性，也更有说服力的表达方式。

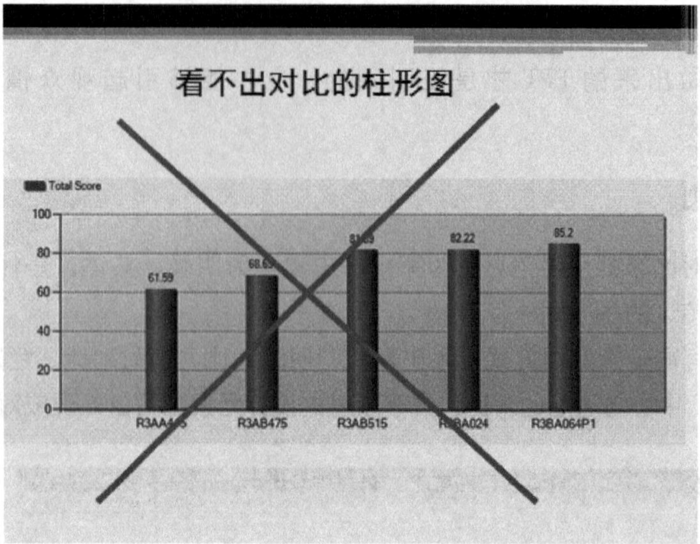

比如，问题分析上常有的柱形图、条形图、饼形图、曲线图等，简单照搬，放到 PPT 幻灯片上千篇一律，了无生趣。我们放弃 Powerpoint 的生硬模式，也应该放弃那些类似软件的陈腐面孔，自创自己的表现形式。

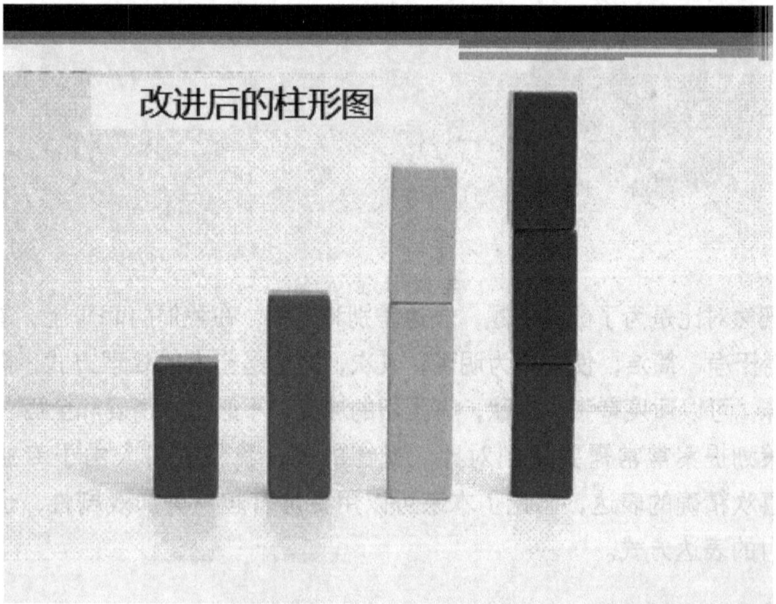

比如，上页的两幅柱形图，前一幅就没有什么对比的意义，或者叫人看不出对比。后一幅对它进行改进，调整色彩对比、大小对比，就使图片显得更为生动有趣、更为直观，从而让人印象深刻。

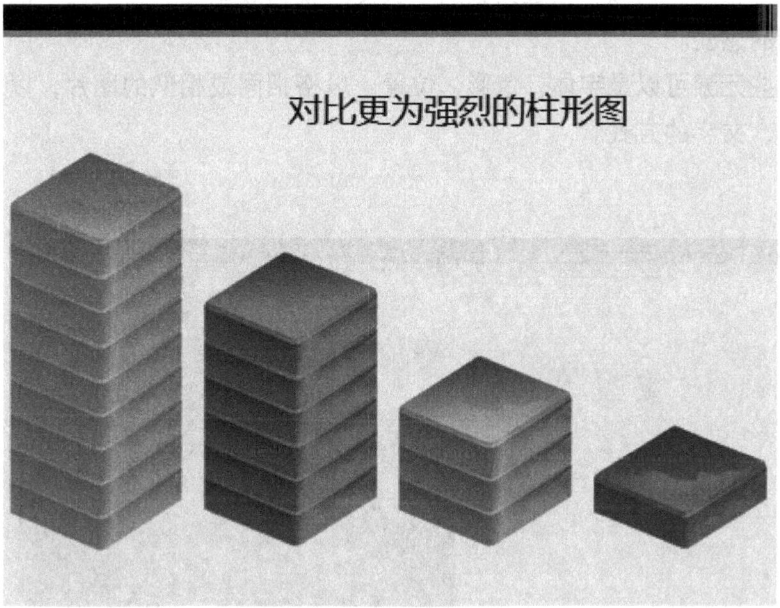

更进一步，还可以根据自己的主题、根据策划性质和产品的不同进行设计，比如，因为客户是生产塑料制品的，用塑料的方块做柱形图，他们感觉会更亲切。这张幻灯片切换进来，他们每个人都会会心一笑。

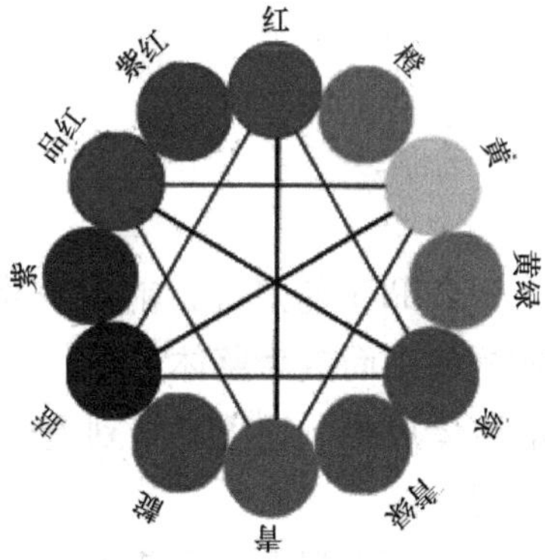

想要更好地运用对比的手法，可以了解学习一些色彩运用的知识，对比色（互补色）的运用就是色彩对比的方法。

对比色，是区分最为明显的两种色彩，从色相环上，对角线上的两种色彩就是对比色。如红色与青色对比、品红与绿色对比、蓝色与黄色对比。

重复原则

重复，是幻灯片设计和制作的基本手法。

某种相同、相似、相近元素的多次使用就构成重复，给人留下的是统一协调的感受。

这些元素可以是字体，色彩、位置、风格相同或相似的图片，以及处理图片、文字的方式。

一套 PPT 幻灯片，前后一致，使用某一种字体，或者一两种字体，多次重复使用而成为整体风格；一种色彩或几种色彩重复使用，就构成色彩上的整体风格，让人感觉到是一个整体，进而从整体的角度理解你的意图和思想。

重复，在观众心里建立前后的联系，形成整体感。一个要素，比如标题出现的位置，前后相同，观众就会将它们看作是同等层次的内容，前后联系起来，寻找其逻辑关系。甚至，仅仅是幻灯片的切换采用了相同的方式，如“出现”，观众也会将它们看作是整体的、前后一致的，从而建立起逻辑联系。

这个过程是自然发生的。

所以，不要强迫观众，不要想当然。动动脑筋，不要简单复制，你没有必要在每张幻灯片上搞那么多生硬的重复。

一张幻灯片是由四个要素构成的，即背景、文字、色彩和图像。这四个要素具体包括以下方面：

- 字体与字号；
- 版式和格式；
- 色彩使用；
- 构图方式；
- 图片使用（图片风格、内容等）；
- 文字与图片关系处理；
- 文字提炼和表述方式；
- 文字间距；
- 自定义动画；
- 幻灯片切换方式；等等。

这样的重复，远比在幻灯片页面上一个元素的简单重复巧妙和有趣得多。

有了这些东西，在你制作 PPT 时就不会显得小家子气。

往往，在制作提案的 PPT 时，你可能是善良的，希望给客户建立一种整体风格，也企图帮助他们理解提案的结构，于是，你专门制作了目录页，也将提案的结构做成板块，放置于每张幻灯片上，体现它在整体结构中的位置。甚至，你还将章节标识、公司标识、品牌标志放到页面上，以求统一，也表示对他们的尊重。

然而，这些在事实上构成了这张 PPT 的噪声，影响到客户的理解，也不甚美观。你的良苦用心算是白费了。

整体不是部分之和。每一张幻灯片的漂亮，并不构成整体上全套 PPT 的漂亮，每一张幻灯片的创意精致，并不构成整体上全套 PPT 的风格和思想具有感染力。

重复原则，实际上就是“统一原则”或者“构思在先原则”。要先有整体上的构思，然后才开始铺陈具体内容。全套的 PPT 因此要有通盘的考虑，使用什么字体，采用什么色彩，画面如何布局，前后如何照应，构成什么样的整体风格，体现怎样的审美趣味，都要有具体的考虑。

这是对重复原则的尊重，也是对上一讲“四步成形”的回应。

就近原则

我们的观众（客户）在看我们的幻灯片时，会将注意力所及的点及其周边区域的信息当作相关内容进行理解。

于是，就有了“就近原则”。

设计幻灯片时，根据需要将相关信息放置在一起，这样的方式就叫遵循就近原则。

上面是一张认知度较高的画，极富有乡野情趣。幻灯片使用这张图像，当然是有意为之的。画面上，小姑娘正在检查小脚丫子上的泡（也可能是路上踩了的刺）。小姑娘的眼睛、狗狗的眼睛、姑娘的小手，集中一点，也正是画面的视觉中心。幻灯片的说明文字也应当就近，放置到这个中心点附近。如此，这段文字的意义才更明确、具体，使人印象深刻。

这是一个中心的情形。

如果幻灯片页面存在着多个中心，就应当用就近原则进行处理。内容相关或者相近的内容，集中到一起，以便于观众理解。否则，信息之间会相互干扰，造成观众的误解。

别墅成交区域分析

◆北部是消费者的首选区域，成交量最大，占整个成交的59.2%

◆南部区域有大西区由于别墅项目较少，成交量相对较低，特别是大西区，别墅产品屈指可数。

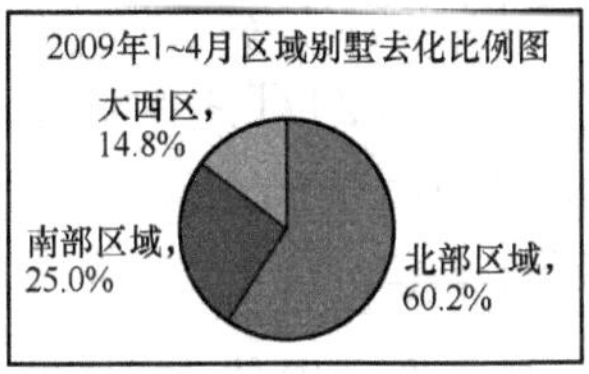

区域	销售套数(套)	比例
北部区域	880	50.2%
南部区域	256	25.0%
大西区	148	14.8%
合计	985	100%

10

评点：这张幻灯片，就没能够按照就近原则处理。尽管内容简单，却整得信息复杂，平白增加了阅读理解的难度。

正确的做法应当是：

简化信息，将上面的文字说明改为“全市销售985套，北部区域583套”。上面的图表（一个图形、一个表格）其实说的都是一个内容，而且比较和对比的意义并不强烈，只是想说明“北部区域”占别墅销售的半壁江山，如此而已。因此，完全可以用一幅图来表示。依照就近原则，在别墅建筑旁边放置文字说明。文字不超过三行，这样就显得干净、明确得多。

对齐原则

对齐原则说的是，需要将幻灯片上的所有元素，如文字、背景、图像、色彩，按照某种特别的安排放置，以体现幻灯片制作者的特别用意。而这样的用意，也是向观众（客户）呈现的信息的一部分。

当然，有些时候，你散乱地放置这些元素也是可以的。

重要的是，你的散乱也应当是你与客户沟通做的有意安排。

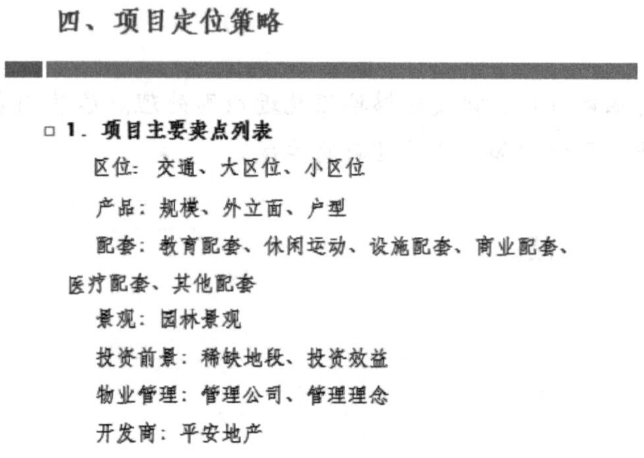

评点：这样的一张幻灯片，里面的内容完全无序，没有层次，没有逻辑，而且文字缺乏有效的提炼，让人无法理解。显然，制作者只是将文案上的表格简单地进行了文字的复制粘贴。如此粗糙，如此敷衍，怎能让人心情愉快呢？

评点：这张幻灯十分生动，也很简洁，图片与说明文字高度契合。遗憾的是，上面的文字没有提炼，而且没有遵循“对齐原则”，内容同属于一个层次，却使客户以为是三行文字，这表明策划人对于策划方案的营销主题理解不深入。

改进的方法：

第一种方式：将“宣传口号”字号加大，提升它的层级（它是标题），然后，将下面的两行文字对齐，使之具有从属关系，有助观众理解。

第二种方式：①将文字进行提炼，“绿色、别致、方便的生活”是“我们的营销主题”，实际上，它就是营销策划的定位。②文字排列成为两行，“绿色、别致、方便的生活”放大字号到32，使之更加凸显，右下用破折号，“我们的营销主题”，缩小字号到24加以区分，强调了营销主题。③文字放下来，用“文本框”，放置于图片中人物视线所及之处，使之就近，以吸引观众注意；④“文本框”采用白色填充，用半透明效果，不影响图片的整体效果，使“绿色、别致、方便的生活”这个营销主题具象化，以加深理解。⑤保持图片“平铺”效果，不必放大，上面留出空白。

这样的改进应当更漂亮了吧。

对齐，就是将相同层次的内容放到相应的位置上去，以方便观者理解。它的作用和意义是不言自明的。

“节制原则”、“平衡原则”、“吸引力原则”、“对比原则”、“重复原则”、“就近原则”和“对齐原则”，是我们策划提案PPT制作的七大原则。原本，“节制原则”包含了“信噪比原则”“图效优势原则”“留白原则”三个原则，但是它们是三位一体的，或者一体三面的，所以，我们合并了它们，这样就构成了七大原则。

PPT制作小提示

通过“约束之美”，我们探讨了策划提案PPT制作的总体要求，从以上七个基本原则，我们介绍了策划提案幻灯片制作的基本手法。但还有一些具体的技术问题需要在此简单地做些说明。

1. 关于字体和字号

微软Office里有很多字体可以选择，而且，还可以在网上搜寻自己中意的字体，方正字库、长城字库、汉仪字库、华康字库、汉鼎字库、金梅字库等，能给你大量的选择。下载下来，复制到office系统的fonts之中即可。这些字体在某些场合某些性质的工作上，都可能好用。

但作为策划提案，我们推荐使用“微软雅黑”，或者黑体。其他字体慎重使用，或者不要使用。

原因在于，其他字体，如宋体、楷体，由于笔画粗细不一，经过放大投影，笔画细的横撇捺，距离屏幕较远、坐到后面的观众很可能看不清楚，识别起来有些费劲。而微软雅黑，字体端庄大方，粗细均匀，投影效果好。

至于字号，作为常识我们知道，凡是低于 20 的，都是看不清的，所以我们建议字号至少要用到 24，作为标题，应当至少用到 32，如此才够清楚。

2. 关于版式与模板

打开微软的 Powerpoint 软件，点击上面“工具栏”中的“开始”，左上角位置就有“版式”；或者，右击幻灯片，就会在选框中跳出“版式”。点击版式，你会发现有很多版式可供选择。

我们的建议是，不要使用上面的版式，你选择使用“空白”那一个选项。这就意味着，我们所有的版式都是“空白”的，可以随意设计，或者是必须自己设计。

当然，如果你从一开始就按照“四步成形”的方式，有独立的创意构思，按照这样的构思有自己独立的结构，你的 PPT 在草图上画出来，然后成形，所谓版式之类的问题就根本不存在。

至于模板，我们坚决反对策划提案的准备中套用千篇一律人人都在使用的微软的模板。没有创意，没有新意，没有品位，当然也没有办法体现我们的审美情趣。

3. 关于编号、公司、日期、作者

要向客户表示尊重，我们只要将我们的工作做好，方案逻辑严密、滴水不漏就可以了。当然，如果我们作为可以信赖的专家，又能够与他们保持经常性的沟通，事先都将沟通的工作做得比较细致，就更好了。

提案 PPT 上面，我们强调应当简练、明确。凡是可能导致客户理解困难，或者分散客户注意力的信息，都属于噪声，应当予以屏蔽。

值得注意的是，对方公司的标志不要出现在 PPT 页面上——这不是宣传片！

也不要出现自己团队（公司）的标志（logo）——没有必要在这个时候做宣传。我们的工作做好了，业界的口碑自然是我们品牌价值的体现。

幻灯片的日期也以不出现为好。尽管看起来，标注日期一定程度上这体现了我们对这次提案的重视，但另一方面，它同时也暗示，你将有可能用来存档，或者在后面的某个时候对另外的客户使用。与其这样，还不如不要日期的好。

至于幻灯片的编号，我们也希望我们的学生们，或者朋友们不要使用。如果你按照“四步成形”的方式设计和制作提案用的PPT，结构是完整的，内容是紧凑的，一气呵成，没有滞碍。编号既对自己无用，对客户的理解也是可有可无，在页面上，尽管可能字体很小，处于角落位置，但还是多余的。

4. 关于图片

按照我们的方法，无疑要使用很多的图片。这些图片来自于自己长期的积累。因此，要建立一个强大的图片素材库，就像做策划的每个人都应该有一个强大的分类精细的资料库一样。

自己处处留心，带上相机（其实现在像素高的手机也足够称手），学习一点摄影和美学知识，就可以拍出不错的照片。同时，更需要从网络上下载各种图片。

网上下载的图片，很多是有版权的。我们不赞成侵占他人的劳动成果。但如果有些图片是开放的，作者慷慨大方，可以放心使用。

本书的附录里，我们会给你一些图片下载的网址。

不论网上的图片还是自己图片库里的图片，都需要进行一些处理。可以对它按照自己的需要进行剪裁；可以加各种色彩的边框；可以点击图片的四个角，进行放大或缩小；可以将图片按照你的需要旋转一定角度；可以对图片的亮度和对比度进行处理；还可以对背景进行淡化，或者去除背景。这些功能，在高一些版本的 Office 里都有，使用起来并不复杂。Office 2013 的 Powerpoint 就更好用，甚至能够去除从网上下载下来的图片上的水印。

要制作设计漂亮的 PPT，无论多好的工具和多好的素材，你都需要懂一些色彩知识、美学知识和图片处理软件的知识。你至少应当能够熟练操作 PPT 上的图片处理工具，如果你还能够操作 CorelDraw 或 Photoshop，那就更好了。

5. 关于图形和图示

说完图片，就该说图形和图示了。

在幻灯片制作和设计时，图形和图示也是少不了的。为了突出、展示、说明某种抽象的和复杂的概念与思考过程，我们常常使用图形和图示。

微软的 Powerpoint 上自带的各种 SmartArt 和图形工具比较丰富，再加上那些著名的咨询机构，如麦肯锡（Mckinsey & Company）、埃森哲（Accenture）、罗兰贝格（Roland Berger Strategy Consultants）、贝恩（Bain & Company）、波士顿（BCG），以及中国的北大纵横、正略均策、锡恩咨询等，都开发有各类咨询工具，在策划提案时，这些工具都非常适用。感谢这些机构的慷慨，这些工具十分简练、实用，也相当漂亮。作为商务策划的专业人员，对这些工具（图形和图示）肯定不会陌生。

需要说明的是，我们在提案中使用的图形和图示，尤其是在 PPT 上使用这些图形和图示的时候，要十分慎重。

一者，这些工具你熟悉，可能客户也熟悉。作为比较实用的管理咨询工具，它们面市已经很久了，没有什么新鲜感。如果不能有效地吸引客户注意，激发其兴趣，你用这些陈旧的工具（图形和图示）效果不会好。

同时，如果用，一定是你觉得非要用不可，而且最好在你下发给客户的文案中是没有的。这样的一个图形和图示工具，也需要做适当的改进，使之更为生动、形象，具有吸引力。

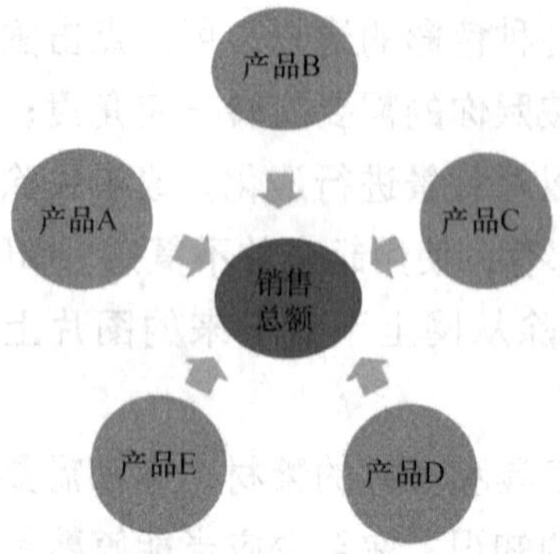

图A

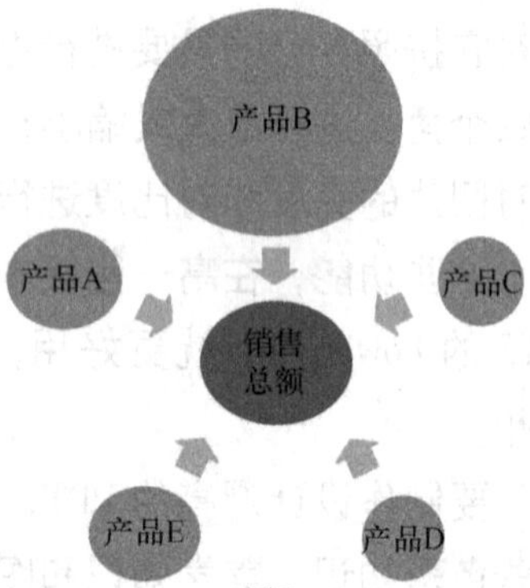

图B

最重要的是，在 PPT 上出现的图形和图示，必须非常精细，以免误导客户，或者导致其不必要的认知障碍。

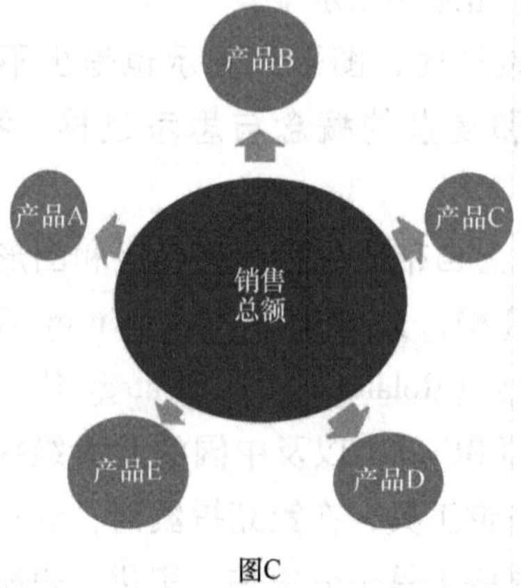

图C

你在上面的任何表达，包括图形大小比例、前后位置、色彩对比等，不论是有意的还是无意的，都在给客户以信息，让他们产生某种想象。

让我们看看这三幅图（图 A、图 B 和图 C），它们会是一样的吗？

图 A，“产品 A，B，C，D，E”都用灰色表示，大小相同，层次相当，用灰色箭头汇聚中间。而中间“销售总额”用蓝色表示，大小与周边其他图形大小相同。这是一个很粗糙的表达，很显然没有用心，让观众很纠结。“为什么这么多产品的销售并没有增大‘销售总额’呢?”

图 B，将销售额贡献最高的“产品 B”进行了放大，使之更为醒目。这当然是有意义的。然而，位于中间的“销售总额”并没有因为众多产品的贡献在比例上有所增大，甚至还不及“产品 B”大，这就很让人困惑。

图 C，想说销售总额来自于众多产品的贡献，但是看图，从中间发散，分别指向各个产品的箭头，这就让人莫名其妙。这在逻辑上是混乱的。这不是“销售总额”的来源，而是在讨论“销售指标的分配”!

所以，当你企图在 PPT 上展示任何图形和图示，一定要明确，一定要慎重，不可简单从事。你在上面展示的任何东西，都可能在你不经意的时候导致客户的理解障碍，导致其误读。

6. 关于“文本框”与“艺术字”

Powerpoint 软件里，点击“插入”，在工具栏的正中间，从左至右，为“文本框”“页眉和页脚”，然后就是“艺术字”图标。

点击“文本框”，在 PPT 页面上即出现图标，左键按住不放，就能得到你希望大小的文本框。点击“艺术字”，即出现下拉菜单，各种形式的艺术字体可供你选择。

文本框是我们常用的工具，因此，只要经常使用，它就会出现在“开始”的那个常用工具框里。

我们的 PPT 以图像为主，版式为空白，使用文本框进行文字说明很常见，几乎每张幻灯片的页面上都可能用到。

对于文本框，需要提请注意的是，尽量不要使用竖排的文字。

对于艺术字，我们建议慎重使用。因为弄得不好可能给人华而不实的感觉，反而弄巧成拙。

7. 关于幻灯片的首页和目录页

目录页的问题我们在前面已经有所涉及。我们基本的态度是，不要什么目录页，这不是培训，不是授课，不是写书，没有必要做笔记，何况来听取我们策划提案的人基本不做笔记。

至于策划提案的首页，我们强调：它十分要紧!

想想首页幻灯片的放映时间有多长，想想客户从进入会场、找到座位、调整状态，到进入正题的整个过程，想想在没有正式开始前，它已经在进行沟通和提案，我们就不能不对它给予高度的重视。

首页，它是我们策划提案 PPT 的标题页，所以，它体现了策划提案的主题、人物和性质。窥斑见豹，首页的色彩、标题、版式、背景，暴露了提案 PPT 几乎全部的内容。能否有效地引起注意，激发兴趣，进而顺利地保持对主题强烈的好奇心，是提案沟通成功的重要保证。

首页，在提案现场，是作为情境道具出现的。它是背景，也是氛围，还是情境中重要的角色。

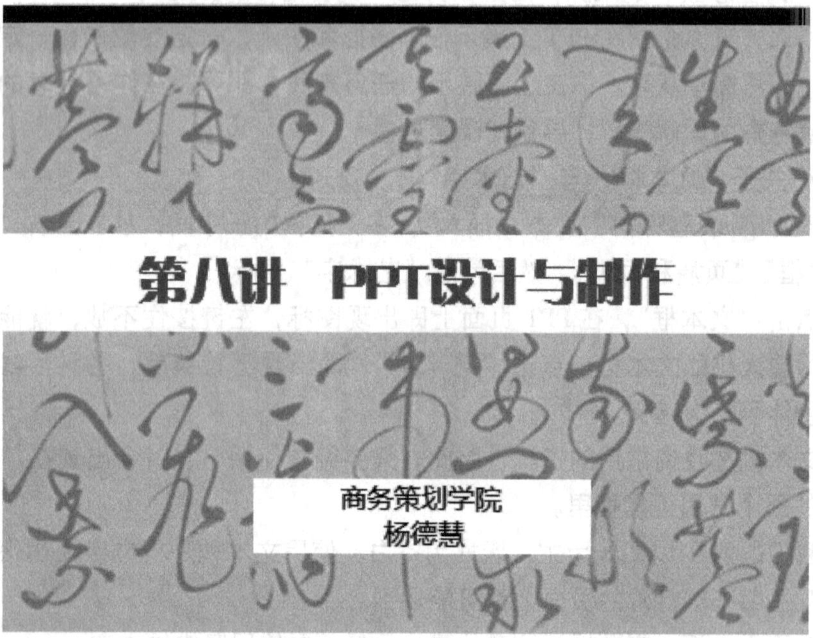

幻灯片首页

一般来讲，策划提案者应该提前进入现场，这既是出于对客户的尊重，更是出于准备相关设备、熟悉场地的需要。检查现场设备，确保有关设备和工具的使用，预先营造相应的氛围，以便有关人员调整心态，这是提前进入现场的目的所在。而开启投影设备，降下屏幕，调暗灯光，播放相应的背景音乐，将首页幻灯片投影到屏幕上，是营造提案氛围的主要内容。你的幻灯片首页，因此将可能持续数分钟、十数分钟，乃至更长一点时间。人员进入会场，能否尽快地调整心理状态，顺利进入正题，首页幻灯的重要性举足轻重。

所以，你的首页应当精心构思，确保是你最得意的作品。

其色彩，是你精心选择的，体现提案主题和 PPT 的整体构思；

其构图，十分精致讲究，体现你的设计水平和美学修养；

你的文字，高度凝练，体现你的文字能力。

当然，你还需要策划提案的主题清楚展示，以利于客户更加明确今天的任务，从而进入正题。

8. 关于动画与幻灯片切换

要使幻灯片生动起来，动画的使用是少不了的。图形、图像，使用动画，可以由静态变成动态，更具有吸引力。使用 Flash 制作动画，或者使用视频，都有很好的效果。

点击“动画”，打开“自定义动画”，点击“添加效果”，出现下拉菜单（如下图），分别有“进入”、“强调”、“退出”和“动作路径”。点击每一个选项，你都能够看到很多的选择。

通常，我们使用“进入”和“退出”较多。需要指出的是，这里的选项很多，一点开，发现里面的选项很多，不少人顿时便感觉很有趣，有将全部的动画都尝试一遍的冲动。作为从事策划专业的人，有强烈的好奇心很正常，但我们还是建议不要用那些花里胡哨的动画为好。

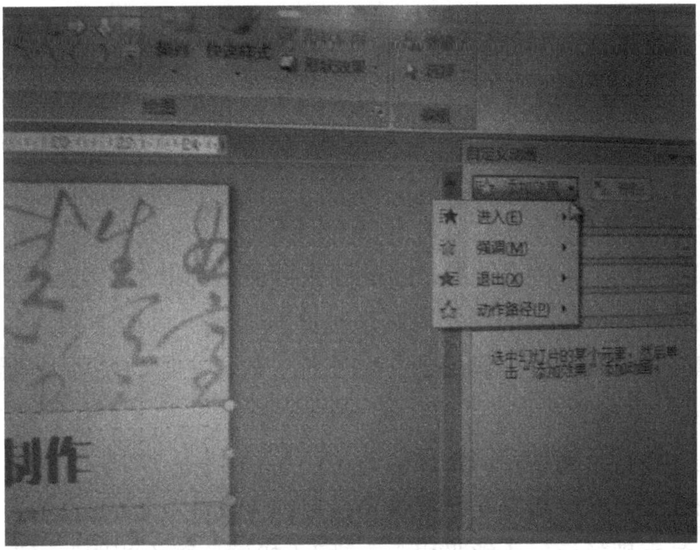

图像、图形（包括线条、箭头、形体、标注、公式）的进入，最好选择“出现”，如果你需要的动作比较复杂，分步地加以运用。

图像和图形的退出，选择“消失”就可以了，不要搞得太复杂。

同理，你的“强调”可以不用，而如果涉及“进入”和“退出”的“动作路径”，也希望简单朴实为好。

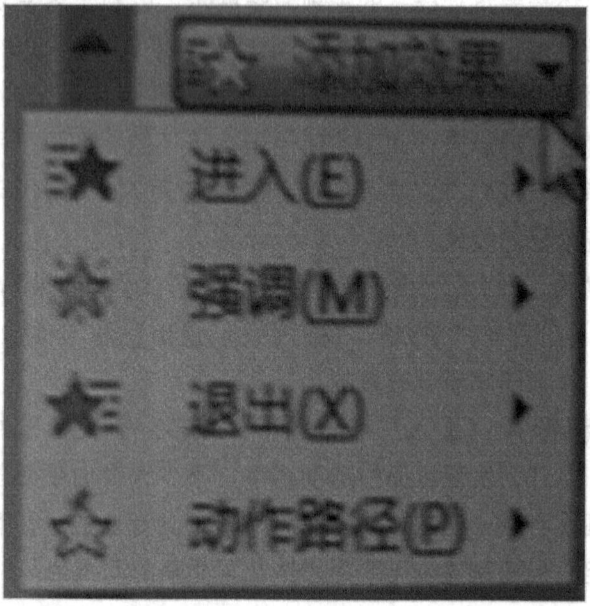

由此，对于我们幻灯片的切换，我们也做同类的建议，选择“平淡滑出”或者“切出”就可以了，同时，不要使用什么声响和音乐。我们的目的是尽量地将客户的注意力集中到 PPT 或者我们提案的演讲上，而不是其他。

9. 关于剪贴画

微软的 Powerpoint 软件里，配备有相当多的剪贴画。这些剪贴画，宽容点讲，还是比较生动的，使用起来也比较方便。点击“插入”，上方工具栏里靠左位置就出现“剪贴画”的图标。输入主题，就可以找到很多的剪贴画。

但是，我们反对使用剪贴画。

原因在于，这些剪贴画已经被全世界的人使用，已经泛滥成灾，毫无新鲜感，毫无现场感，不能吸引人。“字不如表，表不如图”，我们所说的图，指的更多的是图片，而不是这些呆板干瘪的剪贴画。

再说了，如果你使用这些剪贴画，只给人留下一个敷衍工作的懒汉的形象，何必呢?

顺便说一下图形的三维效果。你点击使用 Powerpoint 上面的三维效果，将图形甚至人形三维看了看，你会发现，那形体那色彩，很炫，却不真实、不感人，真不好看。

10. 关于幻灯片的打印和讲义使用

最后，如果你想将你的策划提案 PPT 打印出来，点击“视图”，从左到右，找到“讲义母版”，就可以打印了。A4 纸张可以打印 6 张幻灯片。

你也可以打印出一部分，给自己演讲时做提示，点击“备注母版”，这也很不错。

不管怎样，我们再次说明，策划提案的 PPT 是给人看的，不是给人读的，所以它必须高度视觉化。

所以，没有必要将 PPT 打印出来下发给客户（听众）!

何况，你的演讲和 PPT 放映都依时间进程而进行，你的精彩的“包袱”不要提前抖开，否则，到了关键处就没有让客户惊艳的感觉了。

第九讲　过程与结构

提案是一个与客户进行交流的过程。这个过程，是由许多相关联的要素构成的，分析这些要素，精心地为这些要素进行有针对性的准备和设计，你将能够有效地控制整个过程，从而引导提案朝着预期的方向前进。

“为大于细，图难于易”，将复杂的现象和事物分解成可以把握的局部，是解决问题的有效途径。

将魔鬼重新装进瓶子里

在古代中国，“天方”是指阿拉伯，所以，《天方夜谭》也就是阿拉伯人晚上讲的故事。

《天方夜谭》中有许多故事都十分著名，为世界各地的人们所喜爱。

将魔鬼放回瓶子里去

“瓶子里的魔鬼”的故事，就是其中之一。

故事大致是这样说的：

有一天，一个渔夫出海打鱼。他连续下了几次网，都没有什么收获。天色将晚，准备回家的时候，撒网下去，他只拉上来一个瓶子。在渔夫懊丧地准备将瓶子丢进海里的时候，却因为好奇心的驱使，他打开了瓶子上的锡封。随即，一股青烟从瓶子里飘出，渐渐升高，渐渐成人形，有山一般高大，并开口说话。他说他是魔鬼，被所罗门王捉住，关在这个瓶子里。他一直等着有人能够放他出来，数百年过去了，都已经失去耐心了。于是他发誓，一旦他被放出来，他就要杀死那个放他的人。

从惊恐中恢复镇定的渔夫说：“你要杀死我，我没有怨言。只是我不明白，你这么高大，怎么可能装进这么小的一个瓶子里呢?”

魔鬼说：“这有什么不可能的呢？你看看就知道了。”

于是，魔鬼化作一缕青烟，钻进瓶子里去了。

渔夫眼疾手快，迅速将瓶子封住，然后奋力将瓶子扔进大海。

这个故事给我们的启示是：策划提案，你需要收放自如，能够控制，既能将力大无穷的魔鬼放出来，也能够再次将他装进瓶子里去。

提案不是铁板一块，可以分解和切割，当然，也就可以把握和控制。

分解和切割，是基于深入的理解和认识。

深入它的内部，钻得进去，了解它的组成部分和相互之间的关联，再形成你整体的认识，你就有信心分解、分析、分化，这是深化认识的过程。

凡治众如治寡，分数是也。

——《孙子兵法·兵势篇》

中学时候，你一定学过《庄子·养牛主》中“庖丁解牛”的故事。

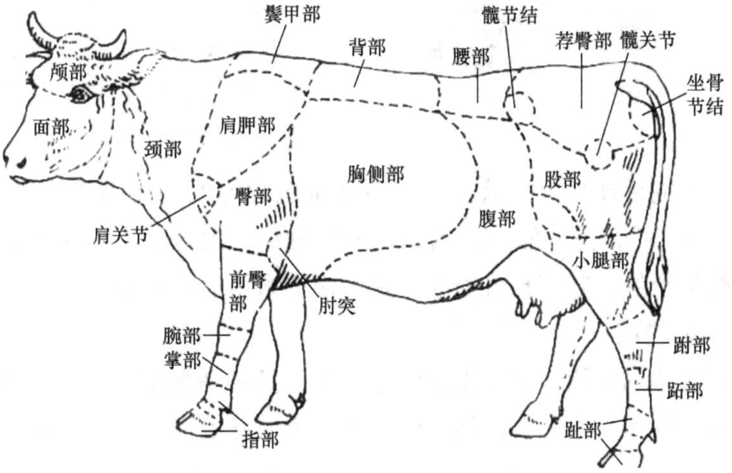

庖丁（一个名字叫丁的厨师）说："始臣之解牛之时，所见无非牛者。三年之后，未尝见全牛也。"这三年，他学会了分析，于是便见不到完整的牛了，而是由各个部分组成的牛。

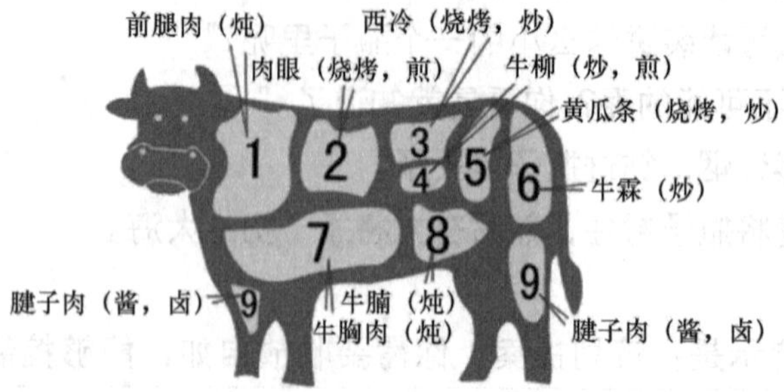

超市里卖的牛肉也是一样的。进入超市你会看到，一头牛被分割为各个部分，有不同部位的牛肉，有不同的性质和不同的作用，在你食用的时候，它最合适的食用方式也各不相同。

用如此的方式来分析我们的提案，你会发现，提案也是可以用不同的方式来控制的。

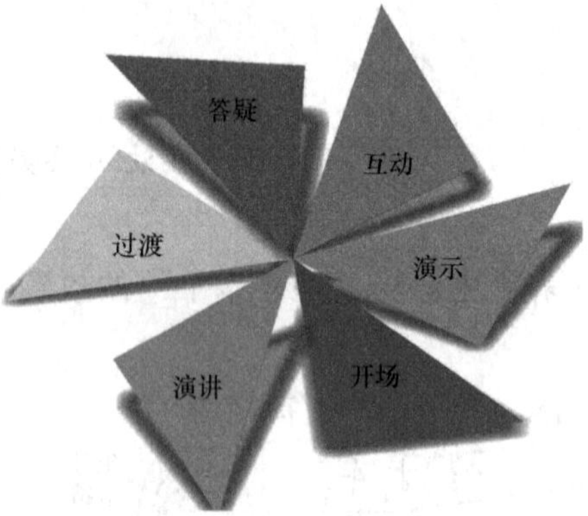

1. 活动构成

一个经典的提案会议是由以下基本活动构成的，即"开场破冰"，引入正题的"过渡"，围绕正题的"演讲"，针对可能存在的疑问的"答疑"，相互之间保持情感和认识的"互动"，以及作为提案中重要角色的"现场演示"（主要是 PPT 展示和相关演讲道具的使用）。

从上面的活动构成上看，一些活动是基础性的，比如"演讲"、"答疑"和"演示"，另外的一些活动是辅助性的，但这并不意味着这些活动就是可有可无的。它们穿针引线，是连缀基本活动的线索。

2. 情境构成

一个具体的场景，由于人的参与，具有某种情境暗示和情境判断，对不同的人，当然有不同的作用。世界上，也因此没有绝对的客观环境和场景存在。

按照未来学家阿尔温·托夫勒的说法，任何一个情境都可以用五个组成部分来加以分析：由天然的或人工物品组成的“背景”；“场合”，行动发生的舞台或地点；一批角色，即几个或一群人；社会组织系统的场所；概念和信息的来龙去脉。

提案也自然是一个情境。这样的情境，可以按照这样的方式进行分析。

会议地点的实物背景（setting）；

提案现场的场合与氛围（situation）；

作为剧场角色的策划提案者和听取策划方案的客户（role）；

提案会议双方的相互关系（relationship）；

提案前双方的相互沟通情况，可以称为预设（preposition）。

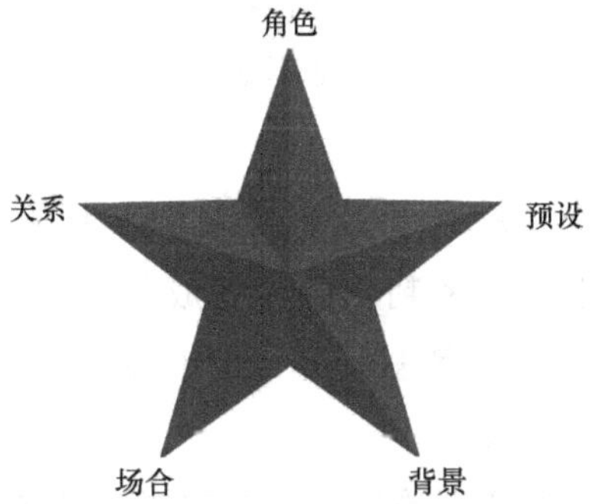

3. 角色分配

正常情况下，一个提案会议总少不了这么几个角色：审查者、同情者、旁观者，当然，还有提案者（你也可以称为被审查者）。

策划提案者完成策划委托任务，工作过程和工作成果需要得到客户的认可，就像小学生面临考试，客户是考官，是审查者；表面上看，由于沟通工作仅仅是提案者和客户两方，但客户方也有对策划提案者表示友好的同情者和对提案比较中性的旁观者。

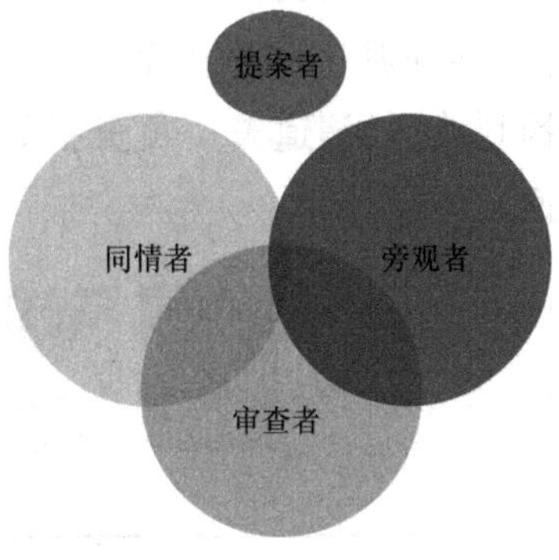

随着策划提案的进行，角色会发生变化。如果操作和控制得当，提案进行

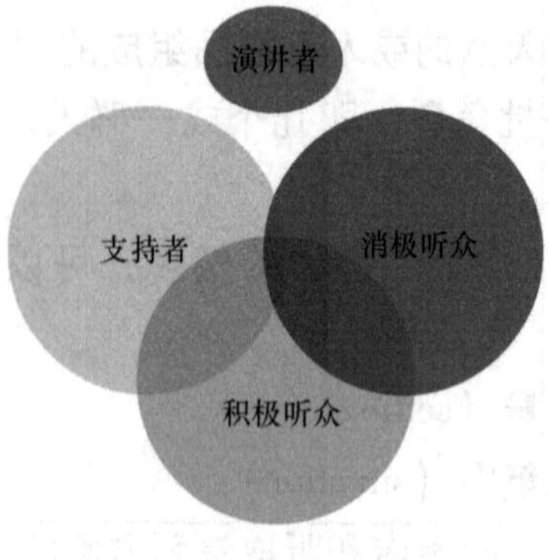

提案会议中，角色发生变化

得融洽，提案者很可能变成了激情四射的演讲者，客户变成了听众，一部分客户的代表甚至变成了提案者的支持者。

这样的效果当然好，你的目的不就是想让他们全部转为你的支持者吗?

如果操作不当，变化就可能越来越负面，越来越具有对抗性和挑衅性。提案可能变成了检讨和审判，提案者成了“被告人”，客户那一方也发生了角色变化，变成“主审法官”、“陪审员”和“书记员”了。

4. 客户代表的角色分配

如果我们按照对谈判角色的分析，客户参加提案会议的人员也可以分为：“首席代表”、“红脸”、“白脸”、“强硬派”和“清道夫”。“首席代表”可能就是客户方的主要决策人，或者是客户最高决策者的代表；“红脸”又叫“黑脸”，责任是故意制造障碍，或者给对方挑刺；“白脸”是和事佬，在出现僵局的时候负责对对方的立场和观点表示理解，缓和气氛；“强硬派”的作用是让对方感受到压力，采取强硬的态度维护自己一方的利益；“清道夫”负责引导谈判的走向，避免离题太远，也努力形成共识。

提案会议中客户一方的角色分配

你还可以根据理解，用不同的视角对提案会议进行分析。如此，你就能够得到有助于提案顺利进行的认识。

比如，你可以根据提案前后双方关系的变化，分析从提案会议开始到结束，有一个双方关系亲密程度的变化。用我们曾经在前面建议的方式，你有不同的亲密程度。高度的亲密，几乎是不需要说服的，而完全对立的关系是无法说服的。通常，随着互动交流的进行，双方的关系是动态变化的。

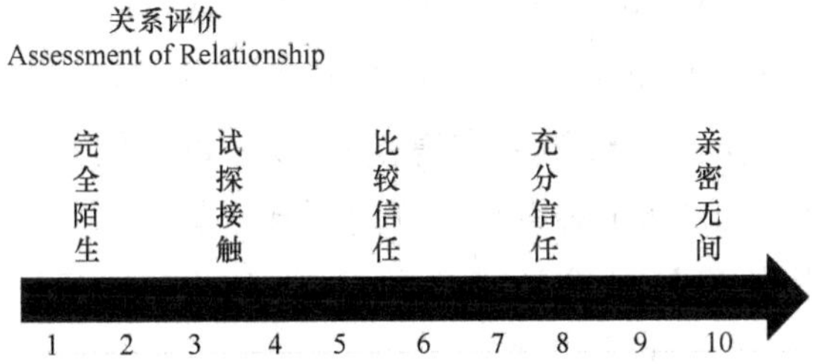

再比如，从权力和影响力的角度，你可以对提案会议中的参加者，客户方和自己一方的所有成员，按照沙盘推演模拟的方式，绘出一个红蓝双方对峙图。己方及其成员使用红色，有可能被说服；对提案有积极配合倾向的对方成员使用粉色；而预想中可能的对抗方使用蓝色。甚至，背景和场合也有可能带有倾向性，也可以使用红色（粉色）或蓝色。这样，你策划提案的任务，就是说服和改变蓝色的成员，使他们变成红色。

提案的进程

进程也是一种结构。

按照什么样的前后次序安排你的提案过程，体现了你对提案结构的思考。

具体涉及方案的汇报和提交，可以有很多个结构形式，比如金字塔的结构、鱼刺图的结构、SCQA（情境—冲突—问题—方案）结构、AIDA（注意—兴趣—欲望—行动）结构等。

但在整体上我们看到，提案有首有尾，有基本的起承转合。

所谓“起”，是指活动的开头部分；“承”是承接、过渡；“转”则是指活动的主体，层层推进，直至高潮；“合”，活动的收尾。

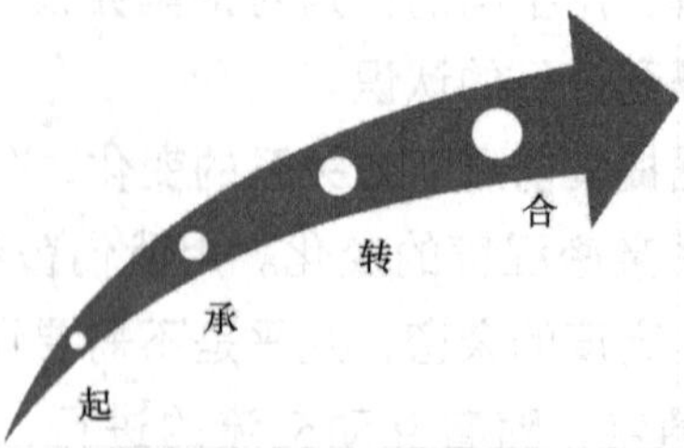

提案之四个阶段

古人讲："起处戒陡顿，承处戒促迫，转处戒落魄，合处戒断送。"一个控制较好的活动，比如奥运会；一个感动人的故事，哪怕是非常传统的，如《白雪公主》；一部叙述漂亮的电影，如《阿凡达》；一幕话剧，如《暗恋桃花源》，你都能够看到这样的"起承转合"。

让我们看看伴随着一代又一代儿童成长的格林童话中白雪公主的故事。

"起"："在一个遥远的国度里，住着一位国王和王后，他们虔诚地向上苍祈祷，王后生下了一个可爱的小公主，肌肤像雪一样白，起名为白雪。"

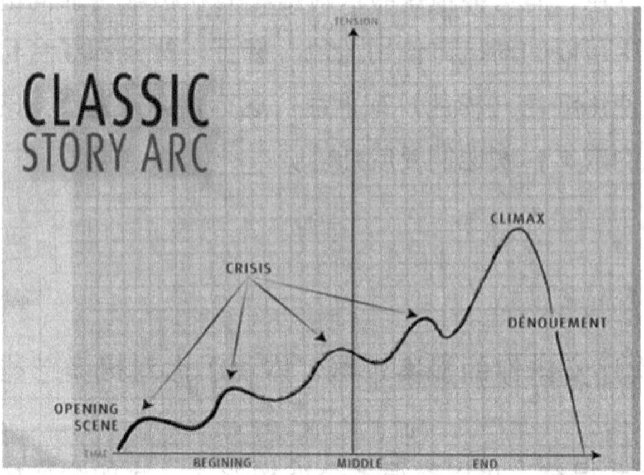

"承"："美丽、善良的白雪公主在父母的宠爱下渐渐长大，人见人爱，全国人民都喜爱白雪公主，森林的动物们，小鹿、兔子、小鸟，都喜欢天使一般的白雪公主。"

"转"：

- "好景不长，白雪公主的母后生病去世了。"
- "国王迎娶了一位新的王后。"
- "这位新王后是个懂得法术的女巫，而且最恨比她美丽的人。"
- "新王后有一面魔镜，魔镜告诉王后，说世界上最美丽的女人不是她，而是白雪公主。”

- “王后命令宫廷的武士，必须将白雪公主杀掉。”

……

“合”：

- “王后受到了应有的惩罚。”
- “美丽的白雪公主答应了王子的求婚。”
- “从此王子和公主永远快乐地生活在一起。”

美国好莱坞（Hollywood）经典电影的叙事结构，这是多少人反复研究和总结的成果。你随便举例，比如《蜘蛛侠》（Spidcr－man）、《复仇者联盟》（the Avengers）、《指环王》（The Lord of the Rings）、《加勒比海盗》（Pirates of the Caribbean）、《变形金刚》（Transformers）、《阿甘正传》（Forrest Gump）、《勇敢的心》（Brave Heart）等，它们也一样地有起承转合的节奏和构成。

如果有兴趣，还可以对自己熟悉的故事、文章、电影、喜剧等进行分析，看看它们的结构和演绎过程。

策划提案，按照起承转合的结构也可大体分为四个环节，即开头、过渡、铺陈、切题。

提案的进行，以得到客户认可为直接目标，提案会议的进行，最终的环节，应当是归纳收拢，切中主题。而中间，采用何种方式，或开门见山，直指要害，或以辽为直，间接进攻，我们都把它当作“铺陈”。

演讲的开头，包含了开场白、承题、过渡三部分，有不同的名称，有的将它们叫作“破冰”，有的叫作“坡道”，有的叫“引子”。名称不同，但内容相差无几。

至于开头之后，你需要技巧，融洽双方的关系，调整听众的心理状态，引导注意，切入正题。于是，我们姑且将它叫作“承题”吧。

四个环节，起承转合，都在一个明确的主题下进行。也就是说，就像做文章一样，策划提案，以严格的控制开始，以严格的控制结束。提案，也是“戴着脚镣手铐的舞蹈”。

控制内容

策划提案的控制并不复杂，没有那么多繁复的分类。

提案之前的准备，你可以叫“事前控制”；提案之后，总结经验教训，是“事后控制”，或者叫“反馈控制”；而最为重要的，当然是“现场控制”——如何在策划的现场将各个要素控制良好，使之向期待的方向发展。

在前面，我们对策划提案各种视角的分析是对现场的各个要素的分解和分化，都是为了控制的。

为了顺利地实现策划提案的目标，凡是影响到客户认同策划方案的因素，都是需要控制的。

在更早的内容里（第三讲），我们讨论过影响到客户认可和认同的三个方面——专业感、信任感和愉悦感。

也就是说，凡是影响到这“三感”的，都是应当着力控制的。

既然这“三感”都是“感”，是感觉和感受，是情绪和体验，是印象和经历，是理解和领会，你就得小心了，它们可能与方案相关，也可能与方案无关。

它们可以是提案现场的背景和环境让人愉快或不愉快，可以是提案前沟通是否到位（预设），是否让客户感受到被尊重，可以是时间安排和进程安排是否紧凑、是否自然，可以是提案者从一开始留给客户的印象让人觉得亲近或者不够亲近，可以是提案者的言语、姿态、仪表、服饰、声音是否符合他们的审美趣味因而顺眼还是不顺眼。当然，更有可能是提案过程中客户所重点关注的利益和相关细节是否得到保证、是否充分地展现。

你得有将魔鬼放出来又放进去的功夫。

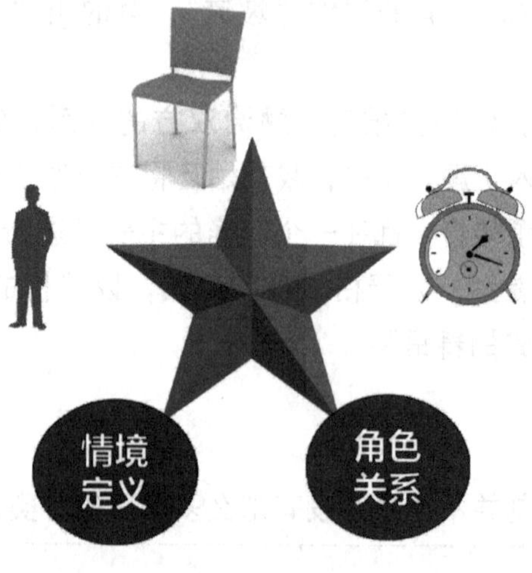

策划提案的控制是情境性的。通过对人员、现场背景、时间进程、情境意义、角色关系几个方面的限定和引导，使得人员和相关要素的参与活动在整体上具有明确的意义，进而对特定对象具有明确的影响力。

这好让人费解。

简单理解，控制就是约束和引导。

对人员、时间和现场背景设置进行控制，这比较好理解。相关人员，规定其空间位置、活动范围、活动频率和活动量，随时监控随时纠正；活动的时间和进程按照预计进行，提前警示，及时调整；现场背景设置更是可以按照预计进行安排，设备、设施、人员空间位置关系，以及其他有关情境道具，都能够按照预先的计划进行。

情境定义，是对情境赋予意义的过程。内容包括了场景设计和氛围设计，也包括情绪管理和印象管理（有关内容参见拙作《策略规划与设计》）。它既是静态的布置和设计，也是动态的即时管理过程。

话剧《简·爱》剧照

而角色关系，即是根据主题的性质确定包括自身在内的相关人员在情境中的位置关系。

任何地方，只要有人的参与，只要涉及情绪和情感，在现场出现的和呈现的任何事物，都是有符号意义的，给人以不同的感受。

茶馆老板恐怕感受很深：茶馆开门之时，高朋满座，胜友如云，花团锦簇，于斯为盛，关门打烊之后，人走茶凉，杯盘狼藉，冷冷清清，一派萧索气象。物是人非，所有的一切布置都原封未动，冷暖之间，天壤之别。

更不必说，策划提案是一个高度互动的情境！

于是，在这个意义上，我们说：

控制是对背景和条件的安排，是对角色关系和情感变化的引导和调整；是对时间进程的监控，是对相关环节逻辑关系的整理；是对客户认知过程的引导，是对策划者印象的管理和控制；是对客户信任的维护和巩固，是信心和影响力的发挥。

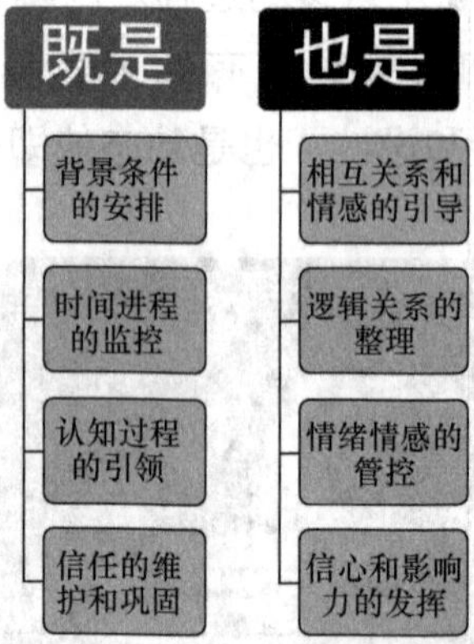

总之，策划提案的控制是“安排”“引导”“监控”“整理”“管控”“维护”“巩固”“发挥”等，针对的对象是客户的信任、双方的关系、方案思考的逻辑、客户作为听众的印象，以及策划提案者的信心和影响力等。客户对你（和你的团队）的信任，客户跟你的关系，客户对方案逻辑的理解，客户心中对你（和你的团队）的印象，以及在策划提案过程中客户是否感受到足够的放松，让你轻松地发挥自身的影响力，是你需要精心安排和小心监控的。

客户给你时间，自愿地进入了你的“彀中”，将全部身心都交到你面前，别错过了机会。

一团和气

根据著名社会学家欧文·戈夫曼的理论，所有的人都在参与社会表演，并按照角色以一定的程序进行互动。互动的过程是某个“定义”被接受的过程。而所谓“定义”，是人们对情境的理解。

提案，就是这样的互动。

就像一个剧场，提案会议的每个人员都各自有不同的身份角色。这个身份角色在一开始是十分清楚的。

每个人因此而演绎剧情，按照自己对角色的理解参与互动。

除非现场中有某种力量主导，使得情境在不自觉中发生了改变。于是，大家的角色身份也随之发生改变。

这个力量，应该而且只能是，你！

如果你放弃了主导，可怕的情形就会不出意料地发生。失去了对提案过程的控制，任由他人或者临时突发情况主导提案的进程，客户的代表就会以批评的立场、挑剔的目光、严厉的态度、刻薄的语言，巨细无遗地审查方案和相关的细节，并对你的语言和行为产生高度的不信任。

这样的提案，几乎没有成功的可能。

——即使你的方案实际上相当不错，本来也经得起推敲！

所以，提案者应当对自己在提案中的地位和作用保持高度觉知，努力引导提案会议的方向，使提案过程朝着预定目标前进。

1. 融洽的相互关系

面对怀疑的目光，从容顺畅地表达自己是很困难的。不论拥有多么雄辩的口才，你无法说服一个满怀狐疑对你不信任的人。

更不必说，你面对的听众可能拥有一票甚至是决定性的否决权，“一言兴邦，一言丧邦”，他们意志坚强，咄咄逼人，居高临下，具有较强心理优势。

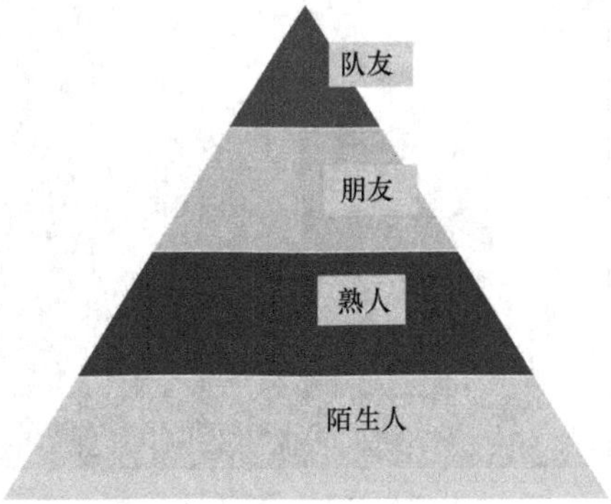

不同关系，不同的表达

提案是一种沟通互动，因相互关系、正式程度各有不同。相互之间距离越远，提案的正式性越强，当然，困难和阻力也越大。有经验的策划提案者对此一定有所体会。双方关系如果已经十分亲密，相互之间已经形成了某种默契，那么用不着做什么说服，走走形式，讲讲要点，做点儿说明，基本就可以了。甚至，如果策划人成为客户的亲密朋友，被看成了“自己人”，甚至连提案这样的过场都免了。

为此，首先要检查你与客户之间的关系。我们前面分析过，你和你的团队跟客户的关系到底有多亲密，做一个比较客观的评价，然后，再确定你的沟通形式和正式性。

不得其人而言，是谓失言。

——孔子

未信而谏，圣人不与；交浅言深，君子所戒。

——苏轼

接下来，在提案过程中你要做的所有工作，都应当以融洽相互关系为主线。根据不同的相互关系，有意识地争取主动，引导相互之间的关系，使之更加融洽、和谐，亲如一家。从“陌生人”走到“熟人”，再到“朋友”，再进一步，使客户感觉到：你是可以信赖的“同一个战壕”的战友！

相互之间的关系，是交流的基础

你需要高度敏感，不放过现场中所有的细节。作为提案者，你是主讲者，你与客户的关系，你与环境、背景和场地的关系，你与当前主题的关系，都应当尽力保持亲密无间，不分彼此。唯其如此，你的提案才可能是顺利的。

2. 让人愉快

只有让人愉快，才能让人接纳。

而要让人愉悦，你得先让人感到安全和舒适。

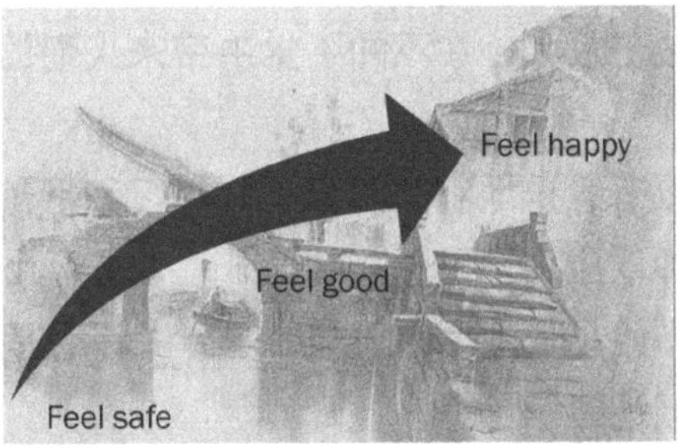

引导相互之间的关系走向亲密无间，是提案控制的隐含目标，它的另一个表述，就是让人感到愉悦，即在提案过程中，从“让人安全”到“让人舒适”，再到“让人愉悦”，让参加提案会议的人感觉良好。

所以，你的提案需要迅速消弭最初的陌生和因陌生带来的抵触，融化可能的对立立场和态度，淡化因场景的控制引发的抗拒，穿过令人不安的迷茫，到达其乐融融、亲密无间的状态。

这种状态我们称为“一团和气”。

“气”，是现场的氛围，每个人都能够感受到。“气”可鼓，不可泄。而且，必须是“和气”，而不能是“斗气”和“戾气”，也不能是离散之气和寥落之气。

3. 破冰的工作

与孙武齐名的吴起，是春秋时期伟大的军事家，《吴子》（吴起兵法）也是大大有名。他说：“卒未亲附而罚之，则不服；卒已亲附而不罚，则不可用。”

如同一个带兵的将军，如果你与手下将士们（尽管看起来，你所提案的客户他们在审查你，地位比你高，但实际上，你是现场的主导者。不过，你放弃或者失去主导，则另当别论）还没有足够的亲近，你不可那么一本正经，那会拒人于千里之外。

于是，破冰的工作你必须做踏实。

在提案会议正式开始之前，作为提案者，你与现场中所有的人员、所有的背景条件（尽管它们是静态的和无生命的）还比较陌生，心理上有距离，情感上还有隔阂，仿佛冰雪封冻，无法敞开交流。

要迅速打破这种冰冻，让气氛活跃，关系亲近，让人人感到轻松愉快，能够畅所欲言。你得有招。不能听任其延续下去。否则，将越来越危险，失败的可能性成倍放大，在不知不觉中带来人们的失望情绪和对未来的种种不良预期。

日常生活中可以有意识地观察和分析，学习和锻炼一些技巧，在人际沟通和商务沟通中加以应用，不断总结提升，直至运用娴熟。

为了在提案一开始尽快地活跃气氛，融洽关系，消除彼此之间还存在的别扭和尴尬，我们还建议：

- 将文案（策划方案的文本形式）提前一天发放给参会的人员；
- 将与本次提案主题相关的材料在提案会议前下发给参会人员；
- 给每个参会人员准备笔和几张空白纸；
- 将会场的座椅安排成围合型的；
- 会议桌上，准备插花（花型最好水平伸展，优美和谐，色彩艳丽）；
- 投影仪打开，调整与屏幕的距离和清晰度；
- 电脑打开，启动 Powerpoint 程序，打开幻灯片，将幻灯片首页投影到屏幕上；
- 开启背景音乐（background music），音量以专心聆听能够听清为准。
- 将主讲人的位置预留出来，必要时可以摆放激光笔或教鞭；
- 如果希望场景显得隆重而正式，可以设置重要参会人员的座位牌；

……

为了体现我们的重视，后面我们专门开辟一讲，称之为“关键 90 秒”，将重点地讨论它。

保持信任

信任，是提案能否顺利通过的基础。

缺失了这样的基础，哪怕仅仅只有一丁点儿，哪怕只有一小会儿，都会对你的提案造成重大影响。

为此，你必须小心地维护客户对你的信任，并在提案的过程中实实在在地保持着他们对你的信任。

1. 确信与信赖

信任包含“确信”和“信赖”。

两个词，意义不甚相同。前者更多的是“被说服”，英语表达为 be convinced，或者仅仅是 be persuaded，而后者的意思是“信任并因此依靠”，更多的是 to trust 或者 depend on。

你可以用雄辩的语言和严密的逻辑，再加上强势的心理，让一个人无法抗拒，无法提出有力的理由对你加以反驳，于是，你“说服”了他（们），但这并不表明他（们）因此放弃了对抗的立场，感情上接受和接纳了你，并在后续的行动中对你产生了依赖。

做策划提案的人，你不能说服客户接受你的方案，而应当走近客户的心里，让他（们）从情感和理性上认同你的方案。应当永远牢记：

“不要说服，而要认同！”

你应当从想到提案的那一刻起，就放弃说服客户的理念。不论你从学校里学到多少演讲和谈判的知识与技巧，这个时候，你都要放弃。

顺便地，想起我们大学里乐此不疲的一种活动——辩论赛。比赛的时候，你来我往，似匕首，似投枪，专挑漏洞，必攻不守，很是热闹。台上台下，都非常激动。获胜者往往被人视为英雄，成为榜样，以为人生事业今后一定能走上康庄大道。然而事实上，这是一种误导。如果以为依靠口才就能够说服他人，就大错特错了。

这里我要再次强调指出，没有人是可以被说服的。

2. 表现得像个专家

要获得信任，正如我们在前面所讨论过的，你首先必须是个解决问题的专家。

客户之所以将自己生死攸关的大事交付给你（们）策划，之所以愿意花时间听你的提案，首先在于你在他们眼里是解决问题的专家。

也许，你仅仅是提案的主讲，并不是这个课题的直接负责人，也许，仅仅是因为你有比较好的表达能力，或者，仅仅因为这个提案会议是事先决定的，而课题的负责人临时缺席，你成了替补。不管什么原因，你成了主讲，你就必须是这个课题的专家！

于是，你得按照专家的形象进行提案，并随时检视之。

(1) 了解问题，了解客户

切实了解客户的现实需求与组织愿景，领会课题的目标和任务，同时，也要理解与会人员的背景和角色身份（包括他们的知识结构、从业背景、兴趣爱好、决策偏好、所在部门以及在接下来的策划方案中所涉及的利益）。

如此，你才能够有的放矢，不至于漫无边际，蜻蜓点水，不痛不痒，让人感觉敷衍了事，或者不了解实际问题只能进行泛泛而谈，坐而论道。

(2) 了解客户所面临的环境，了解客户的资源条件，理解客户的困难和感受

客户的种种困难和焦虑，不免有“只缘身在此山中”的角色和视角问题，但也相当程度上表现为环境条件的严重挑战与自身资源条件的严重不足。感同身受，你才能够真正解决他们的烦恼。

(3) 了解策划的全过程，深刻理解策略设计的意义和策略实施的相关细节

犹如谈话交流，你得知道这个主题（话题）的来龙去脉。作为策划提案的主讲人，你如果没有全程参与课题，也应当清楚地了解全过程。任务是如何产生的，问题是如何界定的，研究是如何开展的，与客户进行过多少次沟通，客户的基本态度如何，双方对课题抱有怎样的预期，等等。

(4) 让客户了解你的专业背景和专业能力

作为专业人士，适当地摆摆谱，适度地矜持，无伤大雅，反而有助于交流和沟通，有助于增强客户的信心。一些小技巧是可以运用的。比如，让团队中的某个客户比较熟悉而且认同的成员，简单地介绍一下你的专业背景和专业能力，这样做能增强客户对你的信任感。

(5) 表达准确、严谨，像个专家

语言是思维的外壳，语言能力是思维能力的表现。表达简洁、准确、具体，是作为一个商务策划专业人才的基本素质。而专家，就更应当是训练有素、滴水不漏的。为此——

你的语言要进行专门的训练，有特别的设计和处理。

你的声音、身体语言、语词选择需要反复彩排。

你要反复检查，防止和杜绝那些有可能引起不安和让人对你的专业能力产生怀疑的连接词，比如“所以”“接下来”“好”“现在”“嗯”“啊”“你知道”之类，以及那些夸张和绝对的表达，比如“总是”“从不”“绝对”“十二万分”“最”，等等。

还要杜绝——

那些粗俗的笑话；

那些陈旧的故事；

那些上不了台面的俚语和方言；

以及新生代的网络语言，除非你的听众他们真的十分年轻，并有网络语言的偏好，偶一用之，可以显得你知识面广而且容易亲近。

(6) 注意你的仪容仪表

作为专家，让人觉得有些守旧未必是不可接受的。我们不需要引领时尚，不需要紧跟潮流，纵使我们客户的行业和领域与时尚密不可分。另一方面，过犹不及，你也不要因此而肮脏邋遢，不修边幅，那给人的感觉一样不好。

3. 走近客户，像个朋友

专家的形象，保证了方案的说服力，客户能够接受你的分析和所提出的解决方案。

说服不是目的，让客户认同才是我们提案所要追求的目标。

只有我们被视为亲密无间的朋友，能够将客户的事业作为自己的事业，身在同一个战壕，面对同样的挑战，感同身受，客户才会信任我们，才会对我们的方案表示认同。

为此——

(1) 给予足够的尊重

尊重客户，对于从事商务策划专业的人员并不是什么问题。从事策划咨询行业时间越长，接触的客户和积累的经验也越多（尽管事实上与客户相比，对于产业的了解我们总是不及），再加上“旁观者清”带来的视角方面的优势，对客户的态度可能在有意无意之间有些轻慢，没有照顾到客户的感受。这样，毫无疑问会引起客户的不快，甚至反感。

有必要反复地提醒自己：对客户的事业表示高度的尊重，因为它凝结

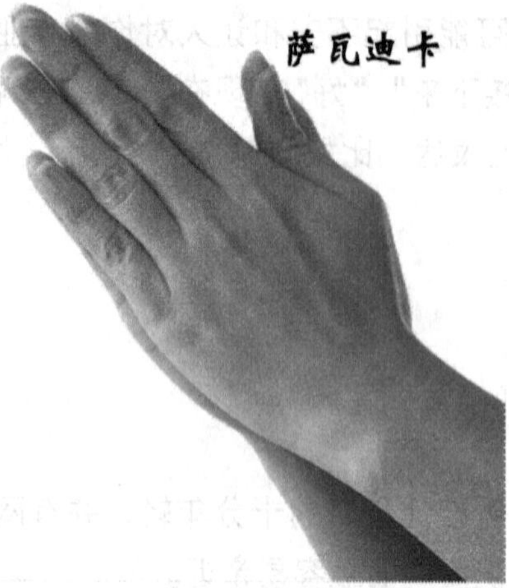

了客户所有的理想和感情；对客户的业绩和历史，表示高度的尊重，因为它是客户运用现有资源创造的奇迹；对于客户的辛勤努力和积极态度，表示高度的尊重，因为它表明，尽管历经沧桑，他们仍旧初心不改，意志坚强，充满希望；对于客户的组织、团队和业务平台，表示高度的尊重，因为这是大浪淘沙的积淀，是客户选择的结果，即使你的方案需要对它进行改造，也仅仅是因为新的环境条件和新的目标任务的要求。

尊重应当是发自内心的，而不是停留在口头上。当你认识到策划所面对的课题永远是具体、生动、不可重复的难题，绝不可能使用过去的成功经验和操作方式进行复制，认识到每一个产业、每一个企业、每一个产品和每一个市场都是独一无二的，认识到每一次承接课题对于你和你的团队在有限的历史里都是全新的人生体验，进而你就会认识到，你和你的团队所拥有的有限的知识和能力，相对于前人的智慧和大师的见识，相对于浩瀚无垠的宇宙，显得多么渺小，你就会收起你那傲慢的态度，真诚地尊重所有的一切，自然，也包括你所面对的客户。

(2) 回应他们的利益诉求

光有态度是不够的，你的尊重应当明确地体现出来，其中重要的，就是你必须回应客户的利益诉求。

客户的利益，简单表述就是“痛点”、“快乐点”和“尖叫点”。

“痛点”，英文表述为 pain point，指的是真实存在的或者想象当中的难题；

“快乐点”，英文表述为 pleasure point，是指客户的希望和期待；

“尖叫点”，用英文为 creaming point，指的是给客户（用户）带来的超越期待的效用。

策划的任务，是缓解痛苦，走近希望，让客户感觉到超出期待的良好体验。而提案，某种意义上就是对这三点的描述和阐释。

所以，如果你要让他们认同你，你不能回避，必须直击客户的“痛点”“快乐点”，用完美奇特的创意和策略，让他们“尖叫”！

（3）对客户的感受给予理解

在提案的时候，适度地照顾到客户的感受会得到他们的好感。这包括对参加提案会议的人员各自面临的困难和问题表示理解，并在方案提案的时候给予说明，表达照顾和安慰，也包括对现场中客户偶尔的行为失当比如迟到、不合时宜的手机铃声、不专业的提问等表示宽容。

（4）积极的沟通

使用积极的语言，体现你对客户的尊重和好感。避免使用一些刺激他们自尊的词汇和短语，如：“应该”“必须”“不可”“学会”“最好”“奉劝”“不要”“不得”“但是”“然而”“可是”“你错了”，如此等等。

还要说明的是，“像个专家”和“像个朋友”，是信任感的两个方面，缺一不可。你不能因为想表现得“像个朋友”，在与客户推心置腹、称兄道弟的同时忘记了自己作为专家的角色；也不能因为自己要扮演得“像个专家”而拒人千里之外，拿腔做调，不好好说话。我们的最终目标，不是让他们崇拜我们，也不是和光同尘，把自己混同于普通人。

掌握主动权

目标的实现，是控制的结果。控制，在相当程度上表现为主动权的掌握和把控。

没有主动权，时时仰人鼻息，事事全凭他人做主，是不可能按照自己的意愿进行控制的。

宫本武藏的《五轮书》是日本著名的兵家著作，与中国春秋时期孙武所著的《孙子兵法》和德国人卡尔·冯·克劳塞维茨所著《战争论》，一同被称为“世界三大兵书”。该书的核心，浓缩为一句话就是：抓住主动权！

对我们的提案来说，也是一样。保持主动权，才能保证你在客户心目中的地位，才能保证提案目标的实现。为此，你得有一些技巧。

1. 充满信心

主讲者的自信是取得客户信任的基础。面对充满不确定性的环境，商

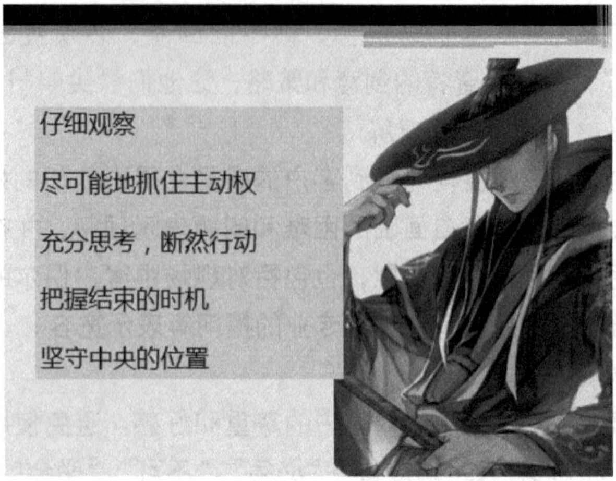

务策划的目标任务能否顺利达成，需要精诚团结的艰苦努力，更需要有透过迷雾洞察未来的预见性。客户之所以需要外脑帮助他们解决问题，重要原因之一就是面对未来的不确定性，他们需要获得业内专家在决策上的一些肯定。

没有足够的自信，显然不会被看作专家，当然也不会被客户视为亲密的朋友。作为主讲者，你是策划团队在这个现场的核心，肩负着团队的重任，同时也是这个场景的核心，这个会议能否让客户满意，你必须负责。担当责任的关键，就看你是否有信心。

首先地，你应当精神饱满。你的精神状态代表着很多东西，也透露出很多信息（关于这一点，我们在后面“胜于无形”那一讲中，详细讨论）。如果精神状态不佳，宁可找另外的人代替你，而不可草草登场。

其次，你应该坚定有力。你的目光是坚定的、不游移的，具有相当的定力，让人心里感到安定；你的声音应当是坚定的，掷地有声，不容置疑；你的脚步应当坚实，不是游移不定的；你的安排应当是节奏明确的，不至于拖泥带水，藕断丝连，害得大家议而不决，形不成决定。总之，你的坚定带给大家信心。

再次，你演讲的语言要经过反复的选择。演讲不同于文案写作，书面语言和口头语言是有重大区别的。提案的演讲稿需要口头表达上的顺畅，而不是书面语言的精美和准确。

用谈话的方式阅读你的演讲稿，你会找到很多的词汇、短语和句子，需要重新组织和替换。比如：

“各位领导，各位老总，早安！”——换掉，太过于书面化。

“我很荣幸地向大家就×××的研究成果进行提案。”——删掉，提案是你的任务，不是什么荣幸。

“政府政策的变化，导致白酒市场寒流滚滚，秋风扫落叶，企业纷纷关张，哀鸿遍野。”——换掉，太书面化，而且太多言过其实的夸张。

还有一些表达，不一定影响到你口头表达的顺畅，却严重地影响到客户对你的信心和信赖。比如：

“我想”“我以为”“我（们）认为”“我感觉”“我猜”“让我们……”“某种意义上”“某种程度上”“对不起”“请原谅我的……”“希望大家不要介意”，等等。

2. 找到一个舒适的位置

在提案现场，当你出现在不该出现的位置，你会感到不自在、不放松，因而也就难以表现。为此，我们的建议是，在提案会议举行之前事先熟悉场地。你完全有能力了解到会议的具体场景。

别告诉我说，客户对会议场地保密，或者临时改变场地。那只表明你没有获得客户信任！而在你还没有获得客户信任前，你提什么案呢？

在会议现场，关上门，自己用心感受，哪个位置是你觉得舒适的和感觉比较自主的。——当然，如果你习惯了隐没在人海里，在会议室里不被人注意，那另当别论。——通常，在投影屏幕的右前侧，是比较舒服的位置。

这个位置上，你是会议的中心，与客户的首席代表距离近，便于相互交流，又不至于侵犯了客户的安全空间。在这里你视界开阔，对于会场的一切都尽收眼底，参会人员的一举一动你都能注意到。而且，你还有相当的活动空间，可以随时移动到会场的任何一点。

3. 保持与听众的距离

尽管你可能与客户很熟悉了，但提案会议还需要进行，那是一个比较正式的交流过程。

一般意义上，公众距离在 2.0 米以外，2.0 米以内为亲友距离，0.6 米以内则属于私密距离，亲密的恋人、相互默契的兄弟之间才会保持这样的距离。

主讲者与最近的听众，尤其是客户的代表，应当保持在 2.0 米左右的距离。太远，让人感觉到生疏；太近，在某种程度上侵入了对方的安全距离，会使人紧张。而距离你最近的这位听众，被客户认为是他们的一员，与他们一体。他被侵犯，一定被视为客户整体上受到侵犯，所以不可不慎。

掌握了这一距离的意义，你可以游刃有余地加以操控。比如，当你发现现场有人，你可以以走近他的方式提醒他，而走近并不是走到他身边，而是做出向他那个方向迈出脚步的动作就可以了；而当你希望表达你与客户是一体的，你们是同舟共济的朋友，你可以身体略为倾向客户；而为了表达你作为专家的意见，你又可以微微拉开距离。

4. 保持对听众的平等照顾

客户的代表，无疑，可以分为主要决策者与次要的影响者和参考者。但这并不意味着你只与重要的人员进行交流，因此而对其他人有所忽略。如果真是这样，那是很危险的。你可能既失去了重要的决策人员的信任，也失去了其他参会人员的支持。

保持对现场听众一视同仁的照顾，让他们都感受到你无差别的关注。

方法很简单，将你的听众分成平等的几块。比如横竖两条线，平等地划分成九个方格。每个方格都给 3 秒钟左右的目光，从左上到右下，作“Z”字形的目光移动。

如果你的听众们坐成了一排，似乎不太好划分板块了。这也不难。你将他们一样划出几块，将自己的成员也划出一块。目光移动时，自己团队的成员也得照顾到。当你的目光移动到他们那里，他们一定会心领神会地给予你支持和配合。

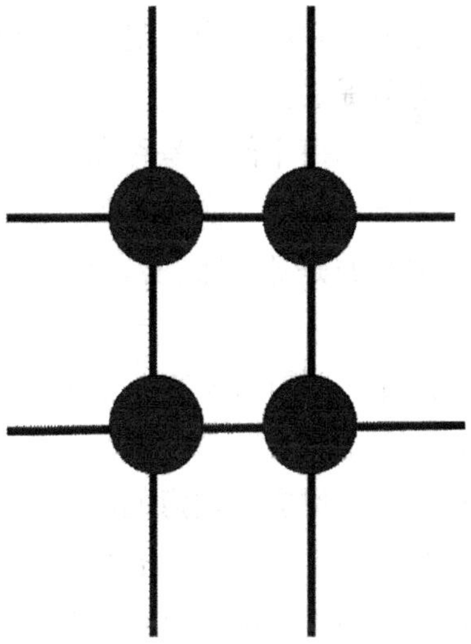

从这里，你可能会得到些启发。你可以在目光移动的时候寻找客户阵营里的同情者，从他那里寻求支持。但是，你跟他的目光接触时间不要过长，否则容易被人察觉，也会让人不安。

能照顾你的听众，是你控制能力的体现。

以下的这些错误，你是不可以犯的：

——目光游移、躲闪，不敢与人接触；

——低头只看自己的讲稿，或者自己的电脑屏幕；

——手上把玩激光笔或者其他东西；

——只跟身边的人交流；

——来回不停地走动，让人头晕。

平日里，多看看那些著名的演讲，学习一些演讲技巧，一定能够对自己的提案有明显的帮助。

5. 运用停顿

“一默如雷。”

巧妙地运用停顿，你能够唤起注意，凸显重点，表达你的原则和反对态度，传递你对某些行为的不快。除此之外，你还可以通过运用停顿改变提案的节奏，化解僵局，甚至在演讲的时候适时地休息，润润嗓子，调整气息，或者改善你的情绪。

作为教师，这个技巧，几乎是公开的秘密。

6. 控制节点

提案是由几个部分组成的。这些部分，前后连贯、相互衔接，但各个部分各有侧重。

提案的顺利进行，是以各个部分按照预期、按照计划，充分完成主题任务为前提的。

提案的每个部分是否顺利进行，是否充分达成了预期效果，作为主讲人，你自己心里一定要有数，要充分把握分寸。这里，并没有什么数据指标。重要的是根据经验，你一定要心里有数。勿使其不足，亦勿使其过之。

比如，“提问环节”，你预期的目标是保证前述部分能够得到观众充分的理解。于是，客户的提问是否充分表达了自己的疑虑？是否有理解上的困难？都是你应当注意的。

如果你的评价是“否”，那么需要将这个部分的关键进行重点说明。于是，当然地，就有可能耽搁原先的进度。

解决的办法，一是在后续阶段里加快进度，省却原先计划中的某些次要内容。二是在制订计划的时候，预留出足够的时间，就像策划预算中留有“不可预见费”一样，宽备窄用，这样才能从容行事。

7. 高峰处结束

做演讲，可以在前面滔滔不绝，大开大合，将预先设定的主题起承转合，轻松演绎，然后留下时间，让听众踊跃提问。

提案不比演讲，千万不要在前面部分弄得妙语连珠，口若悬河，天花乱坠，让人如醉如痴，后半部分则虎头蛇尾，草草收场。那样会让人感觉很不好，要知道，策划最重要的，是策略的实施，而不仅仅是创意和思考。

要像音乐、戏剧一样，在层层推进之后，达到高潮，凤头、猪肚、豹尾！在高峰处结束。

所以，要将提问环节放到中间。

控制表

提案控制的最佳手段和工具，就是在提案进行之前详细地列一张“提案控制细目表”。

在这张细目表上，将你的提案分解为各个活动。这里所说的“活动”，是比较细的那种。比如，“提问”“指示”“演示”“讲述”，都是动词可以表达的具体行为。

第二栏，是你的 PPT 展示。

第三栏，应当是“听众眼见”的内容。

第四栏，是你的“主讲内容”。

第五栏，是你每个活动所需要的时间，需要精确到秒。

第六栏，是你的 PPT 演示的时间。同上面的时间一样，需要精确到秒。

最后一栏，是你的“进程”。将所有的时间加总，之后得到总的时间。

你看出来了吗？这样一个表的安排，就是将你所讲的（你让听众听的）、你所做的和你让听众看的分别列出来，按照统一的进程，在一张表格中体现出来，以便于控制。

这看起来比较琐碎，但它实在是相当称手的工具。

提案控制细目表（示例）

活动	PPT	听众眼见	主讲内容	细部时间	PPT 时间	进程
招呼	标题页	标题	介绍	30″	4′50″	4′50″
破冰			故事	4′20″		
介绍	目录页	构成图示	构成	1′00″	1′00″	5′50″
	第三页			1′30″	1′30″	7′20″

有心之人可以根据自己的理解和提案性质编写此表。其中内容的详略粗细，由自己确定。“运用之法，存乎一心。”

提案的控制是一种感觉，具体分寸该如何拿捏，有赖于经验，有赖于感觉。策划提案的人应该心细如丝，对当前的情况、对客户的感受，要巨细无遗地进入内心，然后有相应的措施给予反映。

第十讲　关键 90 秒

“好的开始是成功的一半。”（Good beginning is half done.）

这句话据说是著名哲学家柏拉图（Plato）说的。

说得真好，都已经成为全世界各个民族的谚语了。

在前面我们讨论过，提案的“开始部分”至关重要，它决定了后续活动能否顺利进行，决定了提案是否能够达成目标。

你自己事前可以想当然，划定某个节点之前为“开始”。但真正意义上的那个决定成败的开始，并不像事先的计划和想象。

在内容上，它并没有很大比例，比如 5%、10% 或者 20%；

时间上，它也不持续很长，比如 5 分钟、10 分钟或者一刻钟；

在感觉上，它也不是逐渐积累、简单叠加的，比如环境，加上氛围，再加上主讲者的服饰，或者别的什么东西。

它几乎是瞬间发生的，其他的时间和/或内容，都不过是在此基础上的延伸和扩展，要么锦上添花，要么落井下石！

按照我们的经验，它大概有 90 秒时间。于是，我们叫它“关键 90 秒”。

亮相

20 世纪 70 年代，几乎每个地方都有戏台子。

有一次，如往常一样，鼓锣声响，一场演出又将开始，乡里的戏台下面又坐着黑压压的一群观众，翘首以盼。但是，时间似乎过去很久了，还不见开场。

等待了似乎很久很久。

这时，只听密集的一阵锣鼓响起，胡琴拉起，《打虎上山》的调。大雪纷飞，寒风呼啸，后台那边帘幕后面，隐隐有人影闪动。忽然，腾地闪出一个人来，杨子荣的扮相，从右边斜斜地冲上，就要亮相。

突然，不知道被什么东西一绊，一个趔趄，他重重地摔倒在地！一时之间所有的人都惊呆了！锣鼓停了，胡琴也停了，台下人哄堂大笑！由于刚下过雨，露天的戏台地面很滑。演员试图从地上爬起来，然而，还是没有找到重心，又一次摔倒在地。观众们更加放肆地大笑起来。

童祥苓《打虎上山》的“亮相”

演员站起身来，面红耳赤，一身污迹，戏服似乎也破了。定了定神，鞠了一个躬，然后为刚才的失误请求观众原谅。台下的人们乱哄哄的，有人被刚才的情形逗乐了，还想看他是不是再出洋相，另外的人可能已经对他不满意了，开始喝倒彩，“下去吧！下去吧！”众人的声音汇成一股洪流。那位演员有些不甘心，坚持了一会儿，但还是站不住，只得悻悻下台。看他恨恨地下台去，众人又笑了。

“亮相”本是戏曲中的一个动作。在演员上台的时候，做一个短暂的停留，摆一个 pose，展现所扮演人物的性格、气质、精神面貌，相当于自我介绍。它是演员表演的一部分，出场时的这么一站，不单展现的是角色本身，更是演员平日里积累的基本功。一个演员能否吃得上这碗饭，就看这一“亮相”！所以，人们总说“台上一分钟，台下十年功”，这“一分钟”指的就是这个“亮相”。

90 秒

你不能一上来就直奔主题，然后一马平川，一梭子子弹，一口气冲锋，直到对方阵地前。这也太无趣了。

清代诗人袁枚说：“文似看山不喜平。”

古人做写诗文章，还讲究个“赋比兴”。“关关雎鸠，在河之洲”，然后才是“窈窕淑女，君子好逑”呢；先是“蒹葭苍苍，白露为霜”，后面才是“所谓伊人，在水一方”呢。

为了表达方便，你需要在主体部分出现之前有一个部分作为引导或者前奏。

你总得在人们愿意真心倾听的时候才跟人交流吧。你需要调整听众的状态，让他们集中注意力，用心倾听你的声音。

客户放下他们自己的工作，前来听你就方案进行解释和说明。这既是因为他们希望了解方案的逻辑和有关细节，也是他们出于礼貌和对你的尊重，但这都是理性的要求，并不表明他们从心理上、感情上真愿意来。即令他们被迫到来，坐在会场上，也并不表明他们在倾听。

为此，从他们坐下来，到他们打开心灵与你用心交流，也有一个过程。

在很多关于演讲的书籍里，通常将这一过程叫作“坡道”（feed ramps），意思就是说，没有这么一个坡道，你就不能与听众有同样的高度，实现平等的、以心换心的、心心相印的交流。

坡道是上下沟通的桥梁

至于叫它“坡道”还是“前奏”，或者是“开头”，并不一定。姑且叫它坡道吧。

坡道承担了三大任务，或者说有三个重要任务必须由坡道来完成，那就是——

- 吸引听众注意；
- 破冰，调整与听众的关系；

- 激发期待，给听众安静聆听的理由。

不能有效吸引听众注意，则后续的主体部分就不能真正地让听众理解，提案的目标就不可能达成；不能融洽相互之间较为陌生的关系，就无法真正推心置腹，获得听众（客户）的信任；而如不能激发听众的期待，让听众有安静聆听的理由，怎能让自己的语言具有打动人心的力量?

如此“高大上”，就不简单的是一个“开场白”可以概括了，也当然不是一般意义上的“亮相”。

失败的开场让客户失望！

（评论由作者所加，乔布斯其实没有这么不宽容）

而且，策划提案不比演讲和戏剧，从一开始，听众的角色关系决定了他们挑剔的目光。他们不会耐心地等待你进入正题，不会宽容地原谅你失败的“亮相”和蹩脚的“开场白”。

一个常规的演讲，你可以在你的开场尽抖包袱，持续数分钟乃至十几分钟，从容应对，挥洒自如，听众基本不会有什么不满；一个话剧或者传统戏剧，开场持续数分钟、十几分钟，也是无伤大雅；一部交响乐，前面的呈示部占好几分钟才进入正题，也没有什么不可以。但策划提案却不可以！

10 秒，客户决定了他们喜不喜欢你！

对一个陌生人，我们观察他、评价他，然后决定是否喜欢它，时间并太长，只需 10 秒。有研究表明，这一时间甚至更短，7 秒！7 秒钟，也仅仅够你做一个简单的自我介绍而已。

30 秒，客户决定要不要继续听下去！

你要给客户专心聆听的理由。他们凭什么要放下自己的工作，舍弃可以放松身心的时间，前来接受你的陈述、表演，更有甚者，还可能是折磨？30 秒，你必须要传达给客户他们想要的，诉诸他们的利益，激发他们的兴趣。

余下来的 1 分钟里，你必须向客户阐明提案的基本结构和基本流程，让他们了解提案的主要内容，理解提案的重点和核心所在。

这个说明是很重要的。在某种程度上，这相当于契约。客户接受了这样的契约，就意味着在后续的时间里将按照预先的约定参与提案会议，服从有关安排，相互合作，并期待作为相互合作的结果的提案目标。

90 秒，按照我们正常的语速，5～6 个字/秒，也就是 500 个字左右。如果说了 500 多个字后，你都还没有引起听众注意，激发他们倾听的兴趣，融洽双方关系，这个开场可以说已经失败了！

经典的开场

90 秒的开场，必须成功，不能失败。

让我们先看看那些经典的开场吧。

很多年以后，奥雷连诺上校站在行刑队面前，准会想起父亲带他去参观冰块的那个遥远的下午。当时，马孔多是个二十户人家的村庄，一座座土房都盖在河岸上，河水清澈，沿着遍布石头的河床流去，河里的石头光滑、洁白，活像史前的巨蛋。

——加西亚·马尔克斯：《百年孤独》

马尔克斯不愧是讲故事的大师，第一句就将人吸引住。“很多年”“上校”“行刑队”，每个词都是故事。你不想读下去，都不可能。

那是最美好的时代，那是最糟糕的时代；那是智慧的年头，那是愚昧的年头；那是信仰的时期，那是怀疑的时期；那是光明的季节，那是黑暗的季节；那是希望的春天，那是失望的冬天；我们全都在直奔天堂，我们全都在直奔相反的方向——简而言之，那时跟现在非常相像，某些最喧嚣的权威坚持要用形容词的最高级来形容它。说它好，是最高级的；说它不好，也是最高级的。

——查尔斯·狄更斯：《双城记》

狄更斯小说的开场也是别具一格，“最美好的”“最糟糕的”“智慧的”“愚昧的”“信仰的”“怀疑的”“光明的”“黑暗的”“希望的”“失望的”“上天堂的”“下地狱的”，如此等等，不一而足，令人困扰，纷乱不清，这样的故事，你怎么能不读?

他是个独自在湾流中一条小船上钓鱼的老人，至今已去了八十四天，一条鱼也没逮住。

——欧内斯特·海明威：《老人与海》

“独自”“湾流”“老人”“八十四天”“一条鱼也没逮住”，这样的描绘，一幅苍凉的画面展现在我们眼前，非常具有视觉冲击力和情感震撼力。好的开场！

一天早晨，格里高尔·萨姆沙从不安的睡梦中醒来，发现自己躺在床上变成了一只巨大的甲虫。

——弗兰茨·卡夫卡：《变形记》

这样的一幅画面够恐怖的，也够魔幻的，你不想看下去吗?

让我们看一个更惊悚的：

黑尔抵达布莱顿还不到三个小时，就知道他们要谋杀他。

——格雷厄姆·格林：《布莱顿·诺克》

而女性作家简·奥斯汀的作品《爱玛》，也不遑多让，有别出心裁的开场：

爱玛·伍德豪斯清秀、聪明、富裕，家庭舒适，性情快乐，似乎同时有了生活上的几种最大幸福，已经无忧无虑地在世上过了差不多二十一个年头了。

这样的开场，几乎每一个都有一个钩子，只要你读过开场，就会爱不释手，一口气读下去，绝不会半途而废。

再看看那些知名的影视作品，比如由著名导演马丁·斯科塞斯(Martin Scorsese)拍摄的，讲述世界电影史上里程碑式人物乔治·梅里爱的电影《雨果》，也正是如此。

电影《雨果》剧照

电影一开始，伴随着远处传来的火车汽笛声，从埃菲尔铁塔上俯瞰，犹如巨大的钟表，精密的齿轮在转动，以凯旋门为中心的巴黎铺展开来，街道灯火通明。雪花飞舞，埃菲尔铁塔巍然屹立。我们的视角从天上俯视，飞越鳞次栉比的建筑，直逼火车站的屋顶。飞雪之中，巨大跨度的车站里，两列火车停在月台上，旅客们正在忙碌。穿过蒸汽，车站里的人们熙来攘往，车站的大钟越来越清晰，数字表盘上，“4”字后面，有一张孩子的脸！这就是我们电影里的主人公。一个在火车站钟楼里玩耍的孤独的孩子。

从孩子的视角，我们看到火车站里的人们：牵着警犬的巡警腿脚不是很方便，端着法式长面包的面包师傅，喜气洋洋的卖花姑娘，商店的老板严肃而绅士气十足，拉小提琴的琴师正在忘情地演奏，几对男女随着音乐正在起舞！而镜头回来，我们看到那孩子从钟楼里跑出来，迅速地滑下楼梯，穿过过道，来到玩具店老板的店前，老板翘起的胡子，十分俏皮，眼睛冲你一眨。两个主角交叉了。

千万“别”

失之毫厘，谬之千里。许多时候，以为看起来周详的计划，临到头却不是那么回事。为此，提案的开场应当精心设计，反复演练，然后再施行。

在设计你的开场之前，必须首先避免那些低级错误。

1. 不要吹话筒

吹话筒，调音响，应当是在提案之前进行的准备工作。再说，你又不是调音师和设备管理员。吹话筒的“呼呼”声，“喂、喂，听得见吗?”的试音，连带引起音响刺耳的尖叫声，都是让人受不了的。当然，这样做更让人觉得你没有效率，在浪费大家的时间。

2. 不要拉家常

策划提案毕竟是在正式的场合，而且是就严肃的议题进行商讨。家长里短、婆婆妈妈、鸡毛蒜皮的小事情不应当在这种场合出现。提案的开场，绝对不应该跟人拉家常。

3. 不要进行可有可无的寒暄

“早上好”，“下午好”，“××老总，早上好”之类的话，可有可无，不痛不痒的问候和寒暄实在是俗气不堪，有耽搁时间的嫌疑，却没有融洽关系的助益。

4. 不要讲笑话，除非你真的很有喜感

有人简单地以为开场时讲一个笑话，可以拉近双方的关系，这是一种误解。除非你生性幽默风趣，所有人也都这么看；除非你的笑话十分新颖，而且确定一举能够激发听众兴趣，拉近双方关系；除非你的笑话与主题高度相关，否则，谨慎些。我们不是笑星，逗笑取乐实在不是我们的特长。

5. 不要放视频

视频，因为声像资料的直观性和生动性，自然能够在一开始引人注意，让客户的情绪和情感跟随和参与。

但是，也是因为它的直观性和生动性，太容易将听众的注意力吸引住，让他们沉醉其中，牵动情感，难以释怀，短时间里，你无法迅速转移他们的注意，将他们从刚才涛涛的情感波澜中拉上岸来。

视频是提案的陷阱。如果你在一开场使用视频，你几乎不能开始你的提案，尽管它成功地吸引了听众，但也废掉了你的提案。

6. 除此之外，以下的这些错误也不要犯。

“大家看得见吗?”

——你是谁，看得见看不见不知道吗?

“听得见吗? 喂，喂。”

——你是声像设备管理员吗?

“我的提案将用时一个半小时”。

——你对你的内容没有信心吧?

“我知道你们都很忙。”

——这不是废话吗? 谁不忙呢?

“很抱歉，占用你们宝贵的时间。”

——时间既然如此宝贵，你干吗要占用啊?

“我给大家讲一个故事（笑话）……”

——有故事直接讲不行吗，卖什么关子?

“感谢大家光临!”

——开始你的提案，我们不是想给你面子。

“也许我首先应该说的是……”

——你竟然不知道自己要说什么! 这不是在浪费时间吗?

“好，我们开始吧?”

——听你那意思，你还不大情愿开始?

“我很荣幸地在这里，给……”

——策划提案所有参加的人都等待很久，这是某个人面子的事情吗？

我有七（奇）招

“关键90秒”，你应有特别的应对招数。作为策划者，体现你智慧的时刻到了，而且，你的客户在期待着呢。

你一定有些自己的绝招吧。

我们献丑，给大家推荐几招，可根据具体情形予以施行。

1. 语出惊人

笑星郭德纲曾经有一妙语：“床前明月光，疑是地上霜。举头望明月，我是郭德纲。”语出惊人，一开场，就引来观众莞尔一笑。

一句话，需要反复琢磨，需要立即引人注意。从事商务策划和管理咨询，与各行各业定然有不少接触，各类妙语警句也一定有所了解。只要留心，不愁没这样的句子。

2. 数据说话

精确的、具有特别意义的数据，能够极大地引起人们的注意。如果这个数据又与提案的主题高度相关，就不但能引人注意，更能够将提案贯穿，启发思考。

比如，“2012 年中国烟草行业实现利税8 649亿元。而 2014 年烟草行业实现利税竟达到10 517亿元，占当年全国财政收入140 350亿元的 7.5%，成了真正的支柱产业了！”

这样严峻的控烟局势，确实令人触目惊心。

精心选择一个或一组数据，不必有太多的言辞，紧扣主题，效果会很好。

需要把握的是，数据必须有足够的意义，能够挖掘出非同一般的道理和让人惊讶的事实。

3. 提出问题

问题能提起注意，启发思考，是演讲中最常用的技巧之一，当然，也是教师常用的技巧。

策划提案中，开场提出问题，既能够贯穿提案的全过程，也能够紧紧作为引起注意、激发兴趣的技巧而独立存在。

只是需要注意的是，这个问题需要反复斟酌，它应该是一个“问题”，不能流于一般！它是开放的，能够激发思考和讨论的兴趣，而且最好与提案的主题相关。问题的陈述方式也应当有所考虑，明确重点所在。

如，“中国工商银行的竞争，马云没有紧张，亚马逊的竞争，马云也没有紧张，但有一家中国快递企业，却让他万分紧张！它是谁呢?”这样的问题就挺好的。

4. 想象一下

提案的开场，让大家就某种情形进行设想，能够比较好地将观众带入情境之中，讨论问题有相应的氛围和角色感，减少了歧义，也减少了冲突，这是比较有效的手段。

你可以就方案实现后的预期展开想象。描绘未来，预先与客户享受成功后的喜悦。然后顺势而为，承接下来，“为了这样美好的目标，我们来讨论我们方案的细节……”这样，风行水上，自然而流畅，不着痕迹。

当然，你也可以单独就某个重要的细节让大家展开想象，深究其中的细节，然后导出你提案的主题。

甚至，你可以就一个看起来并不十分相关的话题让人们展开想象，以引起注意，活跃气氛，启发思考，然后再收敛归纳，回到你的正题上。只要你收放自如，不至于让人觉得莫名其妙，有耽搁时间、浪费表情的嫌

疑，就没有什么不可以。

5. 设置悬念

悬念可以是一个小问题的答案，一个线索，或者是问题的关键点，它可以贯穿整个策划方案，也可以是其中的某一个点。

策划提案，它几乎一开始就隐含着悬念，那就是策划所针对的问题。问题表现为目标状态与现实之间的差距。在提案之前，所有的人对此都心知肚明，心照不宣。所以，一开始将问题明确地提出来，就是悬念。

如果另外设定悬念，只要不妨碍主题，也是可以的。

只是对于悬念的设置，要紧的是预先设计，该怎么使用，什么时候使用，需要控制好。同时，悬念本身应该合情合理，不要牵强附会，否则会弄巧成拙。

6. 讲故事

故事牵动感情，总能吸引人。现在这个时代，不会讲故事，自然做不好商务策划，也做不好商务策划的提案。

从故事开始，能够让人着迷，吸引人注意。某种程度上，商务策划的提案就是讲故事。

为了将故事讲好，我们甚至有必要专门辟出一讲重点地进行讨论。

讲故事，可以讲名人的故事，可以讲有趣的故事，也可以讲自己身边的故事。

- 名人轶事。因为名人的影响力和亲和力，容易被人被接纳而没有障碍，尤其是客户所喜欢的那些名人。
- 曲折动人的故事。因为情节生动，情感真挚，别有生趣，所以引人入胜。

● 身边故事。因为熟悉亲切，没有距离感，因此也减少了观众接纳的障碍，讲起来让人感到自然平易，但却能够因为情感真挚，体验细腻，很煽情，很抓人。

7. 使用道具

道具十分生动、十分直观，它比你的其他解说更吸引人。

道具有丰富的内涵，你可以做多种解读，根据情境和创意的需要，你可以让它扮演不同的角色。

而且，道具本身也可以是你设计的悬念，在一开始，就能够让人着迷，听众等待着你何时给他们解开谜底。

有经验的策划提案者，应该能够将道具运用自如。

远在天边，近在眼前，几乎所有的东西，你都可以将它们作为道具，让它们临时进入你的情境，让它们扮演你所需要的角色。

有如此奇招，你应当能够将你的提案开场做得别有生趣，听众听得如醉如痴了。如果你还不会，多操练就是。万一失败，也不要紧，你后面还有时间，还有你的团队成员，他们是你的后盾。

第十一讲　故事与故事性

今天这个时代，不会讲故事，你就无法拥有听众，再伟大的创意也只能曲高和寡，难以走近目标消费者的生活，当然也方无法走入他们的内心。

不会讲故事，是不能做策划提案的。

策划是讲故事，策划提案更是讲故事。

能不能将你的故事讲得精彩，吸引听众，将决定你的方案多大程度上被客户接纳。

“这个婆娘不是人”

据说，明朝的著名才子徐渭（字文长）给人祝寿，送去了一幅画——《百鸟朝凤图》。比拟寿星大人是人中凤凰，非常富贵吉祥，自然是让人开心的。以徐文长的名气，再加上这样的主题，这幅画便是非同寻常的寿礼。展开画一看，可惜没有提款。于是，主人家和一众宾客纷纷要求，请徐先生题字。一帮人的央求和聒噪，让才子的牛脾气上来了！只见他提笔写道：“飞来一只又一只”，众人一看，这是什么诗啊，看来平常不过嘛。第二句“三四五六七八只”，这是什么啊，不就是数数吗？什么才子啊！然而，第三句来了，“百鸟若真来朝凤?”这是一个问句，众人的好奇心被勾起了。答案是什么呢？徐文长写到“啄去良谷千万石!”哈哈，把一帮宾客全骂了！

比起徐文长的故事，下面这个故事就更为曲折。

说某年某月某日，某个朝廷大员的母亲大寿。声名远播、作为文坛领袖的某人应邀前往。作为寿礼，他送上一首诗。第一句吟道：“这个婆娘不是人”，一下子语惊四座。众人面面相觑，不知所措。这时，只听他缓缓吟出第二句：“九天仙女下凡尘。”一时众人无不叫绝。第三句又到了：“儿孙个个都是贼”，在场宾客无不变色，怒从心头起。却不料他的最后一句是：“偷得蟠桃献至亲！”峰回路转，席上诸位顿时个个喜笑颜开。

这个故事的主人公据说是明朝那个著名的风流才子唐伯虎，后来又附会到清朝的纪晓岚身上。不论是谁，故事中的诗人能够如此机智，故事编得一波三折，都是让人佩服的。故事，因为名人而流传，名人，也因为故事更增添魅力。

中国以瓷器闻名世界，以至于西方以 china 一词命名中国。宋代是我国烧瓷技术的高峰，五大著名瓷窑，汝、哥、官、定、均，成就极高，其中又以“金丝铁线”为特点的哥窑最为著名。由于种种原因，存世哥窑瓷器稀少，文献记载扑朔迷离，更增添了其神秘色彩。每一件哥窑瓷器上的裂纹都是独一无二的，金丝铁线中，攒珠聚球的釉中气泡，时隐时现，神秘莫测。故此，历代虽有不少仿制，但都难以达到宋代哥窑的水平。

2010 年 12 月 8 日，一款声称以中国传统陶瓷烧制中最为神奇的哥窑瓷器为面板的爱国者哥窑相机问世，定价3 999元。爱国者数码有限公司声称，他们采用自己公司所独有的“温压时同控”技术，将中国传统瓷器的最高成就“哥窑艺术”与现代科技结合，成就了“科技艺术品”。与哥窑瓷器一样，相机面板的纹路是独一无二的，为世界上独有。

独一无二的技术，独一无二的艺术，独一无二的相机！

于是，一月之间，涨价至4 999元，随后暴涨到16 666元，乃至拍卖到 66 万元的天价！

这是以故事为基础和有故事的营销。

再看看下面这个是不是好故事。

有一幅绘画作品：

它是中国山水画的名作，以浙江富春江为背景，用墨淡雅，疏密有致，干湿并用，变化多端，意境高远，真正是“诗中有画，画中有诗”，是“中国十大传世名画”之一，被称为“画中兰亭”，可见其地位之高。

它的作者：

黄公望，元朝著名全真道道士，本就是一个传奇人物。据说，他本姓陆，少年时候父母双亡，贫苦无依，为永嘉人黄乐收养，“黄公望子久已”，故名其为“黄公望”。黄公望的山水画，师法董源、巨然，自创浅绛山水，别具一格，是著名的“元四家”之首，是宋元山水画的集大成者。

收藏：

• 辗转为明朝成化年间的画家“吴门四家”的沈周收藏，后被窃，再后来为书画大家董其昌收藏，后转卖给收藏家吴之炬，吴之炬传给儿子吴洪裕。

• 吴洪裕过世时，要求其子将该画与一代著名书法家智永的“千字文”焚化作为陪葬。但该画正投入火炉时，被其侄吴静庵从中抢出。此画从此一分为二，烧成了一大一小两段。卷首小段经过修复，成为“剩山图”，后段画幅称为“无用师卷”。

• “剩山图”流落民间，颠沛流离，后由民国著名书画家吴湖帆收藏。1956 年，经过供职于浙江省博物馆的现代著名书法家沙孟海先生一再努力，吴湖帆先生忍痛割爱，将此画上交国家，现为浙江省博物馆收藏。

• “无用师卷”的收藏者安仪周死后家道中落，1746 年将画卖给清宫。然而，自认书画大家的乾隆皇帝不识真宝，真迹弃之不顾，将一份仿品“永明卷”当作真品，爱不释手，不离左右，在上面赋诗题词，御题、

御跋、御记、御识，密密麻麻，“满目疮痍，体无完肤”，竟然达 55 处之多。“无用师卷”真迹连同“永明卷”在抗战中辗转多处，1948 年与2 972 箱故宫文物一道运到台湾，现藏于台北故宫博物院。

●2011 年 6 月 2 日，经过多方努力，361 年身首分离、63 年隔海相望的“剩山图”和“无用师卷”在台北合璧展出，破镜得以重圆。据说，为运送国宝“剩山图”，投保费用竟然高达 15 亿元人民币。

看，这个故事有内容吧，曲折吧，迷人吧。

故事是传递信息最有力、最持久的工具，胜过其他任何艺术形式。

——Nancy Duarte

故事并非人人会讲

不知道你是否注意到——

很少有不会讲故事的政治家!

曼德拉（Nelson Mandela）以不屈不挠的意志和伟大的包容，赢得了全世界的尊敬。读他的传记，不论你同不同意他的主张，喜欢还是不喜欢他这个人，你都会被他朴素而生动的语言所吸引。

“当我走出囚室、迈过通往自由的监狱大门时，我已经清楚，自己若不能把悲痛与怨恨留在身后，那么其实仍在狱中。”

你看，他平实的语言后面，都是具体的意象和可以感知的细节。

马丁·路德·金（Martin Luther King, Jr）的演讲，在本书的开头我们就提到过，几乎每一句话都能够让人热血沸腾。请看：

我并非没有注意到，参加今天集会的人中，有些受尽苦难和折磨，有些刚刚走出窄小的牢房，有些由于寻求自由，曾在居住地惨遭疯狂迫害的打击，并在警察暴行的旋风中摇摇欲坠。你们是人为痛苦的长期受难者。坚持下去吧，要坚决相信，忍受不应得的痛苦是一种赎罪。

让我们回到密西西比去，回到亚拉巴马去，回到南卡罗来纳去，回到佐治亚去，回到路易斯安那去，回到我们北方城市中的贫民区和少数民族居住区去，要心中有数，这种状况是能够也必将改变的。我们不要陷入绝望而不可自拔。朋友们，今天我对你们说，在此时此刻，我们虽然遭受种种困难和挫折，我仍然有一个梦想，这个梦想深深扎根于美国的梦想里。

每句话，都直接诉诸我们的感觉、知觉和情感。

也少有不会讲故事的影视明星。

他们很清楚，他们本身就是故事，就是吸引力。所以，不论是在屏幕上还是在社交场合，他们都运用可能的手段，调动观众的情绪，他们的眼神、声音、表情、身体语言，无一不在企图牵动观众的心。当发现观众与他们有丝毫的疏离，他们便立即走近观众，与之互动。

从事策划的人，一定参加过甚至参与过港台明星的演唱会，也一定对他们超强的表达能力和调动观众情绪的能力记忆深刻。

我们的经历里，20 世纪 80 年代里，内地的演员们还在讲究字正腔圆身正影直的时候，港台的明星们已经又唱又跳满台乱窜了。

有一个演员，早年以演播《夜幕下的哈尔滨》而为全国听众熟知，后来，他成为中央电视台《综艺大观》《鉴宝》等著名栏目的主持人；他还跨入影视圈，出演“和珅”一角，成为“和珅”专业户。没错，这个人就是王刚。之所以取得如此成就，只因为他有一大本事，就是只凭声音就可以让人感动！

CCTV 的《百家讲坛》为什么能够成功，是因为当初的那些名师们，易中天、阎崇年、王立群、纪连海、康震、于丹，都无一不善于讲故事。他们的讲述，不动声色，平心静气，惊心动魄的故事仿佛就在我们眼前发生。

看那些著名的节目，《超级女声》《中国好声音》《出彩中国人》，与那些善于鼓动、激情四射、能讲故事的主持人紧密地联系在一起，从而迅速走红，引来观众持续的尖叫。

善于表达是明星的特质

再看那些活跃在我们生活中的名牌商品和百年老店，没有哪一个不是讲故事的高手，没有哪一个不拥有精心编辑的故事。同仁堂、瑞蚨祥、全聚德、东来顺、王致和、荣宝斋，海尔、万科、吉利、娃哈哈，劳斯莱斯、香奈儿、维珍航空、玛莎拉蒂、爱马仕、可口可乐，等等等等，举不胜举。

以前时代，你还可以默默地做你的产品，手工制作，一针一线，“不要人夸颜色好，只留香气满人间”。现在这个时代，你要不会讲故事，你的产品，包括你的想法、理念、主张，要想为人所知，几乎是不可能的。

我们从小都是听故事长大的。

长大后，我们给小朋友讲故事。但却发现，故事并不是人人都会讲的。有人讲得好，仿佛身临其境，很让人激动，但同样的故事，有人就讲不好，让人兴味索然。

这里还不是有没有爱心，有没有耐心的问题。

这跟技术有关。

设置故事的情境

故事不是事故，你不需要客观。

故事之所以吸引人，就在于它牵动人的感情。

客观的、物质的、冷冰冰的事物，是不能让人激动的。没有人的参与，事物和世界的变化也是没有人会关心的。

想把故事讲好，你得首先设计好故事发生的情境。

当然，这个情境必须是你的听众（观众）所能理解和关心的，所谓“关心则乱”，自然也因此调动了他们的情绪和情感。

你要安排故事发生的时间、地点，设计人物和人物关系。时间、地点、人物关系，都需要强烈的神秘感、距离感，要笼罩着某种氛围，让人感受到氛围的张力。

于是，你知道的，所谓情境，就是故事发生的情势和境况。

“很久很久以前”

这是时间。“很久很久”，才有神秘感，才能激发听众的好奇心。

“在一个王国里”

这是地点。“王国”？这是好古老的字眼，与“很久很久”的时间在一起，好有距离感。

“有一位美丽的公主，聪明、善良，雪白的肌肤，叫作白雪公主”

“公主”的地位已经让人仰视，“聪明”，就一定能够解决各种难题，“善良”就充满爱心，指不定她也会亲近我们呢！雪花从天上飘落，美丽非凡，但一到手上就化了。公主的名字居然叫“白雪”？生命短暂，多么脆弱，多么可怜。

“公主的母亲很早就过世了，国王迎娶了新的王后。她十分嫉妒白雪公主的美丽，同时，她还会使用魔法。”

时间、地点、人物关系一交代，作为故事的听众，你已经有些受不了了吧?

平实的叙述

故事是讲出来的，所以是“讲故事”，而不是写故事。

既然是讲，你就有明确而具体的听众。对你面前的听众，你会说让他们听不清楚、听不明白的话吗？你会自己沉浸在故事之中，嬉笑怒骂，而不在意听众是否进入情境吗？

故事需要平实的语言叙述。

首先，是“平”。

你讲故事的语言，尤其是叙述语言，应当是没有太多干扰，没有先入为主，“平常”、“平凡”，甚至可以“平淡”。千万不要企图用华丽的辞藻和精美的语句去表述。

文学家都是讲故事的高手。那些世界上为人称道的名著，包括我国第一个诺贝尔文学奖获得者莫言的作品，都一样。你看到的，都是平实的叙述，没有企图用非凡的语言唬住你。

> 夜空下一片白茫茫。火车在信号所前停了下来。一位姑娘从对面座位上站起身子，把岛村座位前的玻璃窗打开。一股冷空气卷袭进来。姑娘将身子探出窗外，仿佛向远方呼唤似地喊道：“站长先生，站长先生！”一个把围巾缠到鼻子上、帽耳耷拉在耳朵边的男子，手拎提灯，踏着雪缓步走了过来。岛村心想：已经这么冷了吗？他向窗外望去，只见铁路人员当作临时宿舍的木板房，星星点点地散落在山

脚下，给人一种冷寂的感觉。(日本作家川端康成：《雪国》)

那一年的深夏，我们住在一个小村子里。站在房子前边，可以看到河流、平原和远山。河床中满是大大小小的卵石，在阳光下干爽地泛着白光。河水清澈透明，轻缓地流动着，流到深处，变成了深蓝色。一支支部队从房前经过，沿着大路向前方开拔。他们扬起的灰尘，不断地落到树叶上。树干上也满是尘土，那一年，树叶早早地飘落了。我们站在那里，看着队伍行进在大路上，尘土飞扬，树叶又被微风吹起，又落下。战士们越走越远，一会儿，大路上除了落叶，又一无所有了。(美国作家欧内斯特·海明威：《永别了武器》)

一九三九年古历八月初九，我父亲这个土匪种十四岁多一点。他跟着后来名满天下的传奇英雄余占鳌司令的队伍去胶平公路伏击日本人的汽车队。奶奶披着夹袄，送他们到村头。余司令说："立住吧。"奶奶就立住了。奶奶对我父亲说："豆官，听你干爹的话。"父亲没吱声，他看着奶奶高大的身躯，嗅着奶奶的夹袄里散出的热烘烘的香味，突然感到凉气逼人。他打了一个颤，肚子咕噜噜响一阵。余司令拍了一下父亲的头，说："走，干儿。"(莫言：《红高粱》)

多年以后，奥雷连诺上校站在行刑队面前，准会想起父亲带他去参观冰块的那个遥远的下午。当时，马孔多是个二十户人家的村庄，一座座土房都盖在河岸上，河水清澈，沿着遍布石头的河床流去，河里的石头光滑、洁白，活像史前的巨蛋。这块天地还是新开辟的，许多东西都叫不出名字，不得不用手指指点点。每年三月，衣衫褴褛的吉卜赛人都要在村边搭起帐篷，在笛鼓的喧嚣声中，向马孔多的居民介绍科学家的最新发明。他们首先带来的是磁铁。(哥伦比亚作家加西亚·马尔克斯：《百年孤独》)

还需要举例吗?

只要一翻开那些名著，毫不费力，你都能够找到。

其次，故事的语言要实在、具体，让人感受得到，仿佛在眼前。

比如，你不要说“他很紧张，忐忑不安”，这样的语言就不具体，比较抽象，让人感受不到细节，而应该说“他不断地来回走动，脸涨得通红”。

你不要说“今天是个好天气”，而应当说“今天阳光灿烂，和风习习”。

你不要说“他感到十分悲伤”，而应当说“他转过身来，眼眶里泪水盈盈”。

你不要说，他感受到什么情绪，而应该用听众可以感知的细节来表达，让听众去体会这种情绪。

再次，你的叙述在你的语句和词汇运用之外，你的身体语言、表情语言、声音语言应当是一致的，也应当在讲故事的时候是平实的。让角色自己说话，让情节自己说话，让冲突自然表现，如此才能带来你所需要的戏剧效果。

平实的叙述，才能带来戏剧性的效果

矛盾与冲突

故事引人入胜的地方，在于故事中角色与角色、角色与环境、角色与其自身之间存在的矛盾冲突。冲突越强烈，越能调动听众的情绪，故事中的主要角色越让人喜爱，越能让听众感动。

有一个王子，从神谕中得知自己注定要杀死自己的父亲，并娶自己的母亲为妻。于是，他早早地逃离了自己的国家。在一次冲突中，他失手杀人。他解开斯芬克斯之谜，拯救了当地的人民，被拥戴为这个国家的国王，并娶了这个国家寡居的王后为妻，生下了儿女。然而不幸的是，他失手错杀的人中，有一个就是这个国家的国王，而他事实上是这个国王的亲生儿子，而他所娶的，却是自己的母亲！他一直在逃避，一直在抗争，却最终没有能够逃脱命运的安排。

这是著名的希腊三大悲剧之一《俄狄浦斯王》（Odipus），表达的是人与命运的冲突。

无法摆脱宿命的俄狄浦斯王

在过去那个红色时代，知识青年上山下乡。队里饲养的一头种驴因为失去了性功能，生产队长下令让城里下乡的知青将它杀掉。这头驴的兄弟竟然因此怀恨在心，处处伺机为兄报仇。他咬断牲口棚的木桩，企图将仇人砸死；它在仇人与情人幽会的时候，将他们拉回到生产队的场坝上，让仇人饱受羞辱；它从屠宰场逃脱，咬断安全绳，想摔死工地上打炮眼的仇人。种种伎俩没能成功之后，它决心与仇人同归于尽：点燃场院的稻草，准备烧死仇人。全身着火的驴，最终被烧成了骨架，但仍然高昂着不屈的头颅，令人触目惊心。

这就是国产电影《走着瞧》里讲的故事，表达的是人与自然（动物）的冲突。

人类的科技不断发展，地球上的资源开发殆尽，不得不到外太空其他星球寻找资源。遥远的潘多拉星球上，资源丰富，然而这里科技落后，尚处于原始阶段。对资源没有止境的需求，必然导致人类与潘多拉星球原住民的冲突。

这是著名导演詹姆斯·卡梅隆（James Cameron）的电影《阿凡达》（Avatar）展现的人类与自身欲望之间的冲突。

没有冲突，就没有故事，没有冲突，也就无法吸引关注。

不论王公贵族，还是寻常百姓，不论专家学者，还是普通市民，我们无时无刻不处于矛盾冲突之中，我们的喜怒哀乐，希望有人理解并得到共鸣，我们压抑已久的情绪，也希望能够得到释放。

“看三国流眼泪，替古人担忧”，我们要看到冲突是如何发生的，如何解决的，苦乐与共的时候，我们有幸灾乐祸的快感，当然也有物伤其类的移情。

如果每天都是昨天的重复，没有任何变化，没有任何不同，没有任何冲突，那既是不可能的，也是没有意思的。

层层推进的高潮

高潮，是矛盾冲突最激烈的时候，是情绪紧张接近爆发的时候，是经过细心的铺垫和层层推进达到顶点的时候。

故事一定有冲突，但冲突并不是高潮。

有冲突，能够吸引观众（听众）。但如果没有良好的过程，没有铺排，你无法真正调动听众（观众）的情绪，也无法展现故事本身。

正如俄狄浦斯王的故事，你不能一上来就说，有一个王子，生下来就被宿命决定要杀父娶母，它展现了人类与命运的冲突。一句话，完了。这么好的故事，被你讲成这样，哪儿还有一点吸引力。

你得细心地设计，要有过程，要铺垫，层层推进，直到高潮。要让你的听众情绪紧张，双手流汗，口干舌燥，心都提到嗓子眼，感到快坐不住了；你还要吊着听众的胃口，直到火山爆发，冲破约束，于是刹那之间，万道火光冲天而起，绚烂辉煌，叫人心惊目眩，感到痛快淋漓。

这，才是讲故事呢。

故事的结构，不需要我们去发明。前人，包括好莱坞的众多大师们，已经成功探索出一套模式，你可以照搬。

一部交响乐，有“引子”、“呈示部”、“展开部”、“再现部”和“尾声”。一个表现优秀的故事，也基本是这样的结构。

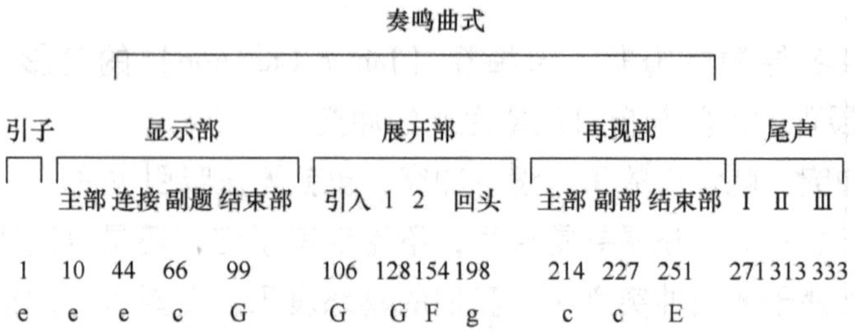

交响乐的结构

“引子”和“尾声”都好理解。“引子”是故事背景的简单介绍，相当于“在很久很久以前，有一个……”，而“尾声”则是对故事的最终总结，相当于“从此以后，公主和王子永远幸福地生活在一起”。

开头（“引子”）之后，主要人物出场，他的世界、个性和生活，基本展现在观众面前。

随即进入“危机”（好莱坞的模式叫“建制部”），出现多个转折，改变了主人公的命运，改变了他原先的生活方式。

很快，故事进入“展开部分”，危机和转折成为确定的事实，矛盾冲突得到完全展现，主人公无可逃避——尽管他曾经多次尝试。是胆怯畏缩任人宰割，还是奋起反抗全力一搏，主人公必须痛下决心。

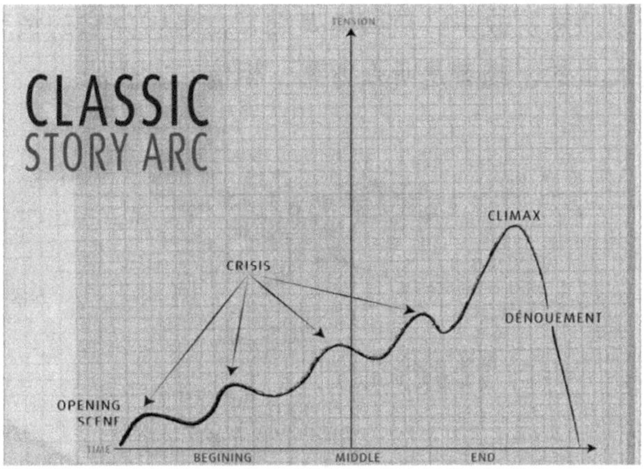

经典的故事结构

“高潮部分”，当然是矛盾冲突的总爆发，是紧张情绪的总释放，对立的双方你来我往，经过激烈的对抗，正义终于战胜邪恶，主人公历经艰难险阻，获得了胜利。

“为山九仞，功亏一篑。”

常常是，由于准备不足、设计粗糙，或者缺乏控制，没有把握细节，约束乏力，没有经过足够的铺垫，情绪还没有酝酿足够，故事高潮提前来到，包袱抖得太早，费力不讨好，致使期望中的效果没有达成。惜哉！惜哉！

细节！细节！

没有细节，就没有故事。

听众之所以愿意听故事，是因为有细节，是因为它的情节和变化让人感觉是有可能发生的，或者是听众愿意、相信它发生的。

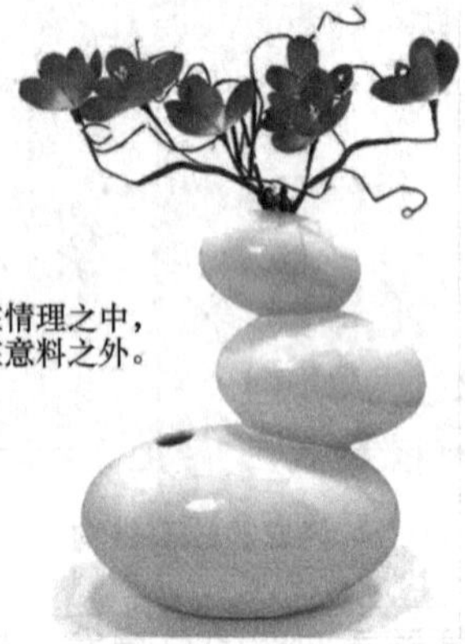

既在情理之中，又在意料之外。

讲故事，必须仿佛真有其事，这就需要细节来支撑。

细节是那些让故事仿佛真实，有可能有，符合情理，符合常识，符合逻辑的那些场景、人物、行为方式和情节的设置和安排。

一个即使荒诞不经的故事，如果你以符合情理、常识和逻辑的方式去演绎，在每一个地方一丝不苟，就能够感动听众，从而得到认可。

常识、情理和逻辑，是你应当把握的基本面。

我们策划提案所面对的听众，自然也喜欢听故事。但他们不是尚未启蒙的儿童，不缺乏知识和常识，更不缺乏理性判断。你不能用低劣粗糙的故事来糊弄他们。

即使不经意的角落，你也十分认真。

细节是故事的衣饰，必须给予足够的重视；细节也是故事感动人的秘密武器。

清楚地记得最早时候读《三国演义》的情境。一本线装书，没有封面，也有些缺页，薄薄的，纸张随时会脱落。在冬天的日子里，寒风呼啸，雨雪霏霏，道路泥泞。我刚巧读到“三顾茅庐”，想象着刘关张三人当时的情景，我不能想象南阳的冬天会是什么样子，大概跟我眼下看到的差不多吧，于是，望着窗外，灰蒙蒙的天空和寂寥无人的乡间道路，我内心很是感动。看，这就是细节的魅力。

明确的主题

我们说过，提案不同于演讲，你的听众不是普通人。

他们经验丰富，能力超强，高度理性，有极强的判断力和敏锐的观察力。

如果在提案之前与他们有经常性的沟通，双方关系比较融洽，倒也罢了。如果事先沟通不畅，或者关系仍然没有足够亲近，提案时的听众就是最为挑剔的审查者。他们每个人都肩负着审查的使命，会挑剔地研究提案过程中的每个细节。

所以，你必须保证，你所进行的任何表达都是围绕主题的，也都是具有明确主题的。

故事，也是如此。

虽然你讲故事时未必像对待小学生一样，直接告诉客户们寓意，但故事的意义或者说主题必须明确。你必须让他们懂得你的故事，知道你在说什么！

“那个被啃掉一半的叫人揪心的苹果的故事”

出于职业的要求，也出于自身利益，在你提案时，听众能够主动地（尽管不一定是一致地）精神集中，专心听你的讲述。你的演讲，连同你的故事，会被认为是有意设置的。如果你没有明确它们的意义，就很可能导致他们的误读和曲解。

到这里，你可能有疑问了。

“为什么在策划提案中要讲故事呢?”甚至你可能还会问，“我们讲策划提案，您在这里老说‘讲故事’，是不是离题了呢?”

当然不是。

我们是说，要像讲故事那样进行策划提案。

你需要设计情境（牵动感情而不能仅仅是理性），需要平实的叙述，更为重要的是，你需要设计你的矛盾冲突，并且一步一步地精心地推动铺陈，直至高潮。

照理说，策划本来就是对不确定的未来的种种构想，寄托的是我们的理想和愿望，更是我们与客户以及所有相关者的梦想。这本身就是故事，有很强的故事性。

那直接讲策划方案不可以吗?

不是不可以。

如果你只想做一个平庸的提案，如果你的客户可以接受一个平庸的提案的话，这样做也是可以的。

但我们还是希望，你将你的方案当成故事来讲，有故事的冲突，有故事的高潮，也有故事的情感色彩，真正地让你的客户听得如醉如痴，感动得涕泪滂沱。

还有就是，你不能在提案的时候干瘪瘪地只讲方案，你得有穿插的故事和幽默，用来增进理解，启发思考，缓解紧张，活跃气氛。

第十二讲　有魅力的声音

提案，尤其是正式的提案，是与客户面对面沟通。文字语言（文字资料）的表现能力比较有限，如前所述，只占 7%。在沟通交流过程中，实现沟通的目标，更重要的还得有赖于声音语言、身体语言、视觉语言和现场氛围。

声音，能够暴露的信息远比我们想象的多。“听其言，观其行”，在客户的观念里，用耳朵“听”我们说，比简单地阅读我们提供的文字更有价值。而在我们这里，精神饱满、具有魅力的声音，是世界给我们的“支点”，让我们以此“撬起整个地球”。

支点

作为一种行之有效的防身术，柔道现在已经非常普及。接受培训，坚持锻炼，强健体魄，它还可以极大地增强意志力，提高警觉和应变能力，使人保持灵性的觉知和积极正向的思考。

但最早的柔道却不是这个样子的。在日本明治维新前，柔术原始神秘，流派众多，动辄伤人，并不能够普及。

嘉纳治五郎（kano jigoro）是现代柔道的创始人。青年时期，他体弱多病，个头又比较矮小，跟人进行身体对抗，几乎没有什么胜算。

但他是现代柔道的创始人，的的确确。

从强身健体的愿望出发，十八岁时，作为东京帝国大学学生的嘉纳治五郎便四处拜师，学习武术。经过他多年的总结和摸索，综合百家，博采众长，终于使得柔术技艺在理论和技术上趋向完善。

与传统柔术不同的是，嘉纳治五郎制订了一套系统的训练方法，取消了具有危险性的动作，确立了以“投技”“固技”“当身技”三部分为主的新的柔术体系，从而使传统的柔术面貌一新，发展成为现代柔道运动。

更为重要的是，柔道从技击的武术变成了具有教育性、能够培养高尚精神和坚强意志的一项运动。利用杠杆原理，借用支点，四两拨千斤，即使身体矮小瘦弱的人，也能够将高大健壮的对手远远地投出去！

“支点”和恰当时机的力量，是柔道的魅力。对于我们策划提案，找到支点，运用力量，我们当然也能够“四两拨千斤”，“撬起整个地球”。

面对面

问题往往就怕回到原初。

再复杂的问题，让它回到原初，就能够比较容易地找到关键，把握到问题的实质。

我们策划的大多数问题，都是千头万绪的。过程复杂、细节复杂、动态复杂，牵一发而动全身。也因此，客户才需要我们提供专家知识和专业能力的支持，提供作为外脑的外部观察和判断。

解决这样复杂的问题，一个重要的方法就是将问题还原，寻找问题的最初原因。对于从事策划工作的人，这并不难。

策划提案，也算是比较复杂的问题了。回归原初，问一问，这个问题是怎么产生的，这有助于把握问题的实质。

于是我们问，怎么会产生策划提案？为什么需要策划提案？

照理，经过多次的诚恳沟通，工作进度、研究方向、研究方法、策划方案都已经很清楚，客户对策划课题都非常了解了，并不需要做特别的说明。

照理，提交给客户的商务策划文案及其相关资料，如果准备充分，应该观点明确，材料充分，逻辑严密，滴水不漏，足以说明相关问题。

即使还有个别细节需要解释，一封邮件，一个电话，也都可以搞定。

何以还需要当面进行提案呢?

显然，在方案之外，在相关支撑材料之外，客户还有很多的不清楚，还有另外的与方案有关或者无关的信息需要进一步了解和核实。

在前面的内容里我们简单说过，沟通中文字所能够体现的效能，或者对沟通效果的贡献只有7%，剩下的93%来自于声音语言和视觉语言。也就是说，无论文字的表达有多准确，语言有多流畅，在实际沟通中所能够体现的意义只占7%。客户需要大量的信息，必须通过与你面对面来获得。

文字的局限

只要有基本的生活经验和生活阅历，你就一定知道，文字语言的信息含量其实是有限的。单纯地依靠文字表达就进行判断，是草率的。

如果没有背景，没有语境，没有对语境的设想，基本是不能准确理解文字含义的。

比如，一大清早，你手机短信里，有人给你发了这样的两个字——“您好!”你有何反应?

这个人熟悉，甚至是你晚辈，你会以为，这是懂得礼貌的晚辈向你问好，它是善意的，而且可能也是热情的;

这个人你不很熟悉，你们的关系还比较生疏，你对他也并不了解，但他这样和你打招呼，你会以为他有求于你;

这个人你熟悉，但是你的同辈、同事或者朋友，对于这个短信，你会以为他不怀好意，或者是生性刻薄，要拿人开涮;

这个人你熟悉，但关系并不好，甚至有可能存在误会，以至于反目成仇，这样的两个字，他可并不是在问你好，而是在警告你，或者挑衅你!

我们的策划文案中，可能通过比较翔实的资料、科学的分析来得出到结论，比如你可能会说:

“当前的环境是危急的，竞争已经白热化。”

这句话，仔细联系上下文，在文案这样一个封闭的系统里，它的意思可能比较清楚。但实际上，其真正的内涵却不一定是明确的。

结合不同的情境，有不同的视觉语言和声音语言，它的意思才充实起来，透露了更多的信息。

如果听到这句话的时候，环境是隆重的，甚至是压抑和压迫的，讲话人的表情是严肃的，身体端正，语气凝重，语速缓慢，重音准确，周围其他听众也是郑重的，那么这句话很可能被理解为真实的。“对，环境是危急的，竞争已经白热化了，我们不得不慎重对待之。”

然而，如果听到这句话的时候环境是优雅的，采光充足，通风良好，氛围是闲适的、静怡的，讲话人的预期多少是有些欢快的，表情是轻松的，身体是安适的，语速是轻快的，声音是跳跃的，周边其他人也没有相应的严肃表情……那么，听话的人很可能做这样的理解：“形势并不像他说的那么严重，至少在他那里没有那么严重。或者，形势真的已经很严峻，但他并没有感到很大压力，要么他跟我们不是一条心，并不愿意与我们同舟共济。也因此，他和他的团队所做的方案可能是不严肃的，或者是敷衍的（哦，多么糟糕的情形）。”

当然，如果你的这句话听起来并不严肃，甚至还从中听到了你愉快的心情，而你又极力证明你的研究是严肃的，逻辑是严密的，结论是正确的，那你就等着被客户否定吧。

一个有经验和一定生活阅历的客户，自然地能够分清事实和真实的不同。再多的资料，也仅仅是对事实的描述，却不是真实本身。能够穿过重重迷雾，发现真实，把握问题的关键，带领团队绕过重重陷阱和不必要的弯路，最低层次上你应该称其为精明，更高些层面上，你应该称其为智慧。

事实 ≠ 真实

facts　truth

仅仅是对现象和事件的描述　现象和事件的本来面目

20 世纪 80 年代语言学研究中诞生了一个新的分支——语用学，它明确地指出：“语言寓于行为之中”，“意义见于运用之中”。

文字资料（策划文案和相关资料）、多媒体演示的 PPT，尽管需要在充分了解客户的基础上进行准备，但无论如何，严格意义上它还是在没有实际面对读者的情形下进行的。多次的修改、多次的彩排和预演，也不过是尽可能地接近实际的交流过程和交流情境。所以，它是不真切的，文字、图像（PPT）的语言意义也是不明确的。封闭环境的交流和没有对象的交流是无效的。

在我们策划人这里，出于对自身辛苦劳动的责任，也不能想当然将与客户沟通交流的目的和目标的实现简单草率地寄托在文字资料上面，将文案及其相应资料往客户办公桌上一放，坐等事态发展。

也就是说，不仅客户需要全方位交流的策划提案过程，作为策划咨询课题的承担者，也希望有这样的一个情形和场合进行充分的表达，以保证客户全面的理解，达成对方案的认同。

客户想听什么

我们这一讲主要讲“声音语言”，别因此就将客户的“耳朵”和“眼睛”分割开来，以为客户只想听什么声音呢。

客户想听什么?

提案会议，你不可能弄得像评书或广播剧，纵然你有单田芳、王刚的那样的表达能力，有乔榛、丁建华那样的美丽声音，也是不成的。客户听完之后，还是满怀狐疑，决定不了你的方案是否应当通过。

客户在“听”的同时，也在“看”、在“想”，在感受和体验。

客户要的是一个综合的感受，然后以此决定他（们）的态度和行为。

这个综合感受包括：

1. “你（们）是不是专家?”

先前听人说，“你”（作为策划课题的承担者）和你的团队是这个领域的专家。“闻名不如见面”，通过看到你、听你说，感觉“你（们）是不是真的专家呢”?

相信你（们）是专家，才能相信策划方案的结论，相信你对问题的分析和认识，相信解决方案的逻辑性、科学性和严肃性。

如果客户感觉你（们）不是什么专家，对你（们）的专业知识、专业精神和专家权威是不信任的，于是他们对你关于形势的判断和结论、对问题的分析和认识、对解决问题的方案和措施就是怀疑的。

2. 你（们）是不是朋友?

客户希望在现场通过全面的接触，感受你是不是他们的朋友。你是不是对他们表达了真诚的理解和尊重? 你是不是真诚地理解他们的困难和处境，感同身受地理解他们的痛点? 也了解、理解和尊重他们的希望和目标？如果他们发现你对他们的快乐点、痛点和他们自身缺乏真诚的理解和尊重，怎么能够相信你的方案具有建设性呢？焉知不是对他们的陷害呢？

3. 你（们）是不是队友（teammate）？

仅仅对他们的利益表示关切，对他们的困难表达同情，对他们的事业表示理解和支持，这是不够的。他们很希望在你的提案过程中寻找蛛丝马迹，证明你可以或者已经是他们的“兄弟”，成为他们的队友，与他们同舟共济，共同进退，携手战胜困难，赢得未来的成功。

如果你也这么表示过，他们不但想看到你是否真诚，是否真正拿他们当“一家人”，更希望你在这个“大家庭”里用尽全力，保证“共同事业”的成功。

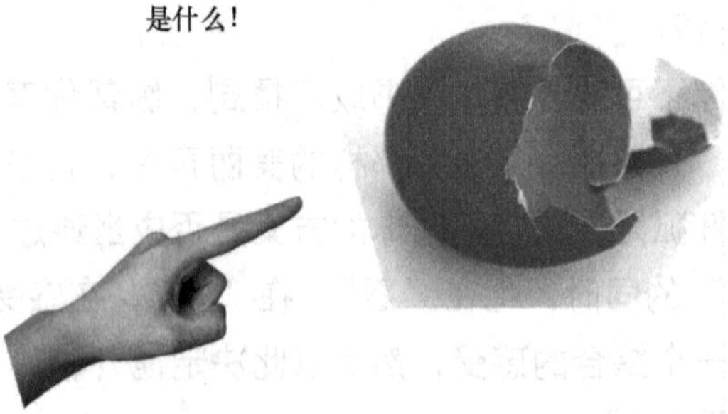

这就是我们在前面所谈到的“三感”：“专业感”、“信任感”和“愉悦感”。专业感，让他们感觉到你和你的团队所具有的专业精神、专业水准和专家权威，让人可敬可信；信任感，让他们感觉到你和你的策划团队尊重他们的努力和成就，尊重他们的事业和他们的眼光，理解他们的困难和处境，并且切实地帮助他们战胜困难和挑战；愉悦感，让他们感觉到你和你的团队能够跟他们“同呼吸共命运”，是一个战壕的战友，在可敬可信基础上，还可亲可爱了。

“专业感”的重点在于“做事”，“信任感”和“愉悦感”的重点在于“做人”。“信任感”和“愉悦感”更是从朋友和亲密队友的角度，在证明自己所做的“事”。策划，是以解决问题（也就是做事）为中心进行的系统研究。策划方案也是以解决问题为基本线索进行的表达。方案是提案的基础和根本，也是提案的中心和重心。

换句话说，客户希望通过提案，确保他所看到和通过某些渠道了解到的策划方案是由专家亲自指导并认真按照严谨的方式进行的研究。是否是专家？是否是我们的专家？是否是发自内心的真诚工作的成果？这是他们所关心的。

所以，提案过程中他们不但在乎我们说什么，更在乎我们怎么说。提案会议中，他们想看到“面对面”，以确认这一结论：

“这是我们的专家精心研究的成果！”

这一结论的得出，是综合考量的结果。既是来自于以前的口碑影响和提案前相互的交流沟通，也是来自当前的姿态和提案过程中的交流；既有来自于文案和相关资料的准备所产生的感受，也有来自于提案所使用的视觉语言（包括PPT）、声音语言、提案主讲者的肢体语言、面部表情和谈吐方式，还有提案现场环境氛围的感染。

如果你要客户产生的是心理“认同”，而不是简单地被说服的“认可”，你就不能不注意给他们“我们的”“专家”“精心研究的”成果的感受。

“专家”：

拥有专业知识

具有专家做派和专家气质

准确表达、凝练生动

工作准备充分，严谨细致

专家权威，不容置疑

“精心研究”：

用心细腻，细节感人

所用时间相对较长

涉及范围相对较广

涉及细节相对深入

投入稀缺性资源较大

“我们的”：

言语亲切，让人亲近

言辞恳切，没有距离

感同身受，具有一体感

价值认同，犹如队友

精选你的语言

在提案过程中，“说什么”与“怎么说”一样重要，因为这同样地会影响到客户的感受。

为此，你的语言是必须反复检查，以免造成听众心中与你结果相反的感受。

1. 言之有物

言之有物，就是需要在提案演讲的语言上反复检查，保证每句话都具体，让人可以感知，不可空泛，不可含混。就如我们前面讨论的“故事与故事性”的语言一样，提案所需要的语言，是讲故事的语言，要作用于听众的感官。

这个方面，可以学习讲故事的技巧，让所有的语言都有具体的对象、画面和情境。在听众那里，你形象生动的语言有很强的画面感，就很具有吸引力，就能极大地调动他们的情绪。

另一方面，我们提案中有一个非常生动的帮手不可忘记，那就是PPT。当你调暗了灯光，PPT就成了除你之外的另一个主角了。有相当多的时候，听众（观众）甚至忘记了你而只注意你PPT的内容。为了被防止听众沉浸在PPT中无法自拔，你还必须努力将他们拉回来。为此，保证言之有物，还需要保证你的PPT所具有的功能。“字不如表，表不如图”，据说一张图片的信息含量超过6万个字符，30张PPT180万个字符，这比《战争与和平》（130万字）还多呢。以你的策划方案而言，也不过就一两万字，至多3万~4万字。30张幻灯片，就已经能够讲得很清楚了。

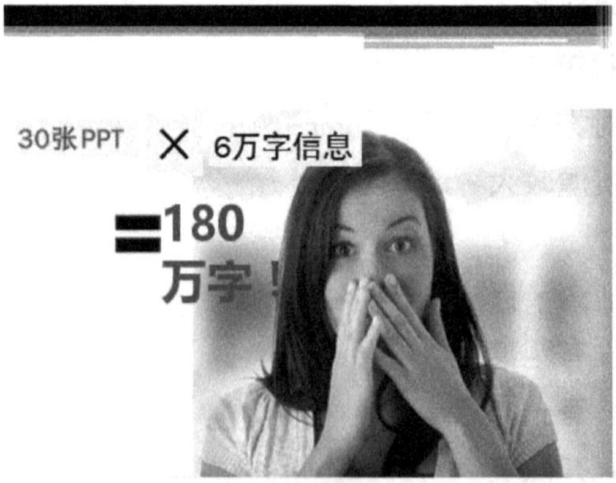

大量信息在你不经意之间传达了！

2. 言之有据

策划是基于事实（深入研究现实状况，并针对未来可能的趋势）判断，分析问题成因，找到问题关键，设计相应策略。事实是否真实，或者多大程度上接近真实，是客户十分关心的，也是后面讨论的基础。否则，让你做策划，岂不危险?

而且，要建立和保持对你的专家印象，你的语言必须十分严谨，保证所言非虚，言之有据，来源清楚，不得信口开河。非但如此，你还要十分谨慎，保证这些资料、数据、事实、消息的来源是有权威的，否则，会被看成上不得台面的小道消息和荒诞不经的流言蜚语。

3. 言之有趣

要使你的话语为人喜爱，使你为人接纳，你的语言必须让人觉得愉快，乐于接受。

形象、生动、充满情感和趣味、具有画面感的语言，是我们应当学习的，也是策划提案中应当精心选择、巧妙使用的。

看那些谚语、格言、俚语，以及那些被津津乐道广泛传播的广告语言是怎么表述的，我们就能明白其中的奥妙。

“滚石不生苔，转行不聚财”；

“好风凭借力，送我上青天”；

“车到山前必有路，有路必有丰田车”；

“矮子请客——高朋满座”；

“只融于口，不融于手——M&M’s 巧克力”；

“滴滴香浓，意犹未尽——Maxwell 咖啡”

还有那些精炼而流传下来的成语，如：

“一石二鸟”“守株待兔”“狐假虎威”“刻舟求剑”“缘木求鱼”“逃之夭夭”“慌不择路”“漏网之鱼”“过江之鲫”“羽化登仙”，等等。

这些能够在瞬时浮现于你脑海的巧妙表达，都是智慧的结晶，是语言组织的艺术。看看，每个句子，每个表达，几乎都有具体的形象，有相当强的画面感，能够引起听众强烈的情感和兴趣，从而流传久远。

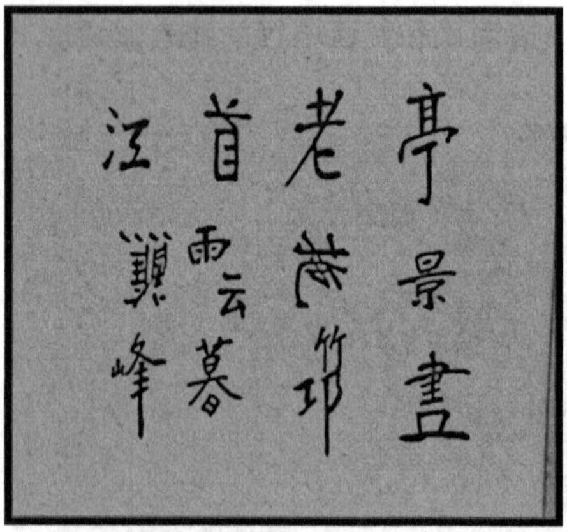

苏轼是我国历史上伟大的文学家，获得了当时和身后人们一致的追捧，不仅仅是他的学问，更是他表达的方式充满趣味。看他弄的这个文字，称为“如画之诗”，有趣吧？诗曰：“长亭短景无人画，老大横拖瘦竹筇。回首断云斜日暮，曲江倒蘸侧山峰。”

不过，在使用新巧的表达方式时也要适度，不能一味炫弄技巧，形式大于内容。子曰：“巧言令色，鲜以仁！”绮丽的语言，飞扬光鲜的语言，固然能够立即博得听者注意，讨一时之巧。但也很危险，它显得不够严谨，也不够诚实，有哗众取宠、器小易盈的浮躁和讨好卖乖的嫌疑。

4. 通俗易懂

通俗，是指通达、简易，接近平常的生活（俗，就是生活的平常，是关于“人”和“五谷”的事情），也因此而让人容易懂得。

面对面的交流，不比书面语言，因为贴近双方的感觉和感受，有具体情境要素的参与，有相互之间身体语言和面部表情的交流，便更加口语化，更平实。

平实和朴素的表达，其重要性是不言而喻的。即使是非常复杂的思想，也能够用通俗易懂的方式传达。看我们生活中那些深刻的人生道理，那些充满智慧的宗教和哲学，它们用朴实的语言，让人于不知不觉之间为它们的思想所折服。

“有个富有的商人，有四个老婆。第一个老婆伶俐可爱，整天陪着他，寸步不离；第二个老婆是抢来的，是个大美人；第三个老婆沉溺于生活琐事，让他过着安定的生活；第四个老婆工作勤奋，东奔西忙，使丈夫根本忘记了她的存在。第一个老婆是自己的身体，第二个老婆是自己的财产，第三个老婆是自己的生活伴侣，第四个老婆是自己的自性。”多么生动明白的比喻。如此深刻复杂的人生哲学，用生动的比喻表达得清清楚楚。这是佛教创始人的智慧。

而一句“富人进天堂，比骆驼穿过针眼还难”，远比任何教条更能说明早期基督教的财富观。

平实的语言，更能带来戏剧性的效果，增强故事本身的情感冲击力

5. 不妄语、不两舌、不绮语、不恶口

这本是佛教对于在家修行的居士所做的要求。不过，这几句话对于我们准备策划提案也有启发意义。

“不妄语”，就是不信口开河，不做无稽之谈，要言之有据。“不绮语”，就是不过分修饰，不夸大其词，语言自然亲切，通俗易懂。这点我们在前面已经强调过了。

所谓“不两舌”，是指我们跟提案对象的交流中，不要人前人后有所不同，不要轻易褒贬人物，或者用现在流行的话说，不要“八卦”。做策划的人，要有强烈的使命感和责任感，你在与客户共谋大事，你在与他们一起创造历史！如果你的行为做派看起来像个市井街妇，逢人便东家长西家短，怎么能够成就大事呢?

至于“不恶口”，就是对他人保持善良的心态，用善良的愿望和善良的动机揣度他人，不要用负面的语言评论他人，包括他们的项目、产品和服务。

这固然有与人为善的意思。但哪怕功利些，在你的客户那里，与人为善，保持对他人的友善——不论对自己是否有利益冲突，都会带来好感。

再说，我们不在人家的立场，没有身临其境，对他人的困难和压力无法感同身受，怎么知道人家的战略和策略选择究竟出于何种缘由?

何况，对于从事策划的人，保持积极健康的心态是基本的素质。

最基本的一句话应该是：避免陈词滥调，避免装腔作势。

我们一再强调建立信任、保持信任的重要性，在提案过程中，谨慎小心，不要因为技巧的使用破坏了辛苦建立起来的客户对你的良好印象，要使客户因为信赖我们也因之信赖我们的工作，所以，要坦诚、自然、不装腔作势，不“花言巧语”，不卖弄技巧。但过犹不及。过分地讲究“朴实无华”，不加修饰地表达，也是另一种对客户的不尊重。在他们的信任基础上，也要让他们感受到热情、信心以及情趣盎然，这样的提案才算得上好的提案。

有感染力的声音

如今电话普及，电话营销也很受重视，尽管成功率不高。

没有实物呈现，没有现身说法，没有色彩，没有画面，也没有面对面的身体语言和面部表情的沟通，只有声音！此乃电话营销之难。

同样的产品，同样的销售说辞，电话营销成功与否，关键靠的是声音。

常常接到电话推销，往往是还没有听完第一句话便挂断了。听筒另一边的声音让人不能接受，或者说，声音没有吸引力。据称，电话营销成功的65%来自于推销员的声音。

对于策划提案，尽管我们有面对面的沟通，甚至我们还有辅助提案的多媒体工具，富有感染力的声音，其重要性也不容忽视。

1. 精神饱满，充满活力和信心

提案时有饱满的精神，充满信心和活力，给客户的感受是不一样的，而这种区别将极大地影响到客户最终的判断和决定。

精神饱满，暴露出很多信息。如果提案者表现得精神饱满，神采奕奕，充满活力，在客户那里，说明了策划团队相当高的专业性（工作安排很有逻辑、有条理，很有效，当然也很可靠），严肃性（对我们的委托课题很重视，很尊重我们的意见），也在相当程度上表明策划团队通过研究，对项目的未来有明确的思路和足够的信心。客户需要通过提案看到希望，感受到信心。

精神饱满的表达，声音饱满，欢快活泼，富有感染力，能够在无形中引导听众情绪，让人愉快。相反，精神萎靡，有气无力，声音干瘪，只能让人厌倦、气馁，产生失望和挫折感。

知易行难。

要想提案时精神饱满，必须准备充分。你需要对提案的内容、结构、流程非常熟悉；需要对课题委托的来龙去脉有清楚的了解；需要有过多次严格控制的彩排；对各种可能的突发情况有基本不差的预案；需要对提案过程中可能使用的相关工具（电脑、文本、音响、投影仪、麦克风、激光笔等）有过反复检查，确保正常运行；需要对提案的 PPT、演讲稿和提前下发的文字资料有反复的审查和核对。当然，最为关键的，是对策划方案的逻辑要非常清楚，对任务、问题、客户的目标和企图，对客户的资源能力，对策划方案的针对性和有效性有充分的信心。如此，才能真正吃得香、睡得着，休息充分，红光满面，精神焕发，“满血”上路。

2. 富于变化的音调、音量和语速

中国语言博大精深，催生了许多伟大的语言大师和文艺作品。但国人长期以来口语表达缺乏表现力，语调平淡，不能有效地吸引听众，也是存在的事实。如果策划提案的人也如普通人一样，声音干瘪，一条直线，没有激情，缺乏变化，自然会大大降低沟通的效果。

策划提案要锻炼自己的语言，使之具有恰当的变化，通过语调、语气、音量和语速的变化，传达情绪，辅助内容的表达，使自己所要表达的意义得到准确和完整的理解。

比如，阐述当前企业面临的威胁，语气可以沉重，语速可以放缓，音量可以低沉，使听众能够理解你表达的内容高度的严肃性，认识到企业存在的问题和困难；总结公司过去以来取得的成就，语速可以加快，语气欢快，音量适度提高，使听者受到鼓舞，增强自信，对未来充满信心；讨论创意和解决问题的途径，可以放慢语速，降低音量，体现思考和分析的严谨和细致，但山重水复，柳暗花明，找到解决问题的途径之后，豁然开朗，语气要欢快，富于跳跃感，音色要明亮，有爆发力。

如此等等。

声音作为一种表达工具，其内容比我们想象的要多，其表现力也比我们想象的要强。听众——尤其是我们的客户，是具有丰富生活经验和人生阅历的不同层次的负责人。他们从我们的声音里能够听到远比我们的语言文字（语义）多得多的信息。设身处地想一想，我们也是如此。

因为语词的意义远不能表达，我们才不得不借助面对面的现场的交流，期待以此把握对方的真实情感。声音传达情感和情绪，远超过语词本身的意义，甚至与语词的本意无关。

比如，“你好”一词，它的意思并不是在夸奖你，说你是个好人，或者你做得真好，通常的意思是：“嗨，我向你打招呼了。”

一个外国朋友来中国，时间不长，一边教学，一边学习点汉语。有一次他十分不解地问他的中国朋友：“‘你好’我是知道的。但今天早上，我跟校长打招呼。他没有给我说‘你好’，而是说，‘好，好，好。’这是什么意思?”朋友不好告诉他三个“好”并不比“你好”一个“好”更为友好，他仅仅是应付你。意思是说：“我知道了，我看到你了，我很忙，就这样。”

不同的声音，对于听者传递的是不同的、可以明确辨识的情感和情绪。比如，根据经验，人们总结的声音所代表的情感如下：

“气徐声柔”，亲和感——喜爱

“气促声硬”，挤压感——憎恶

“气沉声缓”，迟滞感——悲伤

“气满声高”，跳跃感——愉快

“气提声凝”，紧缩感——恐惧

“气短声促”，紧迫感——急迫

“气粗声重”，震动感——愤怒

“气细声黏”，踌躇感——怀疑

细心体会，你一定会有更多的心得。

3. 巧妙地使用停顿

提案演讲中，毫无疑问，不论是否经过训练，也不论提案是否成功，任何的一个提案者都要多次地使用到停顿。区别只在他是否有意如此，或者是否真正产生期望中的效果而已。

停顿，常常是内容本身固有的要求，是所要传达的意义的一部分。正如休止符对于音乐作品，提案演讲中，你也需要按照要求充分完整地把停顿表达出来，让听者理解。

比如，一个句子、一个段落、一个主题的开始和结束之间，停顿是必须要有的；一个句子的某个重点，需要给予必要的停顿，以令听者明白语句的重点所在。

提案演讲，面对面的交流，通过口头的表达，密集的一梭子子弹扫射，吧嗒吧嗒吧嗒，没人听得懂你在讲什么。那不是表达，不是交流，只是小学生认字呢。

“董事长/总经理/张部长/王总裁/奚总监//，现在我们就公司的项目课题研究进行提案。”//

这是语义所需要的停顿，也是正确的表达。

但如果表达不畅，没有在应该停顿的地方停顿，表达就无法让人理解，或者易让人产生误解。

“董事长总经理/张部长//王总裁//奚总监//，现在/我们就公司的项目课题研究/进行提案。”

如果这样停顿，尽管同样的句子，同样的语词，表达的意思却有很大不同。

停顿，尤其是有意的数秒钟的停顿，在提案演讲过程中可以有效地吸引注意，使所讲的内容得到强调，从而给人留下深刻的印象。

此外，我们还应该看到，由于提案的演讲分为几个部分组成，在每一个部分完成之后，有意稍微长一点（持续数秒）的停顿，还是一种暗示：以上所讲内容，可有疑问？如果没有疑义，我们进入下一个环节？如此，步步为营，程序严密，逻辑清楚，让人感觉到思考的严谨和工作的细致。

“总之，//我们目前面临的环境/相对友好，资源能力/充足，//内外环境非常利于项目开发。”//

如此停顿，意思表达就很准确，而且，每个停顿都是一个明确的信号，在征求听者的反馈。如果没有疑义，演讲自然就进入下一个环节了。但如果没有这种停顿，如此重要的“结语”将不被重视，轻描淡写地飘过，到后面要进行创意（方案的基本策略）展示时，听者则可能会就前面分析的逻辑产生疑问，为此而狐疑不定，心里打鼓，不能决策，这就不是我们希望的结果了。

4. 重音的使用

汉语是单声词，一个字一个音，在一个词里基本没有音节的重读轻读之分。虽然也有“平上去入”四声，但听上去，汉语的口头表达基本上一个直线，没有什么变化。平常人之间，相互了解，也不太要紧。但如果在正式场合，公开演讲，对着听众，喉头都没有振动，一通演讲下来，听众不打瞌睡才怪。

如同停顿对于口头交流的重要，正确的重音使用是有效表达的基本功。

汉语的重音使用，是通过句子中某些成分的重读来完成的。对特定语句中究竟哪个（些）成分进行重读，体现了发言者对内容的理解，也表明发言者的交流意图。

当然，错误的重读或者错误的理解除外。

比如，普通的一句话："1 米 9 个头的冯先生，在人群中分外惹眼。"如果被读成了"1 米//9 个头的冯先生"，那就显得怪异了，令人摸不着头脑。

不必细心揣摩，重音的位置不同，表达的意义相去甚远。

"在如此大好的形势下，我们公司的项目表现得差强人意。"这样一个句子，不同的重音，听来是有区别的。

"在如此大好的形势下，我们公司的项目表现得差强人意。"（强调的是"形势喜人"，我们应该有很好的表现。）

"在如此大好的形势下，我们公司的项目表现得差强人意。"（强调的是"我们的公司"，我们是主体，我们对项目表现不佳有责任。）

"在如此大好的形势下，我们公司的项目表现得差强人意。"（强调的重点是"我们的项目"，主体是有关的项目团队，应该由有关部门承担责任。）

"在如此大好的形势下，我们公司的项目表现得差强人意。"（强调的是，也许实际并不差，但仅停留在某些评价方法、某些评价指标上，横向上看起来不算上佳，如此而已。）

"在如此大好的形势下，我们公司的项目表现得差强人意。"（重点在于，我们的项目本应该有良好的表现，但实际结果却远不能令人满意。）

5. “气沉丹田，中正安舒”

这本是电影《太极张三丰》中的一句台词，说的是张三丰遭受挫折之后，凭借着这样简单易行的法门，终于修炼成为一代武学宗师。

其实这句话并非玩笑，还真的是正宗的修炼法门，尤其对于策划提案者而言。

经过演讲训练、掌握演讲技巧的人会有切身的体会。

气沉丹田（别整得那么玄乎，就是气息下沉，直到腹腔，体会腹腔吐纳的感受），你会立时觉得呼吸顺畅，吐纳均匀。随着呼吸变得深长而均匀，你的声音会变得有力度，有吸引力和穿透力，因之更为动听。吐字清晰，表达准确，富于节奏感，让听众感觉良好。

我们的身体，可以比作中空的发声器。声带的振动，带来声音的变化。音量大小、音质好坏，来自于我们呼吸的气流和对气流的控制。呼吸均匀，有足够的深度，就显著地改善了我们声音的品质。更不必说，从声乐的角度，我们的身体乃是我们的乐器，气沉丹田，呼吸深长，扩张了我们乐器的共鸣腔。

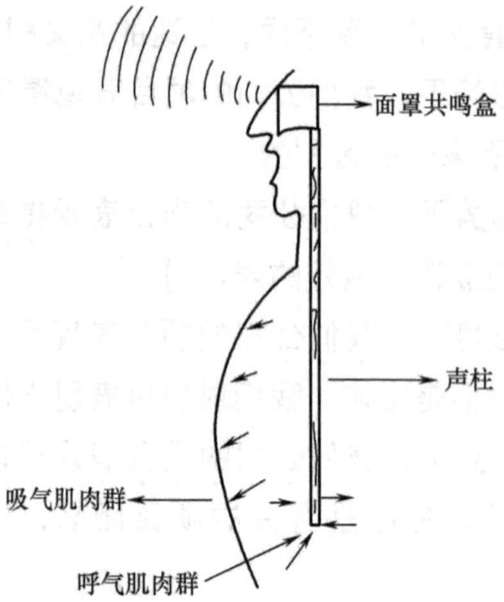

气沉丹田使声音变得更美

而且，正如演唱者上台之前总要先做一下深呼吸。气沉丹田的意义，还在于它能够极大地舒缓自己可能的紧张情绪，让你从容镇定，气定神闲，充分地表达，显得很是自信。

一旦气沉丹田，你就不自觉地挺直了身板，挺起了胸膛，抬起了犹豫自卑的头颅，可以平等地直视你面临的局面，在心理上赢得人们的尊重——不论他（们）之前是否曾经看轻你，或者是你的对手准备挑战你。

要体会气沉丹田，你需要在平时做一些练习。腹式呼吸，小腹随着呼吸（一呼一吸）的节奏放松和收紧——也可以相反。放松身心，不急不缓，不执着，不放弃，保持呼吸深、长、细、匀。一呼一吸算一次，从一数到十，然后循环，再重复一遍，再重复一遍，重复多次……

有意思吧?

6. “讲给最远处的人听!”

做策划提案，不要将提案的效果过多地寄托在多媒体设备上。要依靠自己，而不是通过设备传达自己的意图。很多时候，由于我们习惯了某些工具，产生了心理上的依赖，以至于被工具控制了。

策划提案的现场，空间范围一般不会很大，几个人或者十几个人，多在小型的会议室。你完全可以不需要扩音设备就能够让在场的每个人都听清楚你的话。

但这并不意味着你一定要放大音量，乃至喊破嗓子声嘶力竭。你只需要有意识地关照到每个人，尤其是有意识地关照距离你最远的人。讲给最远处的人听，让他清楚地听到你的每个字!

是的，就是这么简单。你只需要有意识地让每个人听到你，他们就真的能够听到。不必怀疑，不必犹豫。因为当你想到那个人，你实际上就是在跟他交流。他能够听到，其他人也一样能够听到。

为了这一点，你不得不抬起头来跟人面对面地交流，而不是低下头去，自顾自盯着自己的讲稿或者电脑。抬起头来，你的声音也因此改变了，不再嗫嗫嚅嚅，不再拖泥带水，这就顺畅了。

这是我的老师教给我的，我不藏私，跟大家分享。

7. “视唱练耳”

声乐学习基础阶段的这个词，我一直觉得很有意思。它其实是三个词的组合。“视听”、“演唱”和“锻炼自己的听力”。

策划提案的演讲者有意识地锻炼自己的声音，可以到声乐老师那里学习一点演唱的基本技巧。经过“视唱练耳”你会发现，自己的发声有令人惊奇的改进，清亮圆润，铿锵有力了。

自然，你也会注意自己的声音语言，在正式场合、在策划提案中，有意识地避免了许多错误，包括声音颤抖、飘忽不定、大喊大叫声嘶力竭，音节含混、夹杂不清，沉闷干瘪、没有激情，乃至大声朗读和诵读，拿腔做调，像个小学生。

重新检视你的演讲稿

你的声音有足够的吸引力，能够比较充分地传达你的情感和交流意图，你就该重新回过头来，检视你的语言——说什么。

这跟前面那个提案中该“说什么”不是一个意思。

这个说什么，是你在用口头表达——用嘴说！

好好地按照策划提案的任务，明确在演讲稿中应该怎么配合。你的演讲，是口头表达的艺术，是面对面交流的艺术。于是，你需要反复地检视、阅读、朗读，然后进入情境，有如身临其境地进行演讲。在这个过程中你会发现，讲稿中的许多语言是不便口头表达的！

一个句子一个句子地过，看看究竟怎么表达合适。假定你的听众就在你的面前，用你的语言说给他们听。这样，你立马会发现，原先以为很不错的句子实际上表达不清，听起来很滑稽，讲起来很拗口。

比如这样的一段话，在文案中出现，作为书面语言是没有问题的，但如果是你的演讲稿，就很成问题。它基本上是无法用口语传达的。

磁器口古镇，原名白岩场、龙隐镇。始建于宋真宗咸平年间，因当地山间有座白岩寺，故而得名白岩场；至明朝，“靖难”之后，建文帝朱允炆逃出京城，削发为僧，云游四海，曾在白岩场的白岩寺隐居，后人因此也称白岩场为龙隐镇。龙隐镇地靠嘉陵江畔，成为古重庆一个集散贸易的码头，交易商品多以瓷器为主，故而商人们也称龙隐镇为瓷器口，古时候“瓷”与“磁”同，故也被写成“磁器口”。

再看下面一段文字，作为演讲稿也是不合适的。

“袍哥”，《现代汉语词典》（2002 年增补本）解释为“旧时西南地区各省的一种帮会成员，也指这种帮会组织”，更准确一点说是四川地区的一种帮会或者帮会组织。袍哥作为组织来看，是一个以反清复明为政治目的、吸收三教九流等人为之所用的一个政治性、民间性组织。

很明显，这样的文字是从文案中摘取下来的。怎么能够这样呢？你的提案演讲是口头表达，工具的性质决定了它的使用方式。你不能用文案的书面语言来进行口头表达，当然，你也不能将口头表达的语言用于书面的文案表达。

于是在我们这里，提案语言方面的准备至少是三个部分，即多媒体的视觉语言（PPT）、供客户阅读的策划文案和相关资料，以及用于演讲进行口头表达的演讲稿！

演讲稿，在某种程度上是口头表达的提示。作为文字，它是完全属于演讲者个人的。对此，提案演讲者可以放松些，把它当作提示，用口头的方式写下表达的内容，也可以加入某些自己能够看明白的提示词，比如，“此处停顿 3 秒”“插入笑话”“此处让听众阅读幻灯片 3”“出示道具”“对后排听众提问”，如此等等。

第十三讲　身体语言

之所以有面对面沟通的提案会议，如前所述，是因为客户想得到更多的信息，以帮助他们决策。

面对面，客户不但可以听到你，更可以看到你。

声音传达情绪，身体传达态度。

有人总结说，提案的成功，是要追求“真善美”的。文案展现问题的解决，表达的是“真”；制作精良的PPT、精心布置的提案现场和设计完善的提案过程，展现的是“美”；而提案演讲者和团队成员的现场表现(身体语言)，则在展示对于客户和客户项目的“善”。对于客户来说，真善美皆为完整的项目，才是好的项目。

身体语言是客户所需要了解的重要内容。

气场

一个新词突然流行起来，人们争相谈论，没人说得清楚，无不神秘兮兮。各种培训机构，招收不同层次的学员，举办关于这个主题的培训，收费不菲。这个词就是“气场”。

气场，据说就是环绕在一个人（生命体）周围的能量团。也就是说，每个人都有气场，不同的只是气场的大与小。有的人气场异常强大，甚至可以在几十公里范围里让人感觉到他的存在。

气场以人的身体为中心，向四面八方散开，影响到周围的各种存在，包括动物、植物乃至没有生命的矿物。而且还说，几乎是肯定地——你的肉体和精神越健康，你的能量就会越活跃，气场也会散播得越远；你的气场越被充分激发，你就越有能量去做你要做和想做的事。当然，你的气场越强大，你受到外界不友善的能量的干扰就越小。

更为重要的是，每个人的气场都和其他的气场交换能量，小到一个房间、一棵树，大到一片森林、一座高山。人与人也当然地发生能量交换，而能否交换能量，使相互之间感觉到精力充沛、心情愉快，取决于各自气场在振动频率上是否一致。如果不能有效地交换能量，就会让人感到压抑、消耗，感到疲惫，不堪应付。相反，在某些环境，跟某些人在一起，就会感到如沐春风，充满活力，对自己、对未来充满信心。

气场并不是人人说得清楚的，但却是几乎人人都感觉得到它的存在的。人们之所以要见某个人，之所以要做某些事，基于一个判断：是否能够一起共事，为某种共同的目标努力，取决于相互的气场能否产生能量交换，能否相互激励，从而发挥自身的能量。

这么说来，面对面的提案，也许是我们的客户想看看跟我们的气场是不是能够相互激励。

要不，我们就诚恳地向客户展现我们的气场，因为据说诚恳能够产生让人愉快的能量。

肢体传达态度

技术进步给我们的生活和工作带来极大的便利。比如提案，远比以前要充分、便利和实用，效率提高了，主客双方都感到了科技的好处。

有段时间里，学校里普及多媒体教学设备，要求老师们都要用多媒体上课。习惯了过去的教学方式的教师们，不得不课下花费大量的时间熟悉 Powerpoint 软件，并且将课程内容做成 PPT 幻灯片。学校甚至还要求老师们准备网络教学，将课程的教学内容录像，使之标准化、模板化，放到网络上，称为“慕课”（mooc）。

潮流兴起，一时之间仿佛教师就可以解放了，或者解散了。教师的作用差不多工具化了。将自己要上的课程制作成全套的 PPT 或者网络课程，上传网上，或者交给教学管理部门，学生交钱下载就可以了。大学也不需要多少人，几个教学管理人员就可以了。

但事实上却不是这么回事。学生上课，看 PPT 未必能够理解，不论 PPT 做得有多详细。教师在课堂上的讲授和辅导才是真实可感的，只有在互动中，学生的学习才能真正产生效果，才能理解相关的知识和理论，掌握重点和难点，进而举一反三，有综合应用的可能。

教学尚且如此，更不必提商务策划的提案了。

同样的方案，同样的内容和提案进程，不同的提案演讲者，对客户的提案当然地有不同的效果。

提案并不是向客户说点什么那么简单。

我们前面说过，你不可能简单地派一个人将方案和有关资料往人家办公桌上一放就了事了。当然，也不可能随便地派出一个人，对你的方案简单加以说明就行，不论他有多了解这个方案的来龙去脉。如此郑重其事，无非是有些东西在方案之外。

相当多的时候，客户是因为喜欢演讲者而喜欢方案的。提案演讲者的声音、仪表、表情、交流过程、营造的现场氛围，改变了客户的态度，影响到客户的最终决策。

文案传达思考过程，声音传达情绪和情感，身体语言呢，传达的更多的是无形的内容。

在这个意义上，你“在或是不在”“见或是不见”“念或是不念”，有很大的不同。客户他们还不是佛，并不是悉知悉见的。在现场中，他们能够感受获得更多的信息，不仅仅是项目课题本身。他们有可能抛开项目课题，决定是否与你做长久的合作伙伴，甚至做终生的朋友！

“情动于中……手之舞之，足之蹈之”

《毛诗序》中说：“情动于中而行于言，言之不足，故嗟叹之，嗟叹之不足，故咏歌之，咏歌之不足，不知手之舞之，足之蹈之也。”人的真实情感一定会通过言语、歌声、舞蹈等形式的身体语言来表达。反过来，可以通过身体语言，解读内心世界，了解和把握一个人内心的真实情感和行为动机。

提案，是坦诚沟通的过程。你需要将解决问题的方案、解决问题的过程，以及你和你的团队成员对项目课题的态度（当然也包括对客户的态度）坦诚地向客户展示。真诚的态度和严谨的专业精神，是获得客户认可，并进而获得认同的唯一有效的途径。

换句话说，你是怎么想的就怎么说。你说的，包括正在说的，应该与你的肢体语言保持一致。

我们的客户，通常都是人们说的“人尖子”。他们生活阅历丰富，面对面沟通时虽说不上“火眼金睛”“洞若观火”，但也一定掌握了某些技巧，积累了一定心得，凭着感觉便可能做出正确的判断，了解话语背后真实的意思。

不要企图隐藏，不要心口不一、言不由衷。你的这种不坦诚，事实上会弄巧成拙，让客户一眼看穿。

言不由衷，必然在肢体语言上表现出来，与你的表达相冲突。

这种冲突是你所不能掩饰的，因为你的肢体是不忠实的泄密者。

看上图：

- 紧扣的外衣，表明你的拘束、对环境的不适应和内心的抗拒；
- 拘谨的上肢，紧贴你的身体，表明你的保守和对他人的警惕；
- 步幅很小、裹足不前，表明你对当前环境和面对的问题不信任、不放松；
- 面部表情是紧绷的、严肃的，表明你的不友善和不热情；
- 眼神没有神采，没有与人沟通和交流的愿望；
- 你的气场，如果有这样的说法，是灰色的、紧缩的。

你进来，竟然还在跟人打招呼，“大家好！很高兴认识你们！”但从上面看到的你的肢体语言，你并不喜欢大家，更说不上“高兴”认识大家。这样的冲突，不能带来你希望的沟通效果。相反，传达的只有淡漠和挑衅，最终可能是客户挑剔的批评之后，提案的失败！

所以，真诚是第一要义。让客户看到我们肢体语言表达出来的真诚。

找到一个合适的位置

在提案的现场，你应当是控制现场的主导者，至少在你进行提案演讲的时候是这样。

客户方面，可能有一个人充当会议主持。在经过简短的介绍之后，现场的时间就是你的了。

为了保证提案目的和目标的实现，保证沟通效果，你需要找到一个合适的位置，以便于对现场进行控制。这一点，我们在前面讲过。

作为表达的重要手段，找到一个合适的空间位置，也是肢体语言的一部分。不同空间位置，体现相互之间不同的关系，也体现演讲者对于听众的态度。

进入提案会议的现场，你会发现，并不是所有的位置都适合演讲者。

你当然不适合在听众中间——他们在审查你呢；你当然也不适合在会议室两旁，或者座位背后——那是会务工作人员的位置；更不会是在门口——谁知道你想什么时候溜走？

你的位置是众人注目的位置，是会议的中心位置（但不能是正中心，那没有美感），是主讲者的位置（与讲台邻近），是投影屏幕与电脑附近（方便演讲者激光笔的使用）！

提案的会议室，不似上课用的教室，演讲者没有高于听众的高台，所以，即使有一个专门提供给演讲者的座位，也不要坐着演讲。站起来，如果不能高于，至少也应该能够与客户保持目光平视。

此外，你需要保持与最近听众 2 米左右的距离。不可太近。

要知道，一般意义上，2 米左右是公众距离；2 米以内为社会交往距离；15～50 厘米为友好距离，用于亲密的朋友之间；15 厘米以内为亲密距离，家人和情侣之间才会保持这样的距离。

与最近听众的距离保持
2米左右，不可太近或太远

提案是比较正式的社会交往，即使私下里关系亲密，在这种性质的场合也应当调整相互关系，使之显得正式而严肃。一个陌生人突然走近你，你一定会紧张。同样，在这样正式的场合，你突然走进你的听众，尽管私下你们也比较熟悉，仍然会让他感觉不适，更不必说，此举让人觉得你们关系异常，影响到判断的客观性——这等于出卖了你的朋友！当然，另一方面，距离太远，人气难以集聚，关系显得生硬，不大融洽，你也难以调动听众的情绪。

身体前倾，或者走向听众

“倾听”，很具有画面感的词，表达很是准确。倾听，一定是有明确的身体语言相伴随的，正如聆听。

身子朝向听众，微微倾斜，或者头侧向听众，表示你在倾听。虽然这样的姿态并不一定就增大了音量，但给听众的感受却很好。

客户想通过肢体语言读懂你的态度。身体前倾，无声地表示你走近他们的愿望。

核安全峰会上的大国领袖

倾听，除了身子前倾，你还需要目光注视你的听众。

这是一种姿态，是给对方的表达：你很重要，我很在乎你和你的意见。

与此相同，面对多个听众，你可以将他们当作一个整体，身子向这个整体前倾。提案时，你站着演讲，身子自然不能前倾，那会使你重心不稳，或者压迫你的胸膛，使得表达不能顺畅。那么，你可以脚尖朝向他们，或者试着向他们（作为一个整体）跨出半步。

有目的地移动

提案演讲时，找到自信的你当然不会待在一个位置一动不动。为了有效地控制现场，也为了有效地与听众沟通，你可能知道，自己要移动起来，有时是有意的，另外一些时候则是无意的。

重要的是，不论你向哪个方向移动，也不论移动的幅度有多大，你的移动目的一定要明确，不应该是随意的。也就是说，你的移动本身就是一种表达，它是有明确意义的，也是有明确的话语对象的。

比如，你感觉某个方向的一个或者几个听众没有跟上你，你有向他们做特别说明的意思，伴随着对要点的口头阐述，你的身体转向他们，跨出一步，以示对他们的特别表达。在他们那里，你的表达是能够被他们听懂的。

再如，你需要听众抬头注视 PPT 屏幕，你可以转过身，侧身对着屏幕，或者向屏幕方向跨出一步。如此，听众很自然地明白你的意思，并照着你说的做。

不言而喻，既然是身体语言的表达，你的身体的移动更多是符号性的，而不是运动性的，你的活动还是应当有一个范围，也应当是一个姿态。你不能满场乱跑，停不下来。那只会让人紧张，时间稍长，听众就会疲劳，进而烦乱。

一次只跟一个人建立联系

策划课题的研究与讨论，局限于少数人。不管项目涉及的规模有多大，对于双方，尤其是对于客户，都是高度机密的。参加提案会议的，不论客户还是自己团队的成员，双方的人员加起来都不会很多。通常，几个人或者十几个人，而且环境相对封闭。

自然，对于提案演讲者，这与一般意义上的演讲是不同的。

你没有高高在上的权威和控制气场的主导！客户是提案会议的主宰和权威，他们在审查你（和你的团队）的方案和你的表达，至少在名义上和感觉上是这样！

在客户看来，作为提案演讲者，你所能做的就是在保证他们冷静、理性思考和绝对主导的前提下，对方案进行完整细致的呈现。当然，也默许你有技巧地表达（也就是有艺术而有趣味地表达）你的内容。

这意味着——

你不能明显地剥夺了听众的主导权！

你不能像公开演讲那样将听众看成一个整体，居高临下，对他们视而不见（看而不是看见）！

你必须把他们看成一个个专家（事实上，他们在自己的领域里也的确称得上专家），跟他们探讨有关问题。于是，你的策划提案演讲，某种程度上是一次项目的综合验收。专家们会就你的提案在各个方面予以评分，“满意、合格，或是不满意需要整改”。

如此，在演讲过程中，你需要跟他们建立联系。就你所讲的内容，不论是观点还是事实，得到他们及时的和积极的回应。

要注意的原则是，一次只跟一个人建立联系。

在我们前面关于提案的控制章节里，我们提到过，要避免在提案过程中将注意力过分集中在某个人或者某几个人身上，以免招致其他人的不满，不论这个人是可能的决策者还是其外形容貌令你很有好感。

你的身体语言，包括衣着配饰、面部表情、身体姿态、手势、脚步、身体重心，以至空间位置，当然有特定的语义，也有特定的话语对象，可以是对全体人员说的，也可以对特定的听众说。在提案演讲过程中，为了充分表达，你也应该不断地变换，以照顾到现场中的所有听众。但当你跟在场的某个听众（他通常可能是某个方面的专家）建立联系，对他进行阐述和解释时，你要注意，你的身体语言应该是特定的、专门面对他的。否则，他会疑惑：“你是在跟我说话吗?”

用眼神和肢体引导听众

提案过程中，在获取主动权、保持对过程的控制上，要取得巧妙的平衡。如果进行得巧妙，你能够控制现场，引导听众。即使他们本来有很强的权力意识，也乐于听从你的安排，甚至享受这样的跟随。

引导听众、控制现场最有效的手段是无形的身体语言。用眼神和肢体引导他们，让他们抬头，看你呈现给他们的 PPT 图片、模型和动画，让他们低头阅读手边（你发给他们的）资料，让他们看着你，与你分享某个故事和趣闻。你的身体语言就是指令。你侧身抬头，他们就跟随你抬头；你拿起资料，他们就阅读手边资料；你用征询的眼神打量左右的同伴，他们就开始讨论；你的目光凝视窗外，他们也跟随你，进入对问题的沉思；你停下脚步，闭目静听，他们也停止手上的动作，屏住呼吸，聆听你的声音！

用眼神和肢体语言引导听众。在提案演讲时，你几乎可以以此作为标志，检验你是否与听众有良好的关系，是否掌握了现场的主动权。

更为重要的是，作为提案演讲者，你应当是提案会议实质上的主持者。与其用生硬的语言让听众做这做那，不如用无声的身体语言引导他们。如此，还真是“为而不恃，长而不宰”，“后其身而身先，外其身而身存”。

有必要说明的是，用肢体语言引导听众，自然免不了身体的移动。移动是你表达的一部分！所以，你的移动一定是有目的的，而且这个目的你心里要很明确，就相当于你的口头表达一定要语义明确、不可含糊其辞一样。向哪个方向移动，移动的速度有多快，移动的距离有多远，都应当是明确的。否则，就变成满场乱转，晃得人头晕。只看见你讲得唾沫四溅，满头大汗，却不明白你这么着急上火地要干什么。

保持目光交流

“眼睛是心灵的窗户”，此言不虚。通过眼睛，可以读出大量的信息。所以，跟人交流，你不可不看对方的眼睛，你的眼睛也不要回避躲闪，不让人看。

提案演讲，你需要坦诚地呈现、真实地陈述和明白地解释。除非你真的有意欺骗客户（真正的骗子反而要直面客人的眼睛呢），你的方案没有充分的调查研究作为基础，没有严密的逻辑分析，没有对问题的清晰界定，或者你根本就不了解课题的内容，你有愧于心；若非如此，你便要抬起头来，直面客户的问询，接受他们的审查。

提案演讲是一个交流的过程，你不能回避沟通。

于是，你要让他们看到你的坦诚，看到你的牵挂、你的焦虑、你的利益所在，你的理想、你的兴趣爱好、你的学问素养，平素你如何待人接物、如何应付突发情况、如何战胜窘迫、如何打发无聊。眼睛是窗户，打开窗子，让他们看，甚至还可以热情一些，指示他们说，欢迎参观，请看，这是我的房间，这边是我的厨房，这边是我的客厅，这幅字画是启功先生亲笔所书落款“某某小友留存”，这边是我的茶室，这个煮水的铁壶是民国风云人物袁克文的藏品，这套茶具是宋代哥窑存世不多的瓷器，如此等等。

保持目光交流，意味着你必须用目光传达你的意图，你的观点和态度也需要你用目光征询听众的意见，看他们是否明白你的逻辑、你的观点和你的意图。这不难。只要你真诚、坦然地面对他们，把他们当成你的朋友，跟他们交流，就可以做到。

保持目光交流，并不是仅仅针对某个特定的听众，要跟前面我们讲的那样，你的关心和照顾是平等的。不管其中有某个人明显有更强大的气场，仿佛是一个决策者，或者，其中的某个人外形太有魅力，以至于你心旌摇曳，你的目光交流都应当是平等的，不应当是赤裸裸地和势利地分配给了某个人。

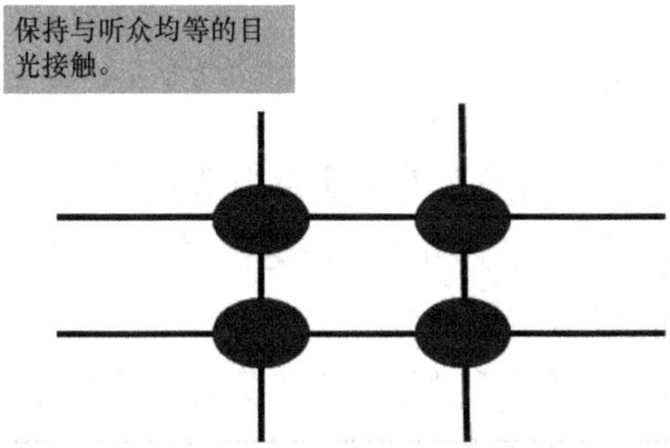

仍是按照我们前面讲过的那样，你将会场听众分成几个区域，目光从一个区域移动到另外一个区域，可以是有规律地移动，也可以是随机的，但一定不是厚此薄彼的。这样，你的目光就照顾到了每一个区域，而不是只落到某一个人身上。

打开你的双手

朋友相见，我们往往握手致意。这是一种礼节，体现了交往的诚意。

为什么要握右手？因为在古时候，通常情况下战士用右手拿武器。朋友相见，主动伸出右手是向对方表明：看，我首先扔掉了武器，我手上没有武器，我们是朋友，不是敌人。

提案演讲中也一样，你需要打开你的双手，让人看到你的双手。不仅仅是将你的双手摊开，而是需要你更进一步，用双手表达你的情绪和情感。

不要把双手藏在背后，也不要把自己的双手放在裤袋里。那不仅不够礼貌，还是对你表达的束缚。

设想一下，你说，我要告诉大家，我很开心！很开心！很开心！然后你的双手拘谨地藏在身后，你真的舒服吗？因为你的情绪和情感需要你的身体语言配合。前面我们所说的“情发于中……手之舞之，足之蹈之”正是如此。

在你的提案演讲中，你需要一定的手势（肢体语言）来传达和强调你的情绪和情感。比如，你阐述当前客户面临的险恶形势，你可以攥紧拳头，表示你感同身受的紧张；阐述你经过审慎抉择的目标，你可以高举拳头，表达对未来的坚定信心；陈述直面挑战，降低费用，削减成本的种种措施，你可以有力地挥动你的右手，表达你的决心和行动的力量……总之，需要将你的双手解放出来，参与和加强表达！

“连接语”与“着陆语”

所谓“连接语”，指的是在提案演讲中那些用于连接和过渡上下观点、事实和重要表述的词语、句子和相近表达。通常，这样的表达是虚词和表达虚拟意义的词组，没有实际所指。

比如，“接下来”“不但”“而且”“另外”“虽然如此”“但是”“显而易见”“毫无疑问”“更重要的是”“简单地说”“总之”“总结起来”，等等连词和过渡语。

当然，还可以是一些程式性和礼节性的语言表达，比如，“很高兴得到诸位的亲临指导”“在座诸位都是公司的开创者和生产、营销和技术开发方面的专家，我们的方案是……”

还可以是一些在提案中不是特别重要，但却是提案过程必不可少的叙述，比如背景介绍、调研报告相关内容（当然调查报告结论除外）等。

而“着陆语”则相反，它是指提案中具有实际所指的事实、观点、态度、结论、行动计划和措施、相应资源配备、战略策略评价，以及控制协调机制的运行等重要内容。客户需要听的和需要做出决策的，是这些内容。所以，它们不可以被忽略。

为了清楚地表达这些“着陆语”，你需要在声音语言和身体语言上有特别的强调，以保证它们能够被正确和充分地理解，并受到应有的重视。“连接语”你可以随意些，在移动中传达，但表达“着陆语”时，你不能移动。否则，你的声音随着你移动的脚步变得飘忽，让人不大能够听清，也给人误解，以为你在移动中所讲的内容是不重要的。

所以这里强调一下：

在“着陆语”处，你需要停驻下来！让听众看到你郑重其事的态度，听清你严肃认真的声音，可以仔细琢磨你所表达的内容和它们之间的逻辑关系。

运用表情

面部表情，是身体语言的重要内容，在某种程度上甚至是身体语言的全部。“出门看天色，进门看脸色”，面部表情是我们最早学到的语言表现形式。

如同图片一样，面部表情是人类共通的语言，几乎人人都读得懂，超越了民族、地域、信仰和政治的界限。

丰富的面部表情，是你能够引导和影响听众的最有效的工具。

可以说，听众就是竖在你面前的一面镜子。你笑，他们跟着你笑；你哭，他们跟着你哭；你情绪紧张，他们跟着你情绪紧张；你严肃认真，他们跟着你郑重其事；你豪气干云、信心满满，他们也跟着你意气风发，对前途充满信心。你的表情，是引导他们的方向和路径。

提案演讲者，应该是现场最活跃的人、最有活力的人和最出彩的人。活跃、活力和出彩，都需要你的面部表情来展现。你既不可能，也千万不要自始至终保持一幅臭面孔，让人看不到你的情绪变化——这年头，谁愿意跟那些城府很深的人打交道呢?

还记得吧，我们在前面讨论过，我们的客户在相当程度上对我们有所期待。他们需要方案，他们需要对方案有信心。你如果面无表情，深沉得很，他们会倒吸一口凉气，不论你实际上说得再好，一再合乎逻辑地论证说项目是多么富有广阔的前景，也无法拂去他们心头挥之不去的阴霾。

坦诚！坦诚！我们一再说的坦诚，当然也包括你的态度。要让客户看到你的态度和感受，不论是这个项目未来如何，在提案演讲的这一刻，要让他们看到你对提案本身及客户未来事业发展的信心。

丰富的表情使提案富有吸引力，但不能太过

当然，你需要明白，提案毕竟是严肃认真的事情，你不能把它搞成“快乐大本营”，你的语言，包括你的表情，作为身体语言，都是为提案让客户接受而做的努力。让客户开心固然不错，但开心之后，他们是否心悦诚服地接受了方案，这才是真正重要的。所以，如果能够还是要稍微郑重点。

敬神如神在

这句话在这里有三个意思。

第一，怀有敬畏之心。

提案演讲的人，应该有高度的职业操守和职业精神，对自己的身份、对自己所代表的角色，以及自己所从事的事业，要充满足够的敬畏之心；同时，对客户和客户的事业也充满敬畏和尊重，提案时谨慎小心，周到细致。

你不尊重你自己，就不要希望别人尊重你，如此，你也就不要指望别人对你的演讲给予足够的重视，认真听你的陈述、解释和介绍。对听众、对客户，充满敬畏和敬重，真正地将客户当作“衣食父母”，就一定会收起轻慢之心，不会飞扬跋扈、不知轻重、胡言乱语。所以在这个意义上，自己是“神”，客户也是“神”，值得敬重。

第二，真正学会“敬天爱人”。

这是稻盛和夫为京瓷所制订的社训，我以为这四个字同样适用于策划提案的主讲者。所谓“谋事在人，成事在天”，很多的成果和成功，在相当意义上是由于客观存在的外部机缘和不能确定的偶然性。我们自身的努力很重要，但远未足够。我们毕竟渺小，极大地需要团队成员辛苦地劳动和密切地配合，极大地需要客户的宽容和谅解，我们还需要老天帮忙。那些看似偶然的因素，在我们自身渺小的个人努力之外的那些因素，就是“敬天爱人”的“天”，我们姑且称之为“神”吧。因为有“神”在，我们不至于轻狂无度，不会因为客户出于礼貌的夸赞而忘乎所以，也不至于以为雄辩的逻辑和精致的分析工具就是绝妙的方案。

第三，敬神如神在。

有些时候，在进行课题研究的过程中，双方沟通如果比较及时，信任较为牢固，方案实际上已经为客户的最高决策者所了解并肯定。策划提案的目的，实际上是与客户的中层管理者进行沟通，以求得到他们充分的理解，以保证实施。这样，最高的决策者很可能并不出席提案会议。于是，要提醒的是，不要以为已经获得了最高决策者的认可，或者因为现场没有最高决策者而在提案的时候有所轻慢。“敬神如神在”，对在场的所有的客户方面的代表，都要保持高度的尊重，仿佛他们都是最高的和最终的决策者。

这是第三个意思。

“敬神如神在”，在我们心里存有尊重和敬畏，就会在身体语言上表现出来。同样，内心的自负、轻慢和狂躁，也一样会表现出来。在我们提案过程中，轻慢、狂躁、得意忘形的时候，就是我们失去自我控制，从而也失去客户信任的时候！

应该有的禁忌

提案中，身体语言是我们另外一个表达的渠道。常常在我们不经意之间，许多与我们的口头、书面表达相冲突的，与我们的意图和双方融洽关系相冲突的身体语言被错误地传达了，或者被错误地解读了。

牢记一些原则，不要触碰某些禁忌。

1. 不要急躁

“宁缓勿急”，这是第一重要的忠告。

如果经过充分准备，如果之前进行过深入沟通，提案是一个双方聚会、一个愉快交流的过程。甚至，提案的过程，你经过彩排，比较精确地控制了可能的突然情况，就不会出现大的失误和意外。所以，不要着急。

你的口头表达可以放慢语速，这样听众能够听清你的每一个字和每一个句子。

提案的整体结构和进程应当稳健和充分，按照正常的和预定的方式进行，留有余地。

提案现场，都是按照事先的设想进行准备和布置，纵使有什么遗漏和疏忽，也可以从容地解决，投影设备、麦克风、激光笔、电脑、PPT 放映、文字资料，都应当在正式开始前准备好——因为我们总是要提前入场检查这些东西的，是吧?

提案中，作为身体语言，衣着、发型都经过整理，没有问题，我们的助手会提醒我们，没有什么值得担心的，不会失礼。

提案过程中，身体移动的速度、手势、表情的变化节奏，都慎重而有力度。

放慢一些，这会让你感觉良好，更重要的是，你让听众对你产生信任，对未来有信心。要知道，匆匆忙忙，风风火火，是让人不放心的。

2. 不要勉强笑

除非你真的觉得好笑，真的感觉到愉快，否则，不要勉强笑。在提案中，大家都会注意你的面部表情，从而阅读你的表达。强颜欢笑，不能感动你的听众，反而会有悲剧感，仿佛大难临头，让人不知所以。

3. 不要把双手背起来

双手应该打开，让听众感受到你的坦诚，而且，你还需要用你的双手帮助你的表达，让听众充分理解你的意思。双手背在背后，如果你站得笔直，那像个拘谨的士兵，挺胸抬头，则盛气凌人；低头弯腰，则表明你中气不足。总之，背着双手演讲是不好的。

4. 不要低头面对听众

低头看地，不敢正视听众，是没有自信的表现。这种不自信，其实是不负责任的。因为你表现出来的不自信，或者表明你专业知识和能力不足，或者表明你对于课题的前景没有信心。总之，你的不自信表现是让人气馁的。

5. 注意你双手的位置

你的双手是引导听众注意力的工具，也是他们注意的焦点，所以要注意双手的位置。不放在背后，不要无力垂着，也不要插在裤袋里。这些动作有的让人无端猜想（“手放裤袋里，待会儿会有什么东西拿出来给我们看呢?”），有的太过随意、散漫，有的则显得不雅。

别将手插在裤袋里，
那会让人猜想

6. 不要模仿他人

虽然总体上有某种模式可以遵循，但各人应该有各人的风格。你完全可以自信地按照自己的方式进行演讲。你的演讲，包括你的肢体语言，可以按照自己习惯的方式来表达，重要的是，你要感觉到轻松自然。切记不要模仿他人，尤其是模仿某些主持人、某些礼仪先生或礼仪小姐。人家这么做，有仪式感，或者看起来显得酷显得帅，出于公共场合表演的需要，而你，则更多地是为了沟通的需要。

7. 不要把双手按到桌子上

演讲的时候，双手按到桌子上，自己也许以为有力，说话的时候底气比较足。但实际上，它透露了你的紧张和不自信。你的紧张，带来大家的紧张，效果肯定不理想。解决的办法就是你离开讲台，或者根本就不要设置一个讲台。提案不是讲座，你没有比听众知道得更多，他们不是你的学生，不需要你传授知识。

8. 不要双手抱胸

双手抱胸，东西方的解读都差不多。那是一个防守的姿势，一个满不在乎的挑衅的姿势。不管你是前者还是后者，在提案会议上，都是要不得的。

9. 不要勾肩搭背

不管你与现场某个人的关系有多亲密，你都不可以勾肩搭背。作为男性，你当然不能如此，因为那显得极不严肃，容易招来物议；作为女性，这样的动作尽管人们对此宽容一些，但在提案的时候，这样的动作会让人产生负面的联想，影响到提案的严肃性。毕竟，我们的提案是要让听众对方案产生认同，而不是其他的某些因素影响到这一基础性和原则性的判断。

10. 不要四处游走，也不要倒着走

演讲时，一定的移动是保持和调动听众注意力的有效手段。演讲者可以从自己的演讲位置走出来，做一定的移动。但是必须记住，你的移动要有明确的目的，比如，是跟某个人建立联系，或者调动和吸引某个听众的注意力。

但是你移动的幅度和范围要有所限制，移动之后，要回到原点，也就是说，不要四处做无目的地漫游。这正如你演讲的时候，讲了一个笑话或者一个故事，讲完之后，你还是要回到正题的，或者，你的笑话或故事就是为了更加直观生动地说明你的正题。你的位置是相对清楚的，是听众注意力的中心所在。

你的移动，应该是正面地走向某个方向，而不是倒退着走。如果倒退，你正面目光所向，仍是听众的注意所在，但你又在进行移动，于是，听众就会疑惑，不知道你到底想干什么。还要说明的是，倒退着走，你可能没有注意到脚下，万一被绊倒，咣当一声倒在地上，那是很难堪的！

11. 眼睛不要只盯着电脑、PPT 或者天花板

你的演讲，是跟听众进行充分的心灵沟通。坦诚相见，推心置腹，相互信任，是你必须要展示出来的。所以，抬起头来，看着你的听众，跟他们建立目光交流，让他们从你的眼神和肢体语言中理解你的意思。不要低头朗读你的文稿，不要盯着你的电脑，也不要只盯着屋里某个角落。那样，你的听众很快就会对你失去信心，对你要讲的内容失去兴趣，效果是负面的。

身体语言是提案的重要内容，需要高度重视身体语言的表达方式和语词意义，以免错误地表达了自己的意思。正确、合理地运用身体语言，提案才能顺利地进行。

第十四讲　直面危机

不要说危险中藏着转机。我们这里，危险，就是你即将失败的信号。一连串的信号出现，如果你执意闭目塞听，听任事态发展，滑向深渊，就没有人可以解救你。

"太守才危险"

唐朝有位著名的禅师，法名圆修，因其住在杭州西湖背面北望山悬崖边一棵松树之上，被人称为"鸟窠禅师"。人们常常看到他打坐入定，山风吹来，树梢随风摇曳，令人心旌摇曳，头晕目眩——那可不是我们现在风景区里非常惬意的树屋哟。元和年间，白居易（香山居士）出任杭州太守，闻鸟窠禅师之名，很是关切，上山见他，想让他从树上下来。

"师父，你下来吧，住在树上太危险了。"

禅师睁开眼睛，说道："我没有危险，太守你倒是很危险。"

白居易不解："我有什么危险啊?"

禅师说："薪火不停，识性交攻，居士尚且不知，岂不危险?"

是啊。危险来临，尚且浑然不知，是真危险。

这话拿来比喻提案面临的危机也是贴切的。

危险是一种状态，极可能导致重大的破坏或灾难性的损失，所以，必须解除危险，以免灾难降临和损失发生。危险发生前，一定有明确的预兆和信号。这些信号的出现是危机产生的警告。根据这些预兆和信号，即时调整，扭转不利的处境，就能够化险为夷，否则，就会滑向灾难，造成无法挽回的损失。在这个意义上，危险即将发生的信号就是机会；转危为安就是机会。所以，困难中有转机，称为危机。

危机面前，你可以选择逃避，接受失败；可以无视其存在，任其发展，直至真正的灾难降临，大错已铸，覆水难收。当然，最要紧的，也是我们最应该做的，是看到危机，直面危机，扭转不利，及时化险为夷。

危机与转机

危机一定是指向某种危险状态的信号。

危机是危险即将发生的信号

这些信号你能看到（当然，也可能由于你不敏感，看不到），也能感觉到。

它可以是某种状态：你与在场的听众之间没有了如胶似漆的交融；

也可以是某种表情：你的某个听众脸上的冷漠；或者是，

恹恹欲睡的连声呵欠；或者是，

收拾桌子上有关资料的动作；或者是，

肆无忌惮地接听本应该关掉的手机；或者是，

直截了当并不友善的诘问。

总之，你要知道，这样的一个或一些信号，已经表明：

- 你前面提案的过程不令人满意；
- 你继续前面安排进入下一个环节十分危险；
- 立即进行调整，化解危机十分必要和紧迫！

危机的产生

危机的产生无非三种原因：

1. 不信任

事实上，缺乏信任，或者失去信任，是提案产生种种危机的根本原因。甚至于，所有的提案不能正常进行，或者最终导致提案失败形形色色的原因，归根结底，都在某种程度上表现为双方缺乏信任。无法想象，双方已经没有了信任，你的提案还能够按照原来的计划顺利地进行下去。

客户的信任是课题研究和提案成功的基础。能够承接客户的课题，能够按照正常的流程顺利地进行研究，逢山开路遇水搭桥，克服种种困难，能够进入到提案阶段，说明你前面的工作进行得比较扎实，得到了客户的肯定、支持和信任。

但在提案中，危机却产生了，原因竟然是客户不信任！这太悲催了。

显而易见，问题出在提案过程中，我们的能力和态度让人产生了不信任。

2. 不关心

前来参加提案会议的客户方面人员，都是负有使命的。提案中讨论的方案，既关系到公司的整体利益，当然，也毫无疑问地涉及他们的个人利益——或者薪资待遇，或者管理权限，或者未来目标、工作难度、职责范围，如此等等。严格地讲，任何方案，不论大小，都涉及人财物等资源的组织和安排，都不同程度上调整了现有的利益结构和权力结构，都“动了他们的奶酪”。不关心，对客户来说是不可能的。

不关心

客户的冷漠源于没有对他们利益的关切。无利益、无趣味、无意义

如果在场的听众表现出“不关心”，原因有如下的几种可能：

- 他们还不明确（或者还没有明确）方案所针对的问题和设定的目标；
- 提案到现在，他们还不明确（或者我们没有让他们明确）自身利益所在；
- 他们不清楚提案会议的目标；
- 他们没有得到足够的尊重；
- 提案演讲内容拖沓、语言干瘪，表达没有激情、没有趣味、没有意义；
- 他们中的某个（些）人由于其他原因，可能另有打算。

除了最后提到的那种情形（那几乎是无法避免的），前述四种，都是我们自己的问题，而且都是提案过程中的问题，是人为的，是能够避免的，只要我们足够细心、足够严谨。

提案者是高效的沟通者，你的交流应该针对对方的利益，应当富有激情，应当具有趣味、具有意味、具有意义，能吸引注意，激发兴趣，促进理解，推动行动。

提案者是高效的营销者。你所提供的产品，包括了以文字、图片、视频、图表为载体的文案，PPT 多媒体演示稿和身体语言，声音语言和良好设计的演讲，应该是“既好吃又好看”，是一个“爆品”。

我们的客户有这样的期待，因为我们是策划人！

3. 有成见

客户对我们有成见，那当然是比较难以应对的。但我们在提案之前应该有所准备。如果临到现场方才发现不能消除这些成见因而惊慌失措，那就太糟糕了。

在提案之前，应当消除客户方人员可能存在的对我们的成见，转变他们的态度。我们不是他们的竞争对手，更不是敌人。我们愿意是而且只能是他们的朋友，与他们风雨同舟，维护他们的利益。这是我们的基本态度，不会有任何游移。同时，我们是解决问题的专家，对于他们委托的课题，我们能够严谨而且高效地完成。如此，经过诚恳的交流，在提案之前，应当已经充分获得了他们的认可。

经过多次沟通，我们取得了客户方多数人员的认可。纵使有个别人员

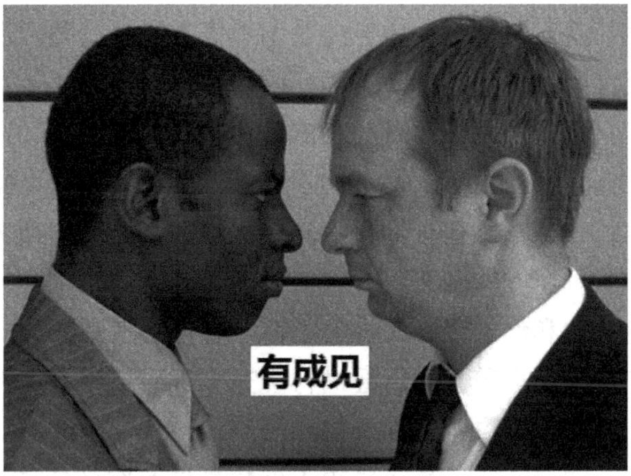

有成见，致使提案难以获得认同

没有完全认同我们，纵使还有个别细节他们未必完全认同，在提案过程中，也应不会出现“掀翻友谊的小船”的危险境地。

信念与信心

当我们预想会发生什么事情时，常常就真发生了什么事情。很难说，到底是我们预测到了事情的发生，还是由于我们的预想引发了事情的发生。

辛苦几个月，终于要提案了。期待着我们的辛劳能够得到客户认可（称赞和表扬那当然更好），期待着方案得到准确的实施，能够看到多少不眠之夜的冥思苦想转化成现实，给那么多人带来快乐，也给客户带来利益。真的好紧张！祈祷着，千万千万不要出什么岔子，让我们的提案顺利通过吧。不想担心的事情还是发生了，而且似乎一定要发生。

这就是墨菲定律（Murphy's Law）。

打破墨菲定律，你有两件法宝。

其一，信心。

其二，信念。

信心是你战胜内心焦虑和种种不确定性的根本力量。在提案的时候，你需要信心的“加持”，给予你力量。信心就是——

你要相信：你的研究立足于坚实的调查研究基础上，扎实牢固，可信度高；

你要相信：方案研究过程中充分明确了任务所在，明确了目标所在；

你要相信：问题的分析深入透彻，明确了关键之处；

你要相信：你的策略设计有高度的针对性和创造性；

你要相信：你的方案有效地节约了资源，具有高度的可操作性；

你要相信：在提案之前，你与客户经常性的沟通使得双方没有原则上的分歧；

你要相信：你和你的团队在提案之前一直得到客户充分的信任；

你要相信：提案之前，你已经进行了充分细致的准备，精确地设计了提案的每一个细节，经过了多次彩排和预演，没有什么纰漏；

你要相信：即使万一发生了预想不到的失误和突然的诘难，你的团队成员也一定能够帮助你，你的客户也一定会宽容你；

你更要相信：只要你从容地演讲、细心地交流，站在客户的立场上分析问题，镇静地应对每一个环节，你就会顺利地完成提案，达成预期的目标。

信心是战胜不确定性的法宝，必须要对自己有信心

有信心，才能战胜恐惧！

信心源于“信”。检视以上的内容，坚定不移，你就真正地拥有了战胜紧张情绪、战胜恐惧心理的“洪荒之力”。

有信心，到深信，再到坚信，就成为信念。

信念靠你自己。你要坚信：凭着我的能力，我能够驾驭这样的提案；

按照预定的方式和步骤，方案会得到完美的呈现；所有的一切，都能顺利进行，客户轻松、愉快，个个满意，对未来充满期待，充满希望。

你要学会自己跟自己讲话，给自己鼓劲，让自己能够坚定信心，对即将进行的和正在进行的提案有必胜的信心。有一个小秘密，那就是你不要用否定的句子陈述你的希望。比如你说："绝对不会出现任何闪失，不会存在任何错误。"这实际上等于在暗示自己，有可能有闪失，有可能有错误。天知道是怎么回事，按照墨菲定律，闪失和错误就真的光顾你了。

有个说法，"世界是我们内心的镜像"。你心里是怎么想的，你的周围世界就呈现出你想象的样子了。也许在别的领域，这个说法未必正确，但人与人之间，在我们跟客户交流沟通的时候，这话是正确的。

所以，在这个意义上，我们还是要相信：

信念创造事实。

应对危机

危机来了并不可怕，我这里有招式化解它。

1. 准备充分

再没有什么比准备充分更让人有底气、有信心的了。如果危机是某种不确定性，在提案这件事情上却是不多见的。多数情况下，危机的产生都是因为准备不够充分而自乱阵脚造成的。比如，听众冷漠、突然地诘问乃至非难，现场突然进入的听众分散了客户的注意力等，实际上这些都是能够预见的，并可以设计针对性的应对措施。

方案、资料、PPT 等，无可挑剔；
预先彩排，时间、进程计算准确；
过程中所有可能的问题仔细排查；
对参与提案的所有人员预先了解；
提案之前，对可能的非难有所安排和对应；
提案过程中，关心到每个人。

"预则立，不预则废"，"机会降临有准备的头脑"，"平时多流汗，战时少流血"。准备，充分的准备，是在你控制之下的应对危机最好的手段。切不可过分依赖随机应变的临时急智。

于是，老老实实地检查，看看方案、资料、PPT 等有无可以挑剔的地方；看看时间进程的安排是否妥帖；看看提案中可能的提问应该如何应对；看看对提案的参与人员有没有充分了解；看看对于所有可能发生的危机有无相应的应对措施；看看提案中有没有让在场的人员感觉到被忽略……总之，越细越好。

2. 建立和巩固纽带

提案会议一开始，就应该首先着手“建立和巩固纽带”。通过这种纽带，将双方的感情紧紧地连在一起，以保证大家心意相通，成为一个整体，而不是相互割裂、相互对立的“控辩双方”!

提案开始，双方关系还比较陌生。即使原先比较亲密的朋友，因为提案本身的严肃性和正式性，也在一时之间变得比较生疏起来。更不必说，也许临场还有未曾谋面的人员，他们作为客户的代表，以审查者的身份，以“有罪推定”的心态，刻意挑剔我们可能存在的问题和不足。因此，建立和巩固纽带的工作就非常必要，不可或缺。

“建立和巩固纽带”听起来是两个方面的工作：问候和关切。但做的时候，却不必如此机械，如此割裂。提案的时候，先要破冰，融洽双方的关系，因而问候是少不了的。

问候是向对方表达尊重和敬意。对于比较生疏的对象，这很重要。这体现礼节、礼仪，也体现态度。

而问候之后，需要向对方表达关切。双方的关系需要体现在对对方利益和立场的维护上。

想象一下，你是前来审查方案的客户方面的代表，对方人员一上来，旁若无人，哇啦哇啦就开始讲上了。半个小时过去了，你是谁，你关心什么，你来此何干，他视若无睹。你会高兴吗？涵养再好，你也会心头失落，对主讲人的印象大打折扣。对吧?

3. 直面危机

“直面危机”也算一招吗?

是的。

危机如箭，直奔面门飞来，敢于直面，敢于正视，而不是怯懦逃避，这需要极大勇气。在勇气面前，危机可能并不如想象中那般可怕，事实上也没有想象中那般具有毁伤力。你可以镇定自若，在谈笑风生中轻松地化解危机。

直面危机，你就能够分析、判断进而控制危机。你正视它，明确正在发生的是什么，针对谁，有多大范围的影响，会带来多大程度的破坏，当然，也因此而分析它产生的原因，了然于胸，然后对症下药。这是直面危机的好处。

危机来临，你不能看不见，或者装着看不见。

看不见危机，你会在糊里糊涂中滑向绝境而不自知。这当然十分危险。但更可以称为危险的和让人担忧的是，你和你的团队对于已然发生的危机竟然不能察觉！发生这种情况，要么是过于自负，不懂得双向交流的重要，要么是过于无能，完全无法进行双向交流，使提案成为自说自话的梦呓。

至于你假装看不见，把自己弄成一只鸵鸟，头埋在沙子里，非要说没有什么危机，那我就没什么可说了。没有人能够叫醒一个装睡的人。

4. 关切并围绕需求

我们所提交的，是关于商业项目的方案，满嘴里言说的，是需求、利润、产品、服务、物流网络、投资回报等包含了明确利益的词汇。任何项目都需要资源，要人、要钱、要时间、要平台、要信用支持、要技术保障、要经营许可，要……，而任何的投入，都需要回报。一个方案，重要的，也是目的性的东西，就是回报。

方案设计了什么样的目标，使用了什么样的策略（点子也行，创意也行），投入多少资金多少时间，可能获得多少明确的回报，这是不能含糊的。在提案一开始，就应当明确、具体、直接地向客户讲清楚这些。——当然，作为提案的任务，你知道，这些是要讲清楚的。

这些看似不言而喻的目标其实又有些似是而非。

因为提案的方案中所讨论的“需求”“目标”“投资”等，未必是很具体的，或者说未必是在场听众的切肤之痛。这是公司的，整体的，但未必是他们的。

你要问：

方案是否涉及他们的利益?

方案与他们本人究竟有什么关联?

他们为什么要听?

他们想听什么?

他们喜欢听什么？

什么让他们关注？什么让他们开心？什么让他们焦虑？什么让他们满足？什么让他们激动？什么让他们惊喜？什么让他们憧憬向往？什么让他们气愤难平？什么让他们痛苦不堪？

……

反复地问，千万次地问。

不要想当然。

直到你和你的团队成员都高度地明确，直到你在演讲中真正地围绕着他们的利益在讨论。

5. 分开看

不论在场的听众有什么样的反应，不论他们是打呵欠、看手表、东张西望、交头接耳、接听电话、以一副愤怒的表情提出挑剔的问题，或者敲击桌子、武断结论、人身攻击，甚至公然站起来走动，你都要清楚地知道，这与他（们）的人品无关。这是他（们）的角色所要求的。

我们的提案，是一个比较正式的场合中的社会行为，每个人在社会生活中，都要按照角色的要求，表现角色的作用和意义。这是著名社会学家欧文·戈夫曼（Erving Goffman）告诉我们的。

你可以不喜欢他，他也可以不喜欢你。但今天他所说的、做的，都是他以他的角色要求来做的。

一个策划提案，必须有人提出意见，必须有人用挑剔的眼光发现问题，必须有人审查方案的逻辑性和可行性，这出于严肃的态度，也出于科学的精神。我们做出的方案需要有这样的一个环节。既是对客户负责，也是对我们自身负责。这样想就对了。

所以，态度正确了，在场发生的任何情况，你都能够理性地冷静处理，能够就事论事，将有关的道理和逻辑与对方掰开了揉碎了讲解，平心静气，免生许多枝节！

6. 破冰

前面我们讨论过，双方的关系决定了语言表达的内容和形式。

见面的拥抱是一种破冰

子曰："不得其人而言，是谓失言。"

苏轼说，"交浅言深，君子所戒"。

看看，这是前人在人际交往方面给我们留下的格言。

提案是一次正式的沟通。在展开你的内容之前，你必须首先破冰（这个词很生动，人际交往中，一开始总是显得生疏、怀疑和不自在的。需要有一个活动来打破这种状态，称为破冰），使关系融洽起来。

融洽双方的关系，使之显得一团和气。

是一团和气，而不是一团斗气；是相容相亲和谐共生的一团，而不是互不相干分散割裂的几块。

你的破冰行动，可以是热情的问候、寒暄，可以是如欧美社交一样的拥抱和亲吻（如果那个语境合适的话），可以是如相声演员冯巩那样，说句"我想死你们了"，还可以是某种让大家参与的游戏、激发大家好奇心的提问、某个有趣的故事或笑话……总之，要让大家放松下来，活泼起来，交流起来，互动起来，在情绪情感上相互认同。

“我想死你们啦”——破冰

7. 张弛有道

很少人能够长时间地保持对某个事物的注意。经过训练的一些人可能更专注些，但那必须是他的兴趣所在。一般来讲，成年人只能保持 20 分钟左右的注意力。

文武之道，一张一弛。既然注意力只能保持 20 分钟左右，你就应当将重点和难点集中在这 20 分钟里；既然兴趣可以使人更为专注，较长时间保持注意力，那你就应该使你的提案充满趣味。

所以，你要严格设计你的提案时间，整个过程张弛有道，曲折变化，高潮迭起，直到最后，完美呈现你的方案。这正如讲故事，你需要设计良好构思的结构，确保一直抓住听众的心，从开场到结束，从呈示部、展示部到再现部，从小波浪到滔天巨浪，再到惊天动地的高潮。

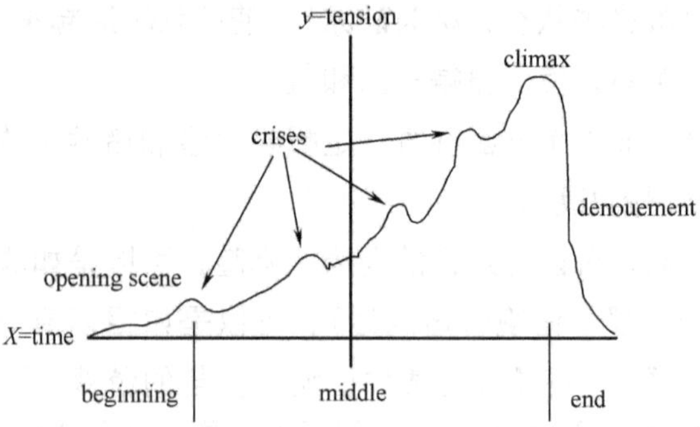

成功提案的结构

8. 四句话后有停顿

其实这是口头表达的技巧。

在提案演讲中，不要老是吧嗒吧嗒讲个不停，你需要停顿休息，有过渡，有喘息，你的听众也需要时间消化你讲的内容，理解其中的重点，体会其中的意义。

通常的做法，是讲几句话后有意识地停顿一下，虽然也不一定非要“四句一停”不可。这样做有几个好处：

- 可以表示前面的几句话是一个相对独立的意思；
- 停顿是一种等待，希望听众跟上你；
- 停顿是希望得到对方认可乃至认同，是一种尊重；
- 停顿是一个小结，表明这是一个结论。

停顿是建立一种心理契约的方式。停顿，等于是向对方询问：“亲，是这样的，是不?”“哦，乖，你懂我的意思了！Good!”“亲，那我们进入下一步?”如此，实际上是一种亲密的非语言的沟通和默契。

保持住这种默契，你的提案必定通过。

“贵人语迟。”现实生活中的经验告诉我们，语速很快的人，并不是有权威的人，你哒哒哒，像机关枪一样扫射，那是没有准头的，精度不高。那些有权威的，为人们看重、信赖的人，往往语速缓慢，并且说话不多。当然，也不必太过。如果你平时语速就比较快，提案的时候，稍微放慢一点就可以了。如果慢得太多，就让人感觉你拿腔做调，很不舒服。

9. 提出问题

相当多的时候，听众也许并无意挑剔和挑衅，而只是内心存在一些疑问。要允许人家有疑问，欢迎人家提问。

解决的办法不是正面交锋，而是接过对方的问题，转而提出启发对方思考的新问题。

这颇有些像太极拳。对方来势汹汹，一招“揽雀尾”，再一招“如封似闭”，用绵软的劲道化解之。

你需要掌握一定的提问技巧，使之显得温和而自然。

首先，你需要重复对方的问题，用你的语言重新表述对方的问题。这可以帮助你思考，缓解紧张的氛围，也可以以此向对方表示尊重。“您问的是不是……，或者是……?”

然后，你可以将对方的问题拆开，变成一系列小问题。“谁负责、谁组织、谁配合?”“针对谁、为了谁?”“什么时间、多长周期、什么期限?”“什么地点、什么范围、相互之间如何界定?”“什么方式? 多少成本? 多少人员? 多大风险?”“可行性如何? 效果如何测定? 实施如何控制? 收益如何保证?”……这样的问题，是引导思考走向深入的线索。

通过这样的问题，你能够将对方的思考引入“事”和“物”，而不再是针对“人”。

当然，你的提问应该是审慎的（语速放缓，显得深思熟虑），态度应当是诚恳的，而且问题不要太多，要问到点子上（确实是重点和核心所在），否则，会有针尖对麦芒似的火药味，效果不好。

10. 奖励让步

人与人之间，很多时候也在比赛意志力，尤其是在有如战场的商场上。

很多时候客户并不一定就是为了挑衅而选择对抗，故意与你作对，他们只是出于天性，觉得好玩，想设置一点难度，让你不要过于顺利。于是，他们就提了个刁钻的问题，为难一下你。

你手足无措，你狼狈不堪，你恼羞成怒，你气急败坏? 真好玩。

听众想考验你的定力，没别的意思。

你需要冷静面对。用你的意志力，克服眼前的危机。在与对方的较量中，你会发现，只要坚持一下，事情就会完全不同。仿佛高山之巅，只有一个人的位置，你上去了，对方就后退，将本来应该属于你的位置（现场的控制权）让给你。他其实也并不因此就觉得输掉了什么，往往一笑置之，很是宽容大度的。

当然，对方的让步，需要你的鼓励，或者奖励。

奖励对方的让步

这种鼓励或奖励，是精神上的、感觉上的，要让对方能够觉察。

要对对方意见和问题夸赞："不错！""你说得对！""你的话有道理。""你的观点很新颖！""你的发现很独到！""你的思考很深入！"

或者，"嗯""哦"等语言上的肯定。

或者，倾听，点头，微笑等身体语言，表达你的聆听和尊重。

或者，向后边退一步，暗示对方和解的诚意。

或者，邀约，"你的观点值得深入探讨"。

你的奖励应该是小步的和同步的，切不可过多、过重。对方让步，你给予奖励，鼓励对方继续让步。

11. 改变氛围

如果感觉提案过程不和谐，或者听众的情绪可能有些对立了，除了准备不足，控制不力，或者与听众交流不够之外，还有一种情况，那就是现场的氛围需要改进。可以考虑调整一些要素：

光线太强烈，或者光线太昏暗，让人疲劳，让人思睡；

场外有干扰，比如人员走动，让人无法集中注意力；

现场布置太单调，激发不了想象力；

听众与演讲者之间的距离太近或者太远，让人有紧张感或者疏离感；

双方人员相对而坐，有如商业谈判，容易造成对立情绪；

现场有某种异味（包括香水、油漆、鲜花、个别人的体臭，或者临时堆放的杂物、电线短路焦煳味等），让人扰动；

或许还有某个出席会议人员的奇装异服引发人们议论；

如此等等。

细心的你，应该保持对现场氛围的高度觉知。如果你发现现场听众注意力不够集中，排除来自于自身的原因，你可以试着对这些因素进行调整，试着调整氛围。氛围的改变，带来情绪的改变，因之也减少了听众的不安和焦躁。

12. 运用沉默（to be silent）

"一默如惊雷"，"无声胜有声"。

面对挑衅，面对诘难，面对攻击，选择和运用沉默，将使你拥有无法想象的力量。

教师和演讲者，对于"沉默"作为控制现场的手段是最有体会的。

在提案时，如果有个别听众注意力不够集中，运用沉默，你能够引起他的注意；如果有人交头接耳，运用沉默，可以让他们停止交谈，将注意力转移到现场，聆听你的声音；如果有人对你进行无礼的干扰、提出无关的问题，甚至挑剔你的演讲，运用沉默，你可以表达你的不满甚至愤怒；如果对方还要过分，对你展开了某种形式的攻击，运用冷静的、镇定的沉默，你就掌握了一种威慑的力量，可以帮助你赢得主动，争取帮助。

不要相信辩论，不要以为你的逻辑和雄辩的口才可以胜过别人，赢得现场的控制权。学会沉默，你会得到更多。

一默如雷

13. 暂停——绝招

如果沉默都不能帮到你，我们还有最后一招——暂时休息。

在现场，由于种种原因，危机一再出现，却没有能够得到有效的控制，致使千里长堤有溃决的可能。客户方面人员甚为强势，得理不让，僵局已经形成，情绪可能失控，预先确定的进程无法继续，你现在就应该果断地决定：暂停！

暂停，是技术性的，也是策略性的。

它可以在对方咄咄逼人发动攻势时，迟滞对方的进一步挑衅，挫其锐气；可以缓和可能形成的僵局；可以使双方的争论和可能的对立维持在就事论事的理性范围内。同时，借助暂停，你可以暂时放松，调整氛围，理清思路，重新上路；更为重要的，你可以分析，刚才的不利局面是如何产生的，找到原因，对症下药，设计有针对性的策略。比如，如果是你没有清楚对方的利益所在，你对对方没有足够的尊重，你可以跟对方单独交流，争取对方的认可，避免双方的对立，保证提案的继续，从而化解危机。

运用好以上这十三招，你应该能够化解危机了。

如果包括“暂停”的绝招都用过了还不管用，那只能说明你的提案根本就不应该进行，因为你没有得到对方的信任！“此天亡我，非战之罪也。”

《孙子兵法》里说：“胜兵先胜而后求战，败兵先战而后求胜。”仓促上阵，依靠临时急智，没有信任的基础，自然是危机四伏，难有胜算。策划咨询机构依靠知识和智力服务社会，工作要更细致才行。

附录1 作业评讲

为了课程的需要，以一个真实的项目文案为基础，布置了作业给同学们。作业的要求是三合一的，即修改文案（包括文本表现）、设计制作提案用的PPT，并且为提案撰写演讲稿。作业收上来，发现各种各样的问题，总结评讲，反馈给同学们。以下便是关于作业的评讲。想来这样的评讲，对于本书的读者也有些帮助，故此附录于后。

幻灯片1

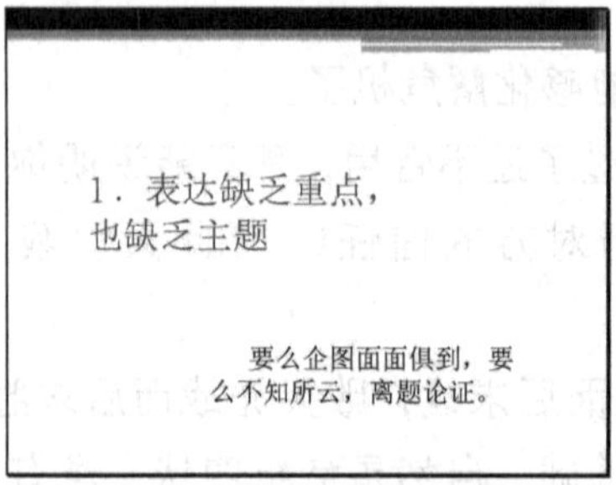

多数同学都未能明白，PPT是可以单独存在的，是演示中的主角，需要独立设计其演示主题和展示重点。

幻灯片2

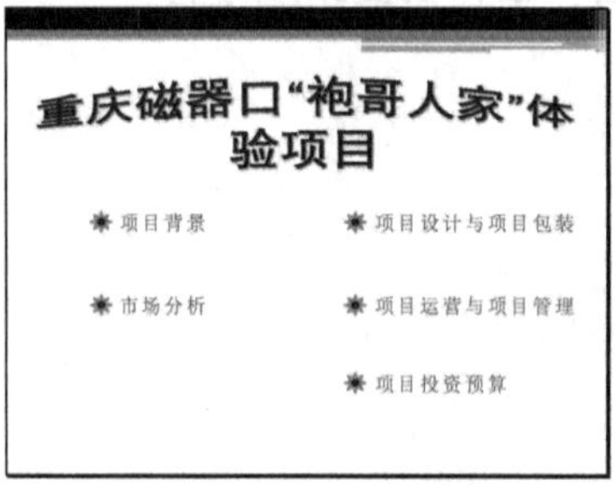

整体上，大多数的人还在把PPT当作文案的附属工具，对文案进行解读。

幻灯片3

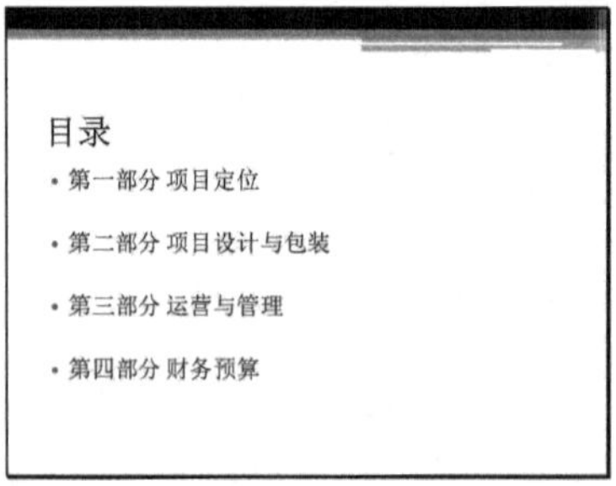

不要将文案的目录整体地复制过来。

幻灯片4

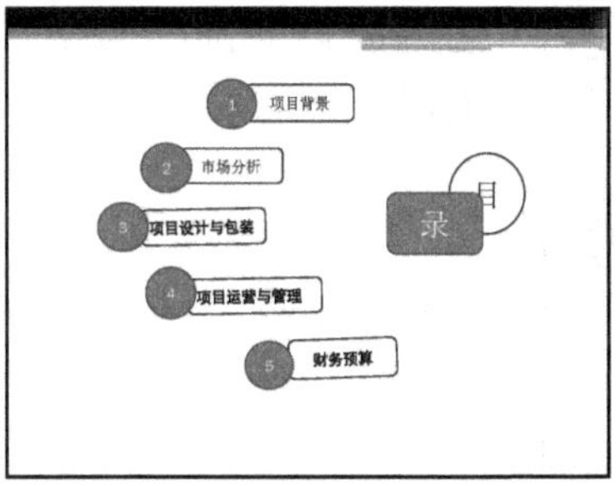

应有一点美化。

幻灯片5

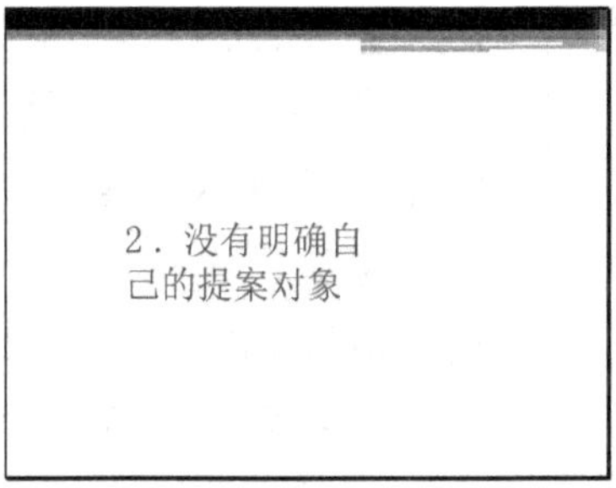

多数的作业没有明确 PPT 究竟是做给谁看的。提案的演讲稿，也总出现“同学们、尊敬的老师”这样的称呼，没有明白这其实是给客户的提案。

幻灯片6

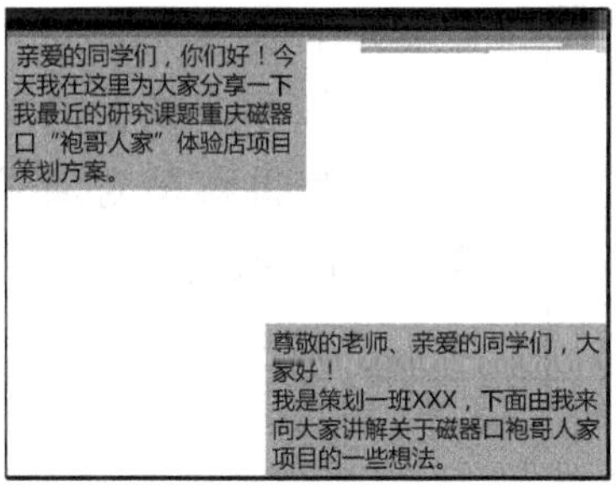

不是给老师或者同学提案的！

幻灯片7

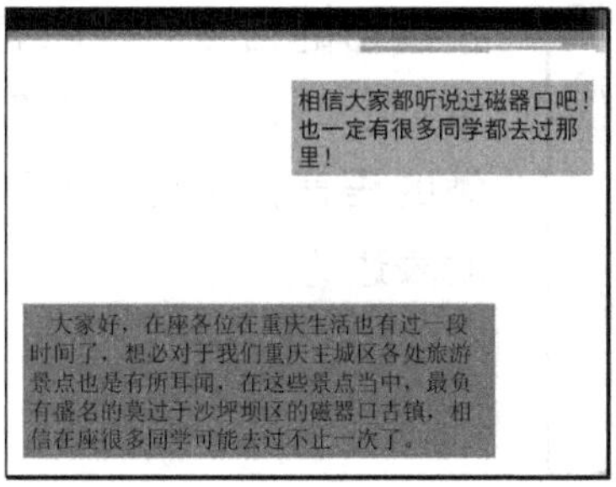

还是没有明白，在场的是客户的代表，或者就是老板呢。

幻灯片 8

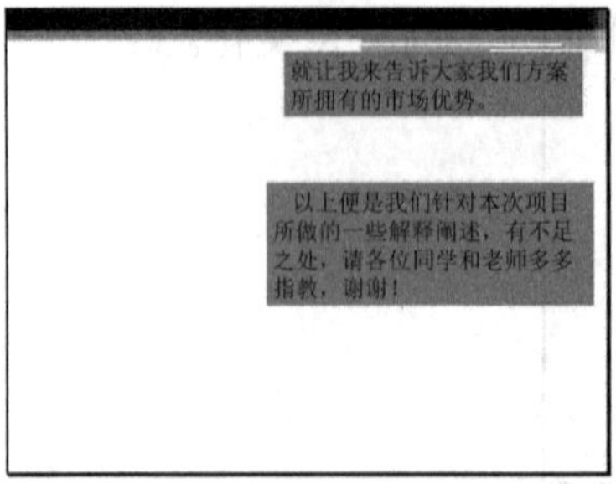

怎么会请老师和同学们多多指教呢。

幻灯片 9

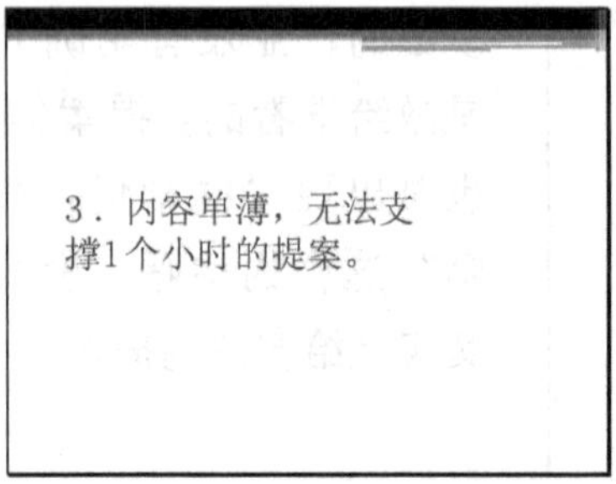

对文案要做深入地解读，了解提案所要讨论的问题和重点。根据提案来设计自己的内容。一个会议，起码应该有一个小时，每张 PPT 的时间 2 分钟左右，需要至少 30 张 PPT。不够 30 张，就是敷衍。

幻灯片 10

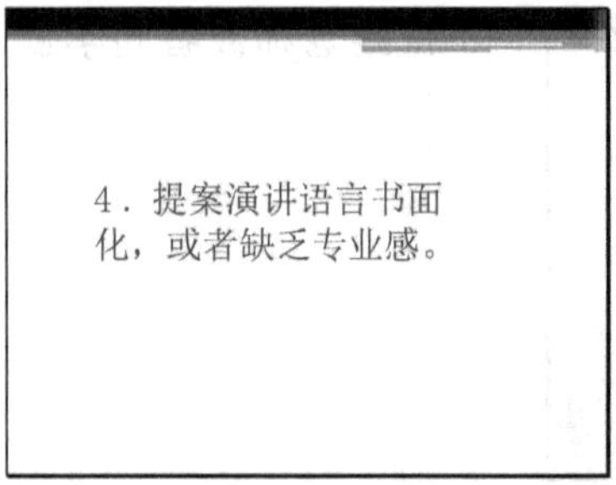

作业是将文案的修改、PPT 的设计制作和演讲稿的撰写三合一的。演讲稿是对演讲语言和演讲过程的设计，实用是关键。

幻灯片 11

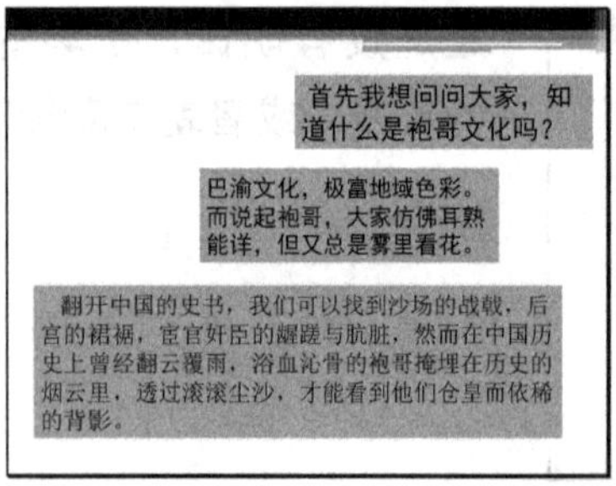

用自己的语言，才能有效地表达。书面语言，或者自己不熟悉的语言，是无法顺利而准确地表达的。

幻灯片12

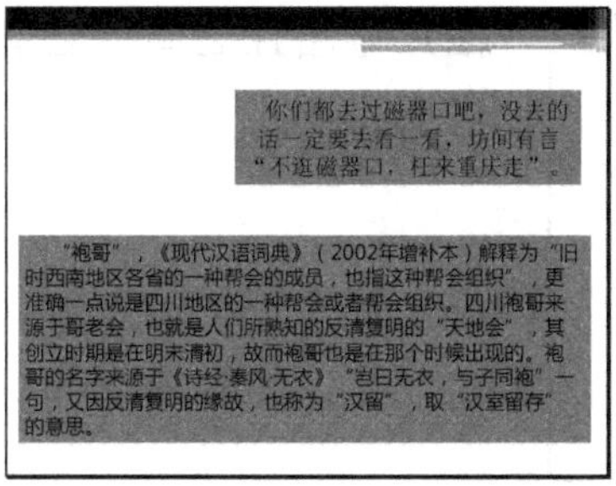

成语、俗语、典故、逸事一类的东西，引经据典，如果有必要，最好用自己的语言、用有趣的方式讲述，而不是用书面语言叙述出来。

幻灯片13

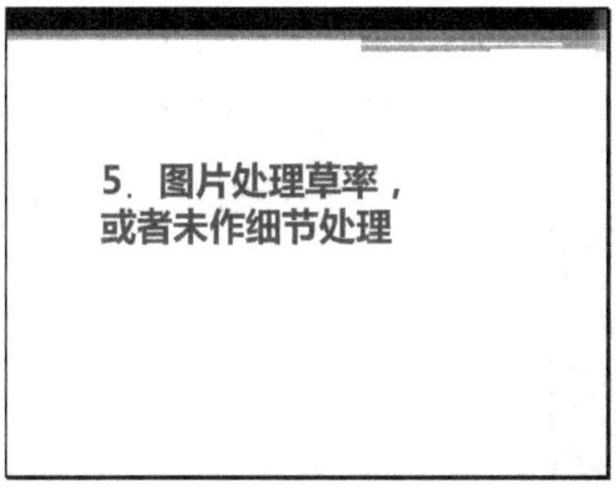

引用的图片一定要是重要的。图片的信息十分丰富，有许多是不相干的，必须进行处理。

幻灯片14

图片的主题必须与自己的主题高度相关，否则会让人困惑。

幻灯片15

图片需要进行处理，从网络下载的图片，必须处理掉那些不相干的信息。最好用自己的图片。

幻灯片16

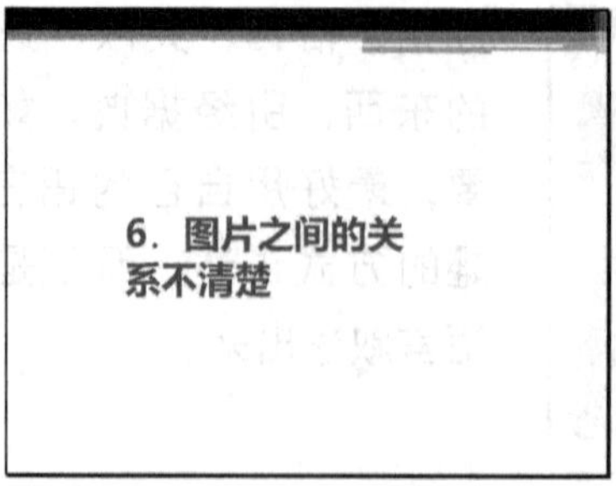

图片与图片之间应当有清晰的逻辑关系。

幻灯片17

不同图片之间很容易引发人联想，所以它们之间的关系必须小心，防止歧义，避免误读。

幻灯片18

图片之间的排列关系让人困惑。这张幻灯片的图片就很莫名其妙。对齐造成的平均空间，让人以为“体验设计”是一张与其他三张图片类似的图片呢。

幻灯片19

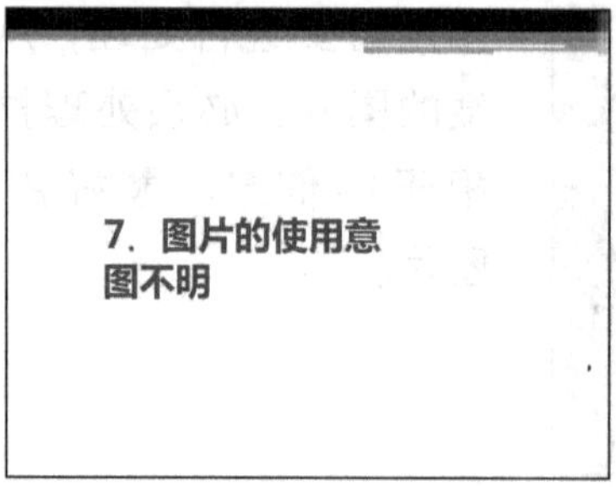

图片的使用应当是精心安排的，但许多人意图不明。

幻灯片20

这几张图片与主题有什么关系？他们之间是什么关系？让人费解。

幻灯片21

这张图片是什么意思？

幻灯片22

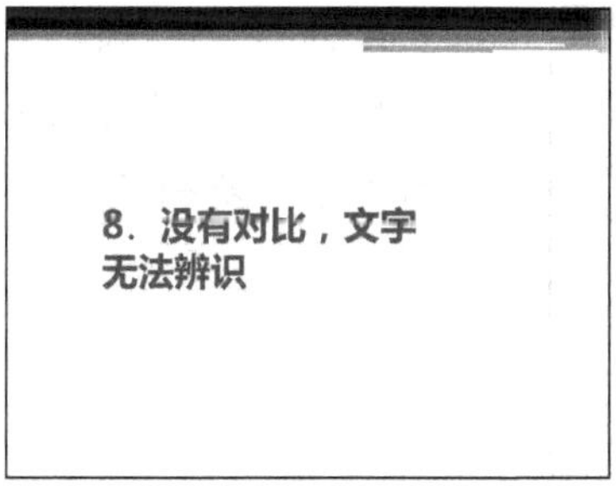

PPT上的文字，如果必须有，应当是高度精练的，所以必须清晰、明确，可以辨识，非常鲜明。

幻灯片23

文字在哪儿？根本看不清。

幻灯片 24

文字对比不强烈，与背景反差小，几乎看不见。

幻灯片 25

相同的问题。文字没有从背景中跳出来。

幻灯片 26

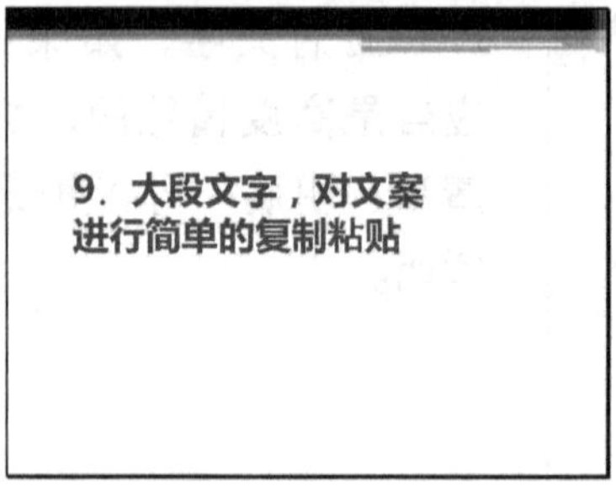

PPT 作为视觉工具的功能没有体现出来。只是对文案的文字进行简单的复制粘贴。

幻灯片 27

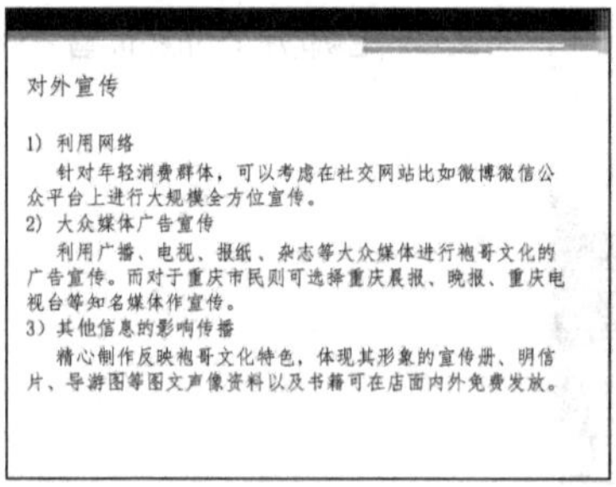

这是非常难看的。

幻灯片28

纵使加入了图片，也仍然十分难看。

幻灯片29

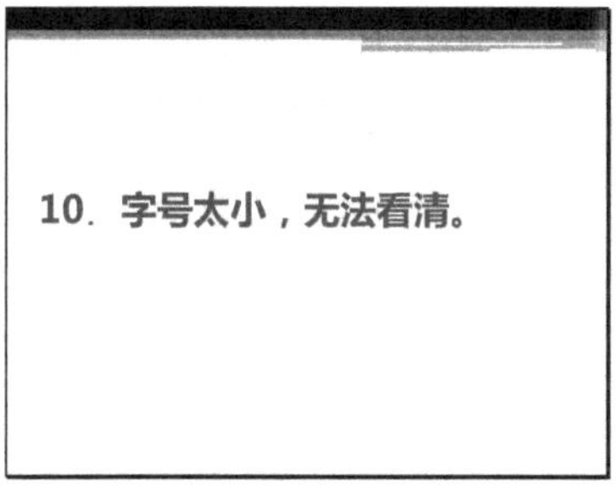

文字字号大小，应当能让观众清晰阅读为准。字号太小，就没有说明的意义。

幻灯片30

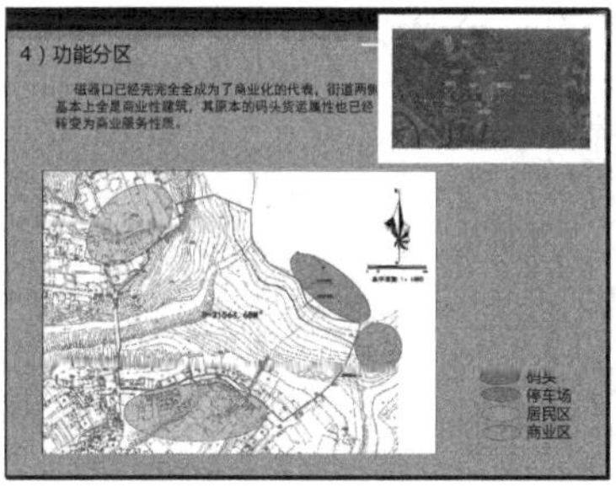

这样的文字，看不清，甚至近在身边的演讲者也未必能够看清楚。

幻灯片31

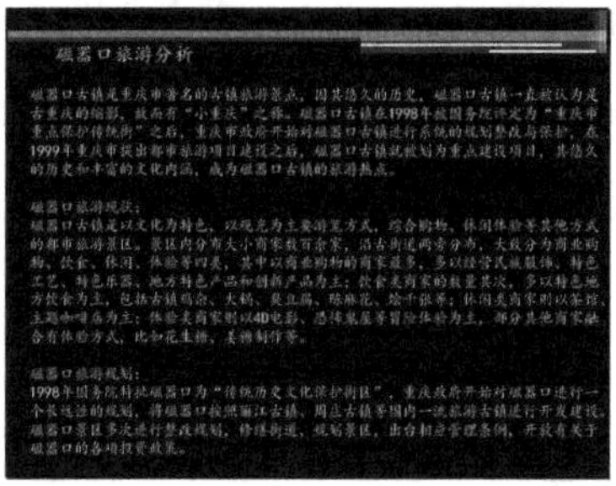

整段整段的文字。制作者根本没有理解PPT的性质和功用。

幻灯片32

如果没有超过普通人的PPT水平，就不应该从事策划咨询这个行业。

幻灯片33

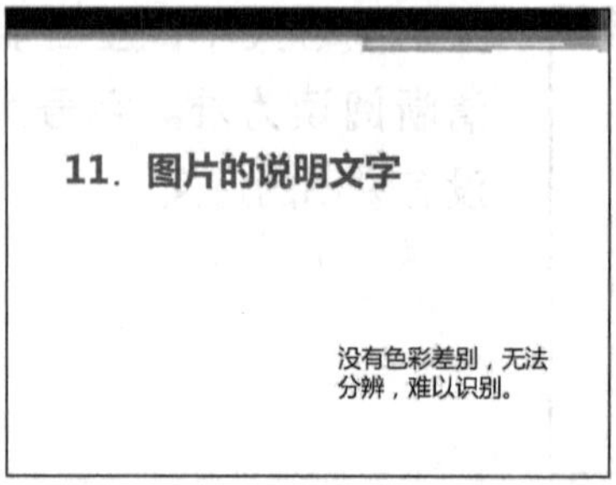

图片自己会说话。说明文字相当多的时候是不需要的。如果觉得必须，就应当非常肯定、突出、鲜明。

幻灯片34

文字不够凸显。

幻灯片35

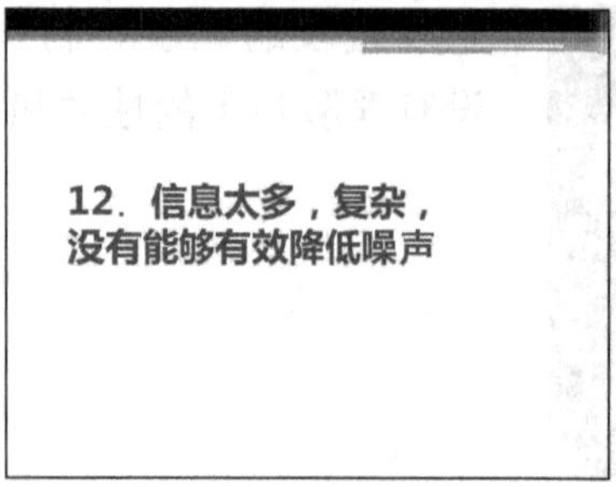

“信噪比原则”要求尽力降低噪声——去除那些与主题不相干的信息。

幻灯片36

这张 PPT 中有太多的信息，与所要表达的主题构成竞争，让人不知所以。

幻灯片37

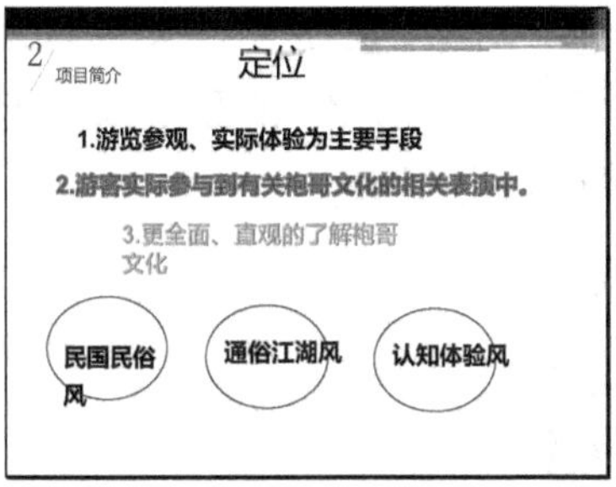

究竟想说什么呢?

幻灯片38

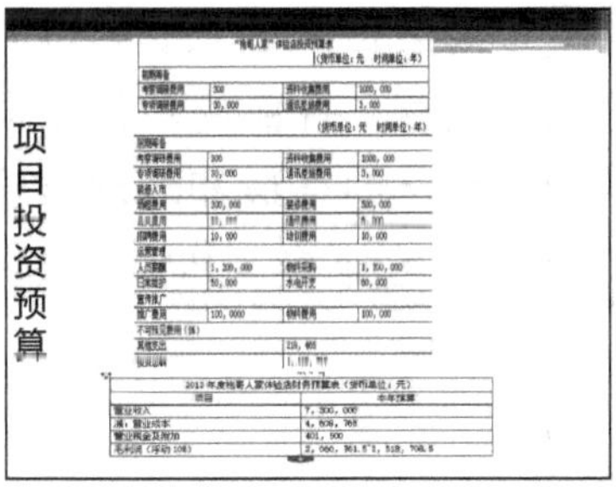

一张 PPT 只能有一个主题，两个表格，表达什么意思呢?

幻灯片39

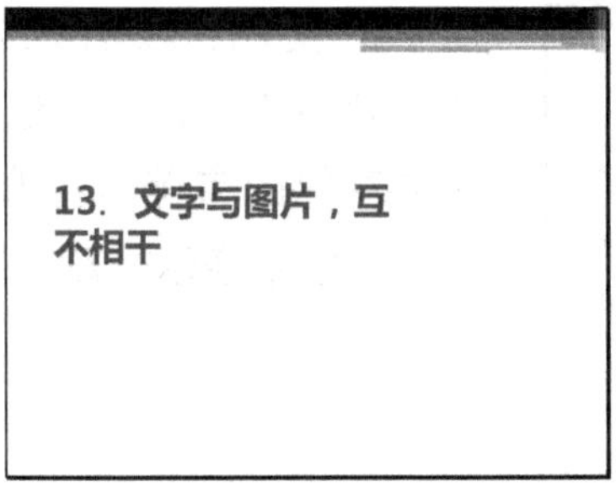

PPT 上的任何信息，都应当是有关联的，否则，就构成了对于主题的干扰。

幻灯片40

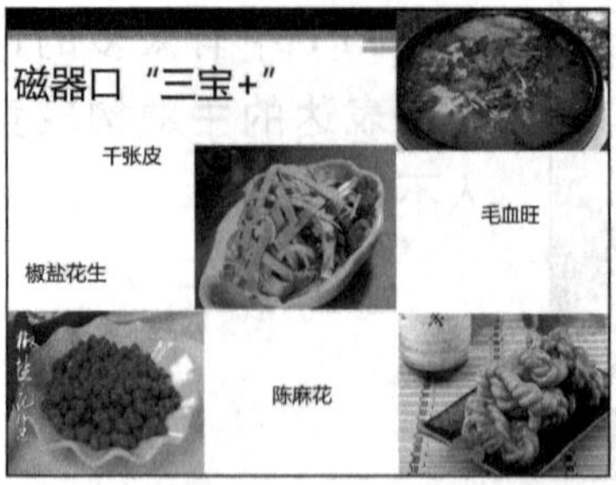

图片没有反映文字的信息，文字没有说明图片的意义。相互之间构成竞争，互相冲突。

幻灯片41

图片是主体，文字本来应当是辅助，但相互之间看起来却不相关联。

幻灯片42

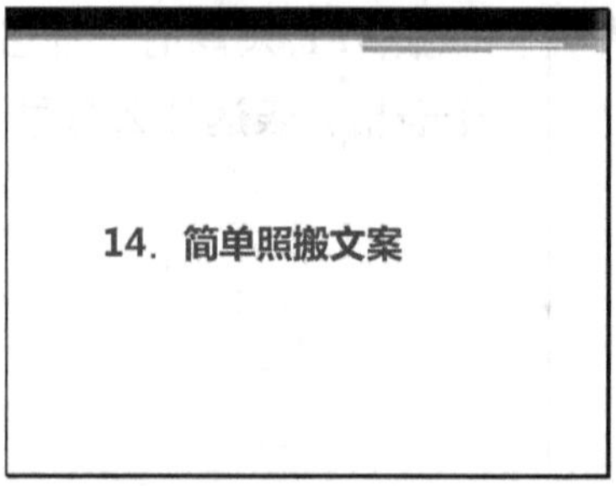

文案是文字语言，PPT 是视觉语言，各自的功用不同，各有自己的渠道和表现方式，不能相互冲突。PPT 不是文案的照搬。

幻灯片43

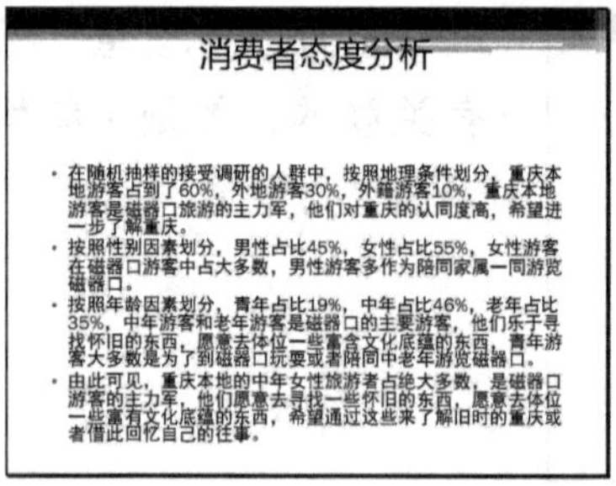

简单的复制，没有任何价值。演讲者不能读，听众也不会读，还会对你的审美水平和 PPT 设计制作水平表示轻蔑。

幻灯片44

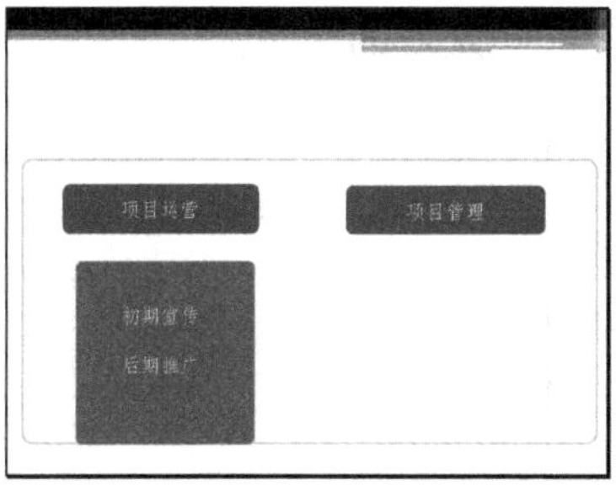

另一种形式的文案照搬。

幻灯片45

虽然简洁，但没有美感，也没有与整体相协调。文字表达得不明白。

幻灯片46

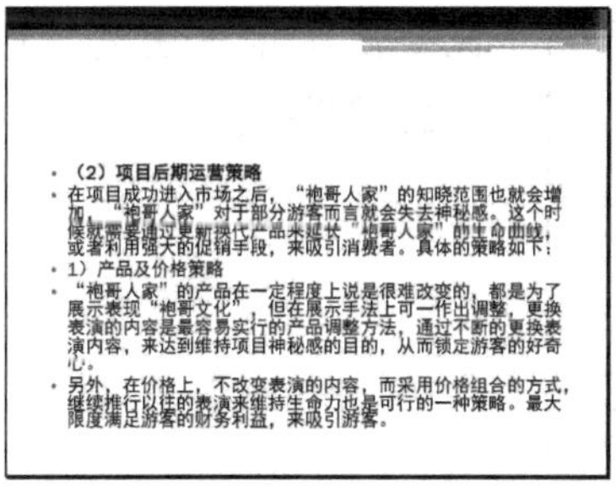

不好看，文字之间的层次关系都还不清晰。

幻灯片47

“袍哥人家”体验店投资预算表
（货币单位：元　时间单位：年）

前期筹备			
考察调研费用	300	资料收集费用	1000，000
专项调研费用	30，000	通讯差旅费用	3，000
装修入市			
场租费用	300，000	装修费用	500，000
公关费用	30，000	通讯费用	6，000
招聘费用	10，000	培训费用	10，000
运营管理			
人员薪酬	1，200，000	物料采购	1，200，000
日常维护	50，000	水电开支	60，000
宣传推广			
推广费用	100，0000	物料费用	100，000
不可预见费用（5%）			
其他支出		219，465	
投资总额		4，608，765	

简单的表格，没有美感。

幻灯片48

大块的文字。

幻灯片49

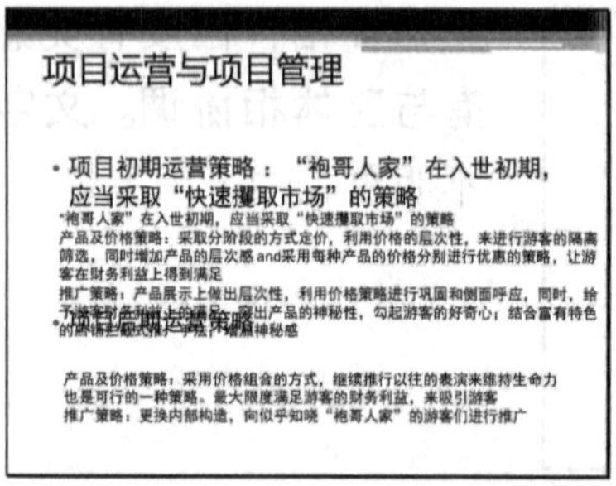

文字的简单堆积，无法阅读。

幻灯片50

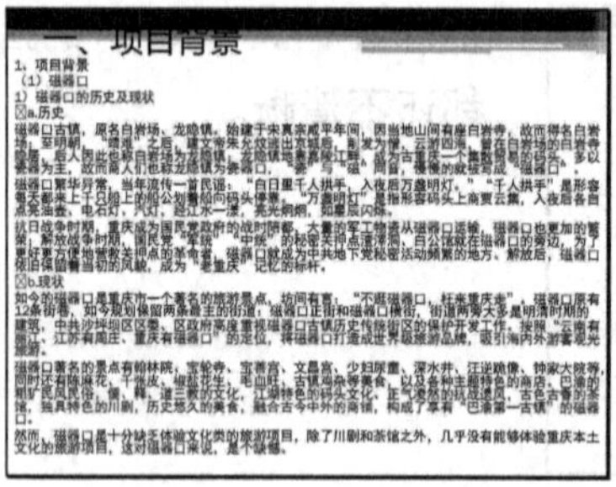

文字占了全部空间，连起码的留白都没有。

幻灯片51

虎头、猪肚、豹尾，写文章都有这样的讲究，PPT也一样。但许多人还是忍不住，非要照搬一些不适合策划案提案PPT的客套话，弄得不清不楚、不明不白，叫人哭笑不得。

幻灯片52

为什么非要“完”呢?

幻灯片53

客气什么呢?

附录2　图片下载地址

谷歌图片：http：//image. google. com.

百度图片：http：//image. baidu. com.

昵图网：http：//www. nipic. com.

影美睛：http：//gb. inmagjine. com.

华盖图片：http：//www. gettyimages. cn.

全景图片：http：//www. quanjing. com.

中国新闻图片网：http：//cnsphoto. com.

素材中国：http：//www. sccnn. com.

Flickr：http：//www. flickr. com.

Photoxpress：http：//www. photoxpress. com.

Freedigitalphotos：http：//www. freedigitalphotos. net.

Stockvault：http：//stockvault. net.

Photl：http：//www. photl. com.

Everystockphoto：http：//everystockphoto. com.

Tineye：http：//www. tineye. com.

Pinterrest：http：/www. /pinterest. com.

附录 3　提案准备检查表

年　月　日

<table>
<tr><td>课题名称</td><td colspan="3"></td></tr>
<tr><td>课提案目标</td><td colspan="3">我们需要听众：</td></tr>
<tr><td>课题起止时间</td><td colspan="3">年　月　日— 年　月　日</td></tr>
<tr><td>课题主持人</td><td colspan="3"></td></tr>
<tr><td>课题主要成员</td><td>1.</td><td>2.</td><td>3.</td></tr>
<tr><td>提案地点</td><td></td><td>提案时间</td><td></td></tr>
<tr><td>客户方主持人</td><td></td><td>是否亲近</td><td>□是　□否</td></tr>
<tr><td>最高决策者到场</td><td colspan="3">□是　　□否</td></tr>
<tr><td>辅助工具和设备</td><td colspan="3">需自备工具：
1. 笔记本电脑　2. 投影仪　3. 白板
4. 挂图　5. 产品实物
会场配备工具：
1. 笔记本电脑　2. 投影仪　3. 白板</td></tr>
<tr><td rowspan="2">客户参加人数</td><td>业内人士</td><td colspan="2">人</td></tr>
<tr><td>普通人士</td><td colspan="2">人</td></tr>
<tr><td>主讲人</td><td></td><td>助手</td><td></td></tr>
<tr><td>文案作者</td><td></td><td>文案定稿</td><td></td></tr>
<tr><td>场地大小</td><td>□稍大</td><td>□适中</td><td>□稍小</td></tr>
<tr><td>场地熟悉程度</td><td>□熟悉</td><td>□了解</td><td>□不熟悉</td></tr>
<tr><td>客户满意度</td><td>□很不满意</td><td>□比较满意</td><td>□非常满意</td></tr>
<tr><td>与客户关系评价</td><td>□比较信任</td><td>□充分信任</td><td>□亲密无间</td></tr>
<tr><td>拟用开场策略</td><td colspan="3"></td></tr>
</table>

续表

<table>
<tr><td rowspan="12">正
文
部
分</td><td colspan="3">要点 1：</td></tr>
<tr><td colspan="3">次要点：</td></tr>
<tr><td colspan="3">支持材料：</td></tr>
<tr><td colspan="3"></td></tr>
<tr><td colspan="3">要点 2：</td></tr>
<tr><td colspan="3">次要点：</td></tr>
<tr><td colspan="3">支持材料：</td></tr>
<tr><td colspan="3"></td></tr>
<tr><td colspan="3">要点 3：</td></tr>
<tr><td colspan="3">次要点：</td></tr>
<tr><td colspan="3">支持材料：</td></tr>
<tr><td colspan="3"></td></tr>
<tr><td>拟用结束策略</td><td colspan="3"></td></tr>
<tr><td>答疑</td><td colspan="3">□已经安排答疑时间　　□拟不安排答疑时间</td></tr>
<tr><td>填表人</td><td></td><td>复核人</td><td></td></tr>
</table>

参考书目

［1］(美) 沃伦·贝格尔．像设计师一样思考［M］．北京：中信出版社，2011.

［2］启功．启功给你讲书法［M］．北京：中华书局，2005.

［3］(美) 加尔·雷纳德．演说之禅——职场必知的幻灯片秘技．2版．［M］．王佑，汪亮，译．北京：电子工业出版社，2013.

［4］(美) 基恩·泽拉兹尼．用演示说话——麦肯锡商务沟通完全手册［M］．马振晗，马洪德，译．北京：清华大学出版社，2013.

［5］李治．别告诉我你懂 PPT［M］．北京：北京大学出版社，2013.

［6］Teteak, Jason with Burg. *Dale Rule the Room: A Unique, Practical and Comprehensive Guide to Making A Successful Presentation*［M］. Morgan James Pubulishing.

［7］企划王．企划高手不告诉你的 47 个提案技巧［M］．北京：化学工业出版社，2012.

［8］(美) Nancy Duarte. 演说——用幻灯片说服全世界［M］．汪庭祥，译．北京：电子工业出版社，2012.

［9］(美) Nancy Duarte. 沟通——用故事产生共鸣［M］．冯海洋，译．北京：电子工业出版社，2013.

［10］彼得·迈尔斯，尚恩·尼克斯．高效演讲——斯坦福最受欢迎的沟通课［M］．马林梅，译．长春：吉林出版集团有限责任公司，2013.

［11］张志，刘俊．说服力——工作型 PPT 该这样做．2 版．［M］．北京：人民邮电出版社，2014.

［12］(美) 斯科特·博克顿．演讲之禅——一位技术演讲家的自白．2 版．［M］．宋睿，赵俐，译．北京：机械工业出版社，2012.

最后的话

——提案就像提亲

“两句三年得，一吟双泪流。”

这是说诗句需要锤炼，这样的句子，有震撼人心的力量。

一本讲策划咨询方案提案的书，本有课程讲义的基础，有一定的经验，一部分的常识，还有同行的参考书，竟然也写了三年！跟锤炼是扯不上的，只因为懒散。

都不好意思跟人说。

也用一句话总结一下，如果需要，那就是：提案，就像提亲。

你要得到任彤（认同）小姐的芳心，期望结为秦晋。于是，你得登门，向任珂（认可）先生和刘馨（留心）女士提亲，希望他们将掌上明珠许配给你。

提亲成功与否，有赖很多要素。

你自身条件很好：作为程歆（诚信）公子，你家世良好门第高贵；你声名远播，有王佐之才；仪表堂堂，落落大方，仿佛玉树临风；谈吐风雅，温润如玉，谦谦君子，令人如沐春风。

为了提亲，你还得带上两份彩礼，一是在上风上水地段著名的萧益（效益）小区的商品房，一是国际知名企业生产的萧律（效率）牌跑车。

更要紧的是，你送的彩礼、你的家世、你的为人和风格，都很让任先生和任彤（认同）小姐满意。他们喜欢你这个调调。

你身边人员和你的朋友也都不错，他们都较为知名，而且让人喜欢。如程适（诚实）、程垦（诚恳）、杜闯（独创）、沈美（审美），等等。近朱者赤，近墨者黑，可知你的交游广泛，而且圈子纯正。

你提亲的日子选得不错。良辰吉日，天朗气清，惠风和畅，任珂先生今天心情大好。你递上庚帖，任先生眉开眼笑：“姓好，名也好，好好好！”一夸三个“好”，你就知道，提亲成功了！

提案并不复杂，有所准备、精心准备、充分准备，然后，世道人心，表情达意，如是而已。

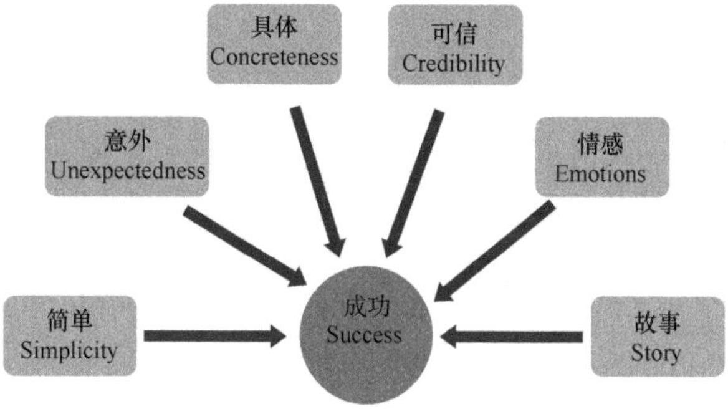

成功提案六要件

很简单的，没有多少技术含量。

如同教人游泳、骑自行车，不足以用皇皇巨著来讨论。

只是要进入过程，只是要切身体会。

没有实践，很多东西讲不清。说者和听者，双方在黑暗中摸索。

正如我讲“用嘴呼吸”，如果你一直在岸上，并不在水中，你体会不到它是什么意思。以前读书，书上说，“小聪明易，大聪明难，聪明到糊涂更难”。觉得这句子很好，有哲理，仅此而已。真正有了人生阅历，面临人世种种问题的纷扰，才知道这话真是义理精微。“聪明到糊涂”，让自己脑子清零，进入单纯的状态，一念不生，这多好，似乎也很容易。真要做起来，才发现近乎不可能。一放松，千万个念头，前念未断，后念又生，千头万绪，剪不断理还乱，难！不但你我普通人难做到，那些卓有成就、声名赫赫的成功人士也难做到。

所以，在南泉禅师那里，不论你来过没有，他都让你：“喝茶去。”